4/11

EL OPTIMISTA TENAZ

Norman Vincent Peale

EL OPTIMISTA TENAZ

EDICIONES OBELISCO

Si este libro le ha interesado y desea que le mantengamos informado
de nuestras publicaciones, escríbanos indicándonos qué temas son
de su interés (Astrología, Autoayuda, Ciencias Ocultas, Artes Marciales,
Naturismo, Espiritualidad, Tradición) y gustosamente le complaceremos.

Puede consultar nuestro catálogo en: www.edicionesobelisco.com

Colección Psicología
EL OPTIMISTA TENAZ
Norman Vincent Peale

1.ª edición: enero de 2006
2.ª edición: julio de 2006

Título original: *The Tough-minded Optimist*

Traducción: *José M. Pomares*
Maquetación: *Olga Llop*
Diseño de la cubierta: *Mònica Gil Rosón*

© 1961 by Prentice-Hall, Inc.
© 1989 by Dr. Norman Vincent Peale
(Reservados todos los derechos)
Publicado por acuerdo con Simon & Schuster, Inc.
© 2006 by Ediciones Obelisco, S.L.
(Reservados todos los derechos para la presente edición)

Edita: Ediciones Obelisco, S.L.
Pere IV, 78 (Edif. Pedro IV) 3.ª planta 5.ª puerta
08005 Barcelona - España
Tel. (93) 309 85 25 – Fax (93) 309 85 23
E-mail: obelisco@edicionesobelisco.com

ISBN: 84-9777-249-0
Depósito Legal: B-29.835-2006

Printed in Spain

Impreso en España en los talleres gráficos de Romanyà/Valls, S.A.
Verdaguer, 1 – 08076 Capellades (Barcelona)

Este libro está afectuosamente dedicado a los miembros
y amigos de la iglesia colegiata Marble,
de la ciudad de Nueva York,
cuya leal amistad ha significado para mí
mucho más de lo que soy capaz de expresar.

NORMAN VINCENT PEALE

UNAS PALABRAS
PARA EL LECTOR

Si quiere vivir en este duro mundo y seguir teniendo algo de verdadera fe y optimismo, este libro es para usted.

Cuando se tiene lo que se necesita para afrontar creativamente los duros hechos de la existencia humana, al tiempo que se mantiene la convicción de alcanzar buenos resultados, se es un optimista tenaz. Y, en nuestro libro, ése es un calificativo de la más alta calidad para cualquiera.

La palabra «tenaz» es impresionante. No contiene nada que indique vacilación, desprecio o bravuconería. Veamos lo que dice el Diccionario de la Real Academia Española sobre la definición de esta palabra:

1. *adj.* Que se pega, ase o prende a una cosa, y es dificultoso de separar.
2. *adj.* Que opone mucha resistencia a romperse o deformarse.
3. *adj.* Firme, porfiado y pertinaz en un propósito.

Tenaz es aquel que posee una personalidad fuerte o firme; que es lo bastante flexible, sin quebrarse; que cede ante la fuerza, sin romperse; que es capaz de resistir una gran tensión sin desmoronarse; que tiene resistencia al verse sometido a la aplicación de una fuerza y no se rompe o se deforma; que posee una personalidad de una textura sustancialmente buena; todo eso significa ser tenaz en su significado superior.

Puesto que ser de este modo depende en buena medida de nuestra forma de pensar, de si pensamos con debilidad o fortaleza, de si somos timoratos u osados, vacilantes o directos, añadir la tenacidad a su actitud mental le permitirá contar con algo especial, muy especial. Cuando se es tenaz se puede soportar la tensión sin que se disgreguen los pensamientos. Eso también es algo importante, ya que si se disgregan los pensamientos, termina uno por desmoronarse.

Pero resistir y mantenerse firmes no es suficiente. El psiquiatra que afirmó que «el principal deber del ser humano es soportar la vida» sólo contó la mitad de la historia y la más pobre, por cierto. Atacar, superar, alcanzar la victoria, avanzar es la mejor parte de la historia de la vida. Por ello, a la fórmula de «tenaz» le añadimos la animosa palabra «optimista». Una vez más, se trata de una palabra que ha asumido una connotación inadecuada, pues no es una descripción del superalegre, del extraordinariamente brillante o de lo fortuito. Se trata más bien de ver lo peor desde el más completo realismo al mismo tiempo que se cree en lo mejor. Veamos una vez más el diccionario:

1. *m.* Propensión a ver y juzgar las cosas en su aspecto más favorable.
2. *m.* Doctrina filosófica que atribuye al universo la mayor perfección posible.

Es la doctrina según la cual los bienes de la vida superan el dolor y el mal de la misma, la que afirma que la vida es fundamentalmente buena. Es la propensión a ver y juzgar las cosas en su aspecto más favorable, a restar importancia a los aspectos, condiciones y posibilidades adversas o anticipar el mejor resultado posible; el optimismo es característica de un temperamento alegre y esperanzado.

Así pues, un «optimista tenaz» es aquel cuyos pensamientos no se desmoronan, sea cual fuere la tensión a que se vea sometido; es aquel que sigue esperando el bien, lleno de esperanza y alegría, sin que importe cuál sea la situación aparente.

Quizá fue la señora de Alan Shepard, esposa del primer astronauta estadounidense, la que expresó bastante bien esta filosofía al describir su actitud mientras su esposo daba el salto hacia el espacio: «Creo en el poder del bien y de Dios. Sentía la bondad a mi alrededor y sabía que Alan estaba en el lugar en que debía estar y que se hallaba en manos de Dios. Dormí bien...».

Otra ilustración del optimista tenaz es la que nos proporcionó Alan Moorehead en su fascinante libro *El Nilo blanco*. Describe a David Livingstone, el famoso explorador y misionero, en una caracterización inolvidable. «Tenía esa cualidad que los árabes describen como *baraka*. Al hallarse en las más improbables circunstancias, tenía el poder de intensificar la vida y hacer que todo pareciese mejor de lo que era antes. Su misma presencia parece haber conferido una bendición a todo aquel que le conocía.»

Piénsese en la larga lista de problemas que nos plantea la vida: enfermedad, dolor, peligro, temor, odio, prejuicio, guerra, etcétera. Hay un tipo de persona que posee lo que se necesita y que, con la ayuda de Dios, se pone a la altura de cualquiera de esos problemas y los supera: es el optimista tenaz.

NORMAN VINCENT PEALE

1

LO QUE SE NECESITA
PARA SUPERARLO

Admitámoslo: para vivir en este mundo hay que ser fuertes. Sin fortaleza, será aplastado o, al menos, se desplomará. Si esto le parece un poco exagerado, repase la lista de todas las cosas que suceden a la gente: dolor, enfermedad, frustración, accidente, desilusión, fracaso, duplicidad, por citar sólo unas pocas.

Una de las cosas que hay que aprender es cómo tener lo que se necesita para superarlo. Si todavía no se ha visto en la necesidad de superar algo, esa necesidad surgirá en algún momento de su vida. Algo le afectará en algún momento y lo sacudirá, a menos que haya desarrollado una verdadera resistencia interior. Así que echemos un vistazo a las fuentes de la fortaleza que tanto usted como yo necesitamos.

Lo primero es desarrollar una buena y verdadera tenacidad interior. La tenacidad interior, la tenacidad mental es una cualidad sumamente importante. En realidad, hay dos clases de personas en este mundo, las blandas y las tenaces. Las personas blandas no pueden superar la adversidad. La crítica les afecta con rapidez. Les duele y les hiere terriblemente. Los problemas y los obstáculos les aterran. La adversidad y la oposición les abruman. ¡Pobres y miserables personas blandas!

Pero también están las personas tenaces. No les gusta la crítica, del mismo modo que no le agrada a nadie. Pero saben aceptarla y manejarla. Extraen cuidadosamente de la crítica todo el conocimiento que contiene y, simplemente, encajan el golpe. Los problemas y obstáculos únicamente sirven para desafiarlos y no se dejan abatir ante la adversidad y la oposición. Las personas tenaces impresionan e inspiran a las demás. Se han hecho fuertes en su interior. Poseen lo que se necesita para superar la adversidad.

Al mirar profundamente en sí mismo y examinar su personalidad, se encontrará con la tenacidad de la que le ha dotado el Creador cuando lo creó. Sabía muy bien todo lo que tenía que afrontar en su vida, de modo que lo preparó para que estuviera a la altura de las circunstancias. En realidad, es usted más duro y tenaz de lo que cree. Si no ha ejercitado su «musculatura» espiritual, ésta se habrá vuelto blanda, como le sucede a cualquier músculo que no se utiliza. Al reactivar su tenacidad básica, gracias al uso, ésta se desarrollará y se hará cada vez más fuerte.

Me han contado que Frank Leahy, que fuera entrenador del equipo de Notre Dame y creador de uno de los equipos estelares del fútbol estadounidense, escribió una frase en letras gigantescas que colocó en la pared de los vestuarios. Esa frase era lo último que veían sus jugadores antes de salir al campo, decía: «Cuando las cosas se pongan duras, hay que ser duros». Grábese esa frase en grandes letras en su conciencia y la tenacidad que hay en usted saldrá a la luz y le permitirá seguir adelante cuando las circunstancias sean difíciles.

Es posible que el mundo haya sido hecho tal como es, lleno de problemas y dificultades, para que los seres humanos saquemos a relucir nuestra tenacidad. ¿Qué es lo que Dios todopoderoso trata de hacer con nosotros? Tiene que haber algún propósito, ya que de otro modo todo sería como una gigantesca y pesada broma, no tan divertida como parece. Me pregunto si el propósito divino no será el de hacer que las personas sean fuertes y controladas, capaces de afrontar la vida en la Tierra para merecer la vida eterna. Si no fuera así, ¿por qué nos creó a su imagen y semejanza? Seguramente, lo hizo así con la expectativa de que, en último término, todos pudiéramos ser como Él. Y, además, nos infundió la bondad y el amor que significan ser fuertes, verdaderamente fuertes.

Una forma de cultivar su calidad potencial de resistencia interior consiste en crearse una firme imagen mental de sí mismo como alguien que la posee. Practique el «verse» a sí mismo no como una persona débil, floja y vacilante, sino como alguien fuerte, controlado y lleno de propósito. Uno tiene la propensión a ser precisamente aquello que imagina ser.

Para ayudarle a visualizarse a sí mismo en términos de este fuerte modelo mental, le sugiero que utilice diariamente la siguiente afirmación: «Dios me hizo fuerte. Me veo a mí mismo tal como soy: fuerte. Con la ayuda de Dios, no soy débil; soy fuerte. Poseo lo que se necesita para superar la adversidad. Doy gracias a Dios por mi fortaleza».

Dígase esas frases una y otra vez, crea en ellas. Practíquelo continuamente y, a su debido tiempo, su mente consciente aceptará esa afirmación como un hecho. La fortaleza habrá quedado firmemente establecida en su subconsciente y se convertirá en una característica que determinará su personalidad. Pues cada persona es lo que su mente subconsciente cree realmente que es.

Una mujer de edad mediana y bastante sencilla acudió a consultarme. Su esposo aguardó en la antesala del despacho, pues ella quería hablar conmigo a solas.

«Nuestro hijo de diecisiete años ha sido detenido por el robo de un vehículo —me explicó—, y también se ha metido en otros problemas. Yo lo sé todo, pero papá no lo sabe aún. Temo que llegue a enterarse. Él no puede soportar estas cosas como las soporto yo, así que tengo que ocuparme de afrontar la situación. Quiero que me ayude a animar a mi esposo para que este golpe no le aplaste.»

No pude dejar de admirar a una mujer tan fuerte. Quizá cuidaba en exceso de su esposo, convirtiéndolo, de hecho, en una especie de hijo mayor para satisfacer, quizá, algún profundo ins-

15

tinto maternal. Pero, sin lugar a dudas, tenía lo que se necesitaba para afrontar un problema familiar amargamente difícil. Admirado, le pregunté: «¿De dónde saca esa fortaleza? Es usted toda una persona».

«Bueno —me contestó—, somos gente pobre. Hemos tenido que luchar y salir adelante. Parece que todo ha sido siempre difícil para nosotros. Hemos conseguido salir adelante, pero nunca hemos tenido gran cosa y cuando era jovencita me crié en la misma clase de hogar.» Me impresionó aquella sencilla afirmación, en la que no había ni el menor vestigio de queja o amargura. Ella siguió diciendo: «Pronto me di cuenta de que Jack (su esposo) era un hombre muy agradable, aunque sin grandes habilidades ni ambiciones. Así que tuve que hacerme cargo de la familia. Tenía que ser fuerte y lo fui con la ayuda de Dios. Simplemente, decidí ser fuerte y eso fue todo».

Quizá sea eso todo, pero, créame, es mucho. Aquella mujer era una verdadera optimista tenaz. Procure comprender esto con claridad: la verdadera fortaleza está en usted, tanto si lo sabe como si no. Es más, posee en su interior toda la fortaleza que necesitará para afrontar cualquier cosa que tenga que afrontar en la vida.

Una vez que este concepto fundamental de fortaleza inherente haya quedado firmemente establecido en sus pautas de pensamiento, podrá estar a la altura de cualquier cosa que le suceda, sin desmoronarse y sin que importe lo crítica o difícil que sea la situación. Una vez que sepa, en lo más profundo de su mente, que posee lo que necesita, no se sentirá tan nervioso, tenso o temeroso ante las situaciones difíciles. Tendrá una sensación de serenidad y confianza en su propia capacidad, y muchas menos dudas acerca de su habilidad para afrontar las situaciones.

He visto cómo esa fortaleza se ha desarrollado en algunas personas derrotadas, de modo que sé muy bien lo que puede conseguirse mediante nuestro método de acumulación de fortaleza. Veamos el siguiente caso como ejemplo.

Un día, a primeras horas de la mañana, entré en la cafetería de un hotel, en una gran ciudad. Al mirar a mi alrededor vi a un hombre sentado a solas ante una mesa situada en un rincón y observé que tenía la cabeza inclinada, apoyada en las manos, con los codos sobre la mesa. Me dio impresión de ansiedad y debilidad y se me ocurrió pensar que quizá estuviera rezando. Luego, me trajeron el desayuno y me enfrasqué en la lectura del periódico, sin volver a pensar en aquel hombre.

En ese momento, oí pronunciar mi nombre y, al levantar la mirada, vi al mismo hombre que estaba delante de mí, mirándome sorprendido.

«¡Que me condenen!» —exclamó.

«¡Cómo! ¿Por qué pide que le condenen?» —le pregunté.

Se dejó caer en una silla, a mi lado y me dijo: «Quizá las oraciones reciben contestación. Estoy pasando por unos momentos realmente duros y estaba allí sentado, tomando el desayuno, con unas enormes ganas de enviar a todos y a todo al infierno. En ese momento, surgió en mi mente la idea de rezar. A veces rezo, así es que dije: "Dios mío, por favor, ayúdame. Envíame a alguien que me ayude y rápidamente". No sé qué fue lo que le trajo a usted aquí, pero sí sé una cosa: es usted la respuesta a mis desventuras».

«Bueno, dejemos una cosa bien clara —le dije—. Definitivamente, creo en la guía de Dios y si Él desea utilizarme para ayudarle, lo haré complacido. Pero, por favor, no vaya a hacerse a la idea de que puedo obrar milagros.» Acordé encontrarme con él más tarde, ese mismo día, para explorar su problema y ver qué podía hacer para ayudarlo.

«No puedo soportar todo lo que me está sucediendo —empezó a decir atropelladamente aquella misma tarde, cuando nos reunimos durante una hora, a las cinco—. Es demasiado. Tengo la sensación de estar a punto de explotar. Simplemente, no lo aguanto. Me siento a punto de estallar bajo toda esta presión. No vale la pena; simplemente, no vale la pena.» Se derrumbó sobre una silla, arrojó el listín telefónico contra la pared y volvió a mandarlo todo al infierno.

«Continúe —le dije—. Cuénteme lo que sucede y enviaré a pedir más listines telefónicos que pueda arrojar contra esa pared si así lo desea.»

Sonrió con una mueca y se calmó un tanto, pero era evidente que el pobre hombre se sentía muy nervioso y totalmente sumido en el conflicto. Resultó que se sentía lleno de culpabilidad y frustración. «Durante toda mi vida he tenido esta enorme ambición, esta necesidad de ir a todas partes, de ser el más destacado. ¿Y a dónde me ha llevado eso? Claro, he ganado dinero pero, en su propia terminología religiosa "he perdido mi alma". Sí, eso es. He perdido mi alma. Eso es, exactamente.»

«Fui un muchacho pobre, que creció al otro lado de las vías. Solía observar a todos esos banqueros, abogados y comerciantes de camisas bordadas, que conducían sus grandes coches y se pasaban el tiempo en el club campestre. Los detestaba y…, lo crea o no, todavía detesto a esos estúpidos forrados de dinero. Pero lo cierto es que quería ser uno de ellos, tener lo que ellos tenían…, coches, clubes campestres y toda esa mandanga. Y también quería ser un tipo importante, como ellos…, un tipo forrado, presuntuoso y grande. Así que empecé a hacer todas las cosas pútridas que hacen algunos de ellos y, créame, son realmente pútridas. Y ahora estoy harto. Me enferma toda esta condenada basura.»

Me contó su historia a raudales, verdaderamente a raudales. Apoyé los pies sobre el alféizar de la ventana y escuché, mientras percibía los sonidos de la ciudad, lo que el hombre me contaba con un estilo que iba mucho más allá de la habilidad descriptiva de nuestros más obscenos novelistas que, simplemente, no estaban tan enfangados hasta el cuello como este ciudadano explosivamente nauseabundo.

«Debería haber sido usted escritor —le dije—. Habría podido escribir muy mordazmente, y lo digo en serio.»

Sin darme cuenta, adoptaba su propio estilo incisivo.

18

Era evidente que aquel hombre tenía algo que iba más allá de la simple molestia que le perturbaba. En realidad, su alma empezaba a mostrarse tal como era y eso siempre es algo impresionante.

Cuando uno se las tiene que ver con un tipo tenaz y duro, no se le da una respuesta blanda e insípida. Se tiene delante a alguien muy directo y honrado y hay que situarse a su altura. Podría haberle aconsejado que viera a un asesor psicológico. En realidad, le habría venido bien algo de terapia y más tarde saqué a relucir el tema. Pero lo que necesitaba en aquellos momentos era la aplicación directa de una fuerza curativa que no fuese complicada, que fuera lo bastante poderosa como para atravesar la masa de materia podrida de la que estaba lleno. Así que, según su propio lenguaje, le ofrecí «acción espiritual».

Las nuevas pruebas de que la guía de Dios estaba actuando en este caso parecieron simple coincidencia. De repente, a través de la ventana abierta llegó el sonido de los himnos que hacían sonar las campanas del carillón y, al tiempo que empezaba a oscurecer, contra el cielo de la noche se destacó una gigantesca cruz iluminada.

«¿Sabe algo de teología?» —le pregunté a mi amigo.

«¿De teología?» —repitió, desconcertado.

Le indiqué la cruz, que se elevaba sobre un edificio administrativo de la Iglesia, a veinticinco pisos de altura. «Eso está en el centro mismo de la teología. Sobre ella, el Salvador murió para demostrar que Dios se ocupa de nosotros y nos ama. No pretendo comprender lo que sucede pero he descubierto que cuando las personas como usted y como yo miramos esa cruz y al hombre que murió en ella y estamos convencidos de que murió por nosotros y deseamos, pedimos humildemente y estamos dispuestos a recibir la salvación..., la alcanzamos.» Estudié atentamente el rostro del hombre que, estaba seguro de ello, jamás había escuchado nada parecido hasta entonces, ya que, según me dijo, cuando iba a la iglesia solía acudir a una superhermosa, mentalmente delicada. Ahora, en cambio, esta forma de religión tan directa era completamente nueva para él, aunque era evidente que le afectaba.

«Únicamente Jesucristo puede limpiar todo el odio, la avaricia explotadora, las pautas de desenfreno sexual y de borrachera y la insatisfacción que siente en general con su vida. Y puede hacerlo si tiene usted los redaños para acudir limpio a él y pedírselo. Así que arrodíllese ahí mismo, junto a la ventana, mire esa cruz y dígale al Señor que lamenta toda la podredumbre que hay dentro de sí mismo.»

Debo admitir que fueron palabras bastante fuertes y no es éste un método que utilizaría con todo el mundo. Pero tenía ante mí a un hombre curtido, acostumbrado a luchar, que sólo reaccionaría si se le trataba como a un hombre.

Lo juzgué correctamente, pues aceptó mi sugerencia. De hecho, fue incluso más allá, lo que sin duda explica por qué obtuvo tan buenos resultados. Se hincó de rodillas y rezó lo que sigue (naturalmente, no anoté su oración palabra por palabra, pero me impresionó tanto lo que dijo que lo siguiente es una reproducción muy ajustada de sus palabras y, créame, fue toda una oración).

«Señor, soy un estúpido, pero eso ya lo sabes sin necesidad de que te lo diga. Soy un tipo insignificante y si empezara a contarte todas las cosas feas que he hecho, no te quedaría tiempo para escuchar a nadie más, de tan ocupado como estarías. Además, ya lo sabes todo sobre mí, de modo que ¿cómo podría engañarte?

»Pero créeme, Señor, no quiero engañarte. Estoy harto de la forma horrible en que vivo, pienso y actúo. No quiero seguir siendo así. Ésa es la verdad, Dios. Tengo que admitir que incluso al hablar así, mantengo unas pocas reservas, pero, por favor, no me permitas ser un farsante. Ayúdame a salir limpio de todo esto, como dice el doctor Peale.

20

»No puedo hacer nada conmigo mismo, así que me pongo por completo en tus manos. Permite que tu sangre, que cayó de la cruz, se derrame ahora sobre mí. Tengo que ser cambiado.»

Nunca había escuchado nada similar a la forma en que este hombre rezó cuando se puso a hacerlo. Habló con el Señor con la misma honradez sin tapujos con la que había hablado conmigo.

A menudo me he preguntado qué hubo en el proceso que realizó el trabajo recreativo sobre él y he llegado a la conclusión de que intervinieron cinco factores: 1) estaba harto de lo que era hasta entonces; 2) deseaba ser diferente, realmente lo deseaba; 3) no expresó muchas dudas y preguntas de tipo religioso sino que, simplemente, creía; 4) se tomaba su religión de forma directa, como sacada directamente de la Biblia, a pesar de su educación universitaria de calidad y del reblandecimiento ejercido sobre él por una Iglesia decadente y ostentosa; 5) se entregó en cuerpo y alma a la tarea y consiguió lo que pretendía. Y el inicio de toda esa transformación la llevó a cabo allí mismo, en aquel momento, si bien es cierto que aún le quedaba por delante un largo proceso de desarrollo.

«Vaya, ya me siento mucho mejor» —dijo, tras levantarse.

«Seguramente, ya ha obtenido una cierta salvación —le dije—, porque hace apenas media hora habría lanzado otra exclamación más fuerte.»

«Resulta extraño —siguió diciendo—, pero esa sensación de hartazgo ha desaparecido casi por completo. Me siento en paz conmigo mismo y hasta un poco feliz.» Su rostro tenía una expresión que me impresionó. Naturalmente, no cambió desde lo peor a lo mejor sólo a raíz de esta conversación. Aún quedaba por hacer mucho trabajo espiritual con él, pero el giro se había iniciado y hasta aquel pequeño principio le produjo alivio y cambio.

Posteriormente, este hombre pudo trabajar con una renovada energía y vitalidad. ¿Y por qué no? Aquellas actitudes poco saludables que previamente le agotaban la energía empezaron a desaparecer gradualmente. Su mente trabajaba mejor y, según me dijo cuando lo vi, varios meses más tarde: «En mi mente surgen tantas ideas nuevas que casi no doy abasto».

Durante un cierto período de tiempo observé cómo se desarrollaba la fortaleza de este hombre. Se reanimó espiritual, mental y físicamente. Tuvo que haber experimentado un «renacimiento» pues, en efecto, había nacido a un nuevo mundo. Una nueva vida lo llenaba de energía. Ahora, las cosas ya no lo aplastaban, como había sucedido aquella mañana en que nos encontramos en el restaurante de un hotel. Ahora cuenta realmente con aquello que se necesita para superar las adversidades. Y se toma las cosas tan bien que incluso está realizando progresos en sus asuntos personales. Este hombre se organizó sentimentalmente al sentir su personalidad reactivada alrededor de la dinámica centrada en Dios. Eso hizo de él un individuo fuerte, dotado de una nueva competencia para ocuparse de sí mismo y de sus problemas.

En realidad, ser fuerte y tener lo que se necesita para superar las adversidades suele depender del cultivo de la propia personalidad de una forma espiritual profunda. La mayoría de la gente no tiene necesidad de pasar por una recomposición tan espectacular y extremada como la que acabo de relatar. Lo único que necesitan, fundamentalmente, es creer que pueden hacerlo. Y desde luego que pueden si perseveran en esa convicción. Si la vida le resulta excesivamente dura, será mejor que tenga una sesión verdaderamente honrada consigo mismo y se pregunte dónde está el verdadero problema. Quizá sea usted mismo el que se busca las complicaciones. Lo más habitual es echarle la culpa a otras personas, o a condiciones o fuerzas sociales que se hallan fuera de su control. Pero lo cierto es que su problema no está fuera de su propio control; la solución está dentro de usted. Emerson dijo: «En el ser humano siempre hay razones para su buena o mala fortuna». Piense cuidadosamente en ello.

En último análisis, el fracaso se remonta a la presencia de elementos de fracaso en la personalidad, a los que se ha permitido dominar la pauta del pensamiento. Esos elementos de fracaso conspiran para crear en la mente una profunda convicción inconsciente de que no se tiene la habilidad para alcanzar el éxito. Y, como ya se ha indicado previamente, todo ser humano tiende a convertirse en aquello que su imagen mental le representa habitualmente acerca de sí mismo.

¿La solución? Invertir la imagen mental. Naturalmente, eso exigirá una considerable reeducación de sí mismo y no será nada fácil. El logro creativo nunca es fácil. Pero tampoco es imposible. En realidad, aunque difícil, el proceso funciona de manera bastante sencilla. Se inicia con la toma de conciencia de que debería corregir su forma de pensar. Eso será difícil al principio pues los hábitos mentales han provocado profundas estrías en su consciencia y su tendencia negativa protestará ante esta fuerte reorientación mental positiva. Pero si actualmente se siente débil y derrotado, se debe en buena medida al hecho de que su mente le ha mentido durante años acerca de sus verdaderas habilidades, tratando de hacerle fracasar.

Así pues, tiene que ponerse a la altura de su mente. Personalice su mente y dígale con firmeza: «Tengo un pensamiento nuevo y poderoso, un pensamiento vital lleno de fe y tengo la intención de conducirlo hasta el éxito y la felicidad y tú, vieja pauta mental negativa y derrotista, ¡has dejado de controlarme!». No permita nunca que su mente le controle. Usted la controla siempre. Y, con ayuda de Dios, eso será lo que haga. Puede dominar su propia mente si se empeña fuertemente en conseguirlo y a esa voluntad le añade la fuerza motivadora más dinámica de la convicción positiva.

Hubo un tiempo en que a los jóvenes se les enseñaba esta fuerte filosofía en las escuelas de Estados Unidos, en sus hogares y también en las iglesias. Una enseñanza tan directa desarrolló una gran generación de hombres y mujeres en este país, pero luego esta tendencia se fue abandonando y en su lugar se instaló una blandura deteriorante. Si quiere saber mi opinión, eso constituyó un verdadero crimen contra la naturaleza humana. Y lo digo sin necesidad de que nadie me lo pregunte.

Los recuerdos hacen que me remonte a la vieja escuela de la avenida Williams, en Norwood, Ohio, un barrio de Cincinnati. Mi maestro de quinto grado era George Reeves, un hombre gigantesco que pesaba 120 kilos. Todavía recuerdo la forzada aplicación de su enorme mano contra mis posaderas. Consideraba la corrección manual como beneficiosa para el estudiante y como algo que contribuía al propósito principal de la educación tal como él la concebía: formar hombres. Y, por lo visto, aquellas zurras tuvieron sus efectos porque muchos años después escribí un artículo periodístico sobre el señor Reeves y cómo me había «acariciado». Recibí un montón de cartas de sus antiguos estudiantes, repartidos por todo el país, vanagloriándose de haber sido igualmente zurrados por este maestro.

Era todo un personaje y dejó una duradera impresión en mi mente, así como en mi cuerpo. Uno de sus métodos, que todavía recuerdo, consistía en que, en mitad de la clase, tronaba: «¡Silencio!». Y cuando ordenaba silencio, le puedo asegurar que se hacía el silencio más absoluto. Entonces, se volvía hacia la pizarra y, con letras grandes, escribía «NO PUEDO». Luego se volvía a mirarnos ferozmente.

Y todos sabíamos lo que teníamos que hacer. Uníamos nuestras voces y cantábamos: «Tachar el NO». Él, con un movimiento rápido y enérgico borraba la negación de la pizarra y allí quedaba, resaltada e inolvidable, la magnífica palabra: «PUEDO».

«Que esto sea una lección para todos vosotros —decía—. Dejad de quejaros y de decir que no podéis. Recordad quiénes sois. Sois hijos de Dios. Sois estadounidenses. Y, con ayuda de Dios, superaréis todas las dificultades.» Finalmente, añadía aquella frase que nunca he olvidado ni tengo intención de olvidar: «Puedes si crees que puedes».

24

Así de sencillo. Se borra la negación del NO PUEDO y a partir de ahí se desarrolla lo que se necesita para superar la adversidad. De esta madera están hechos los optimistas tenaces.

No rechace estas sugerencias con el argumento de que ya hace tiempo que ha dejado de ser un escolar o incluso un universitario o una persona joven.

Nunca se es demasiado viejo para reeducar la mente y pasar de la falta de convicción y las dudas sobre uno mismo a la convicción y la confianza en sí mismo.

Una vez recibí una carta de un hombre de 93 años. «He tenido un complejo de inferioridad durante 93 años» —me decía en ella. Si eso es cierto, se trata del complejo de inferioridad más prolongado del que tengo noticia. «Eso ha hecho que me sienta miserablemente mal durante 93 años —seguía diciendo—. Pero un amigo me regaló su libro, *El poder del pensamiento positivo*. Lo leí, creí en él y puse en práctica todas sus sugerencias. Ahora le escribo para comunicarle la buena noticia de que, después de 93 años, he perdido mi complejo de inferioridad.»

Y, efectivamente, parece que así sucedió pues en la frase final de su carta expresó un pensamiento realmente positivo: «El futuro parece prometedor» —declaró.

Otro factor importante para ser lo suficientemente fuerte como para manejar la vida enérgicamente, consiste en ver las posibilidades existentes en y más allá de todas las dificultades que se le presenten. Y, naturalmente, las posibilidades son inherentes a toda clase de situaciones, por difíciles y aparentemente poco propicias que sean, aunque a veces, hay que admitirlo, estén muy bien escondidas. La mente derrotada difícilmente podrá extraer éxito del fracaso, ya que es incapaz de percibir las posibilidades que hay en toda situación difícil. Y aunque una menta así sea quizá capaz de detectar alguna débil sugerencia de oportunidad, no cuenta con lo que se necesita para aprovecharla.

La persona fuerte, en cambio, tiene una mente que no está nublada por el pesimismo. Sabe de lo que es capaz. Se da cuenta muy bien de los obstáculos y resistencias inherentes a un problema dado. Pero la cualidad que lo diferencia de la persona derrotada es su habilidad para detectar siempre un atisbo de luz en medio de cualquier oscuridad, por cerrada que sea ésta.

Pensé en personas así cuando, recientemente, mi esposa y yo visitamos a nuestra hija Elizabeth, estudiante en el Mt. Holyoke College. Mientras paseábamos por el *campus*, llegamos ante un reloj de sol en el que se leía la siguiente y provocadora inscripción: «Para la visión más grande el final de la sombra es la línea donde empieza la luz».

¿Qué significa eso? En cierta ocasión, despegué de Nueva York en un Boeing 707 con destino a París. Era casi la medianoche, o las cinco de la mañana, hora de París. Era una noche oscura y sin luna y el avión se estabilizó a los 33.000 pies de altura. Todo estaba totalmente oscuro, pero no por mucho tiempo. Al mirar hacia el este, a aquella gran altura, pude ver una línea de luz muy fina, casi infinitesimal, que se extendía sobre el lejano horizonte, allí donde terminaban las sombras. Poco tiempo después y quinientas millas más lejos, un amanecer radiante iluminó los cielos en toda su gloria y esplendor.

La persona fuerte tiene esta visión «más grande» y es, por tanto, capaz de ver la fina línea de luz que se extiende al final de las sombras. Y tampoco abandona nunca su lucha. Una de las cosas más sencillas de todos los hechos de la vida es que para llegar hasta donde se quiere ir, tiene uno que seguir y seguir.

Formaba parte de un grupo cuando la conversación se desvió hacia cierto hombre que estaba realizando un trabajo poco común bajo una fuerte oposición y, naturalmente, era objeto de fuertes críticas producto de los celos. Ese hombre poseía una fe muy sólida en su trabajo y en sí mismo y, por lo que yo sé, también en Dios. Alguien se preguntó si podría resistir la presión. «No te preocupes por él —contestó alguien—. Es de los que nunca dejan de luchar.» Ese hombre alcanzó finalmente el éxito a través de las dificultades, simplemente porque poseía una personalidad indomable, obstinada, decidida y muy resuelta. Apenas puede uno evitar que nos caiga bien el hombre que se esfuerza y lucha sin que importen las dificultades, lo que digan los demás, lo que hagan o dejen de hacer, siempre y cuando sepa que aquello que hace está bien, tenga la conciencia clara y sus objetivos merezcan la pena. Eso es optimismo tenaz en acción.

Es verdaderamente maravilloso darnos cuenta de que no tenemos necesidad de ser débiles, de que se puede ser fuerte, estar a la altura de las circunstancias que nos presente la vida en cada momento y que todo eso también se puede hacer sin doblegarse ni ser derrotado.

¿Cómo consigue uno ser de este modo? ¿Cómo se desarrolla esa cualidad de tener lo que se necesita para superar la adversidad? Consiste en desarrollar la fe de que Dios no es una simple idea teórica, sino que está realmente cerca y siempre nos está ayudando. Rece, piense y practique esa convicción hasta que dé por sentado el hecho de que Dios está con usted. Entonces, sabrá que cuando tenga que afrontar una situación dura, no tendrá que hacerlo solo. Dios le verá pasar por todo tipo de situaciones y estará ahí para ayudarle.

Se me pidió que visitara a un hombre que estaba en el hospital. Inesperadamente, me encontré ante una experiencia inspiradora. El hombre, un dirigente empresarial de fuera de la ciudad, estaba muy enfermo. Sus amigos no sabían si era plenamente consciente de su situación.

«Oí decir que habló usted una noche en una convención —me dijo—. Les ofreció muy buen material. ¿Por qué ha venido a verme? Con lo ocupado que está, no dispone de tiempo que perder con un viejo inválido aparcado en la estantería.

»Sabe lo que me sucede, ¿verdad? —me preguntó con franqueza—. Tengo cáncer en el páncreas y sólo tengo una oportunidad entre mil de vivir.»

Parecía tener ganas de hablar y siguió diciendo: «Nunca he sido muy religioso, pero no creo haber sido realmente malo. Al menos, nunca tuve esa intención. —Hablaba con un tono resuelto—. Pero he pensado un poco y he arreglado todas las cosas con Dios. Me educaron para creer en Dios y creo en Él al cien por cien. Mis socios de negocios me escriben desde que me puse enfermo y, ¿sabe una cosa?, hay algo divertido en esos tipos. Mientras hice negocios con ellos, nunca mencionaron a Dios y ahora resulta que todos me hablan de Dios y me dicen que si tengo fe en Él me ayudará a pasar por este trance, pase lo que pase. Me dicen en sus cartas que han pasado por sus propias dificultades con ayuda de Dios. Me pregunto por qué no hablan más de Dios en la vida cotidiana.

»Mi padre y mi madre me enseñaron a depositar mi fe en Dios. Ahora tengo entre manos una buena lucha y lo sé muy bien. Pero creo que estoy a la altura, independientemente de los resultados. Ocurra lo que ocurra, Dios está conmigo. Creo poder aceptarlo como un hombre y un cristiano.»

Me quedé allí sentado, mirando a este hombre durante un rato y finalmente le dije: «¿Sabe una cosa? Jamás le olvidaré. Sólo me cabe esperar que, en circunstancias similares, sea capaz de demostrar la mitad del valor y la fortaleza que usted demuestra».

«Lo haría —me aseguró—, porque cree usted en Dios lo mismo que yo y si alguna vez llega hasta donde estoy ahora, puede contar con la ayuda de Dios. He descubierto como un hecho que podemos confiar en que el Señor nos ayudará a soportar lo que tengamos que soportar.»

Después de aquella visita, sólo vivió cuatro días más, pero si hubiese llegado a cumplir los noventa años difícilmente habría alcanzado una mayor hombría. Aquel hombre recorrió un valle que a veces llaman oscuro; pero ningún valle por el que tuviera que cruzar sería demasiado oscuro para él porque a su alrededor había luz. Casi se podía escuchar el sonido de las trompetas cuando cruzó al otro lado. Tenía lo que se necesitaba para afrontarlo.

El principio del pensamiento creativo es muy importante, pues como declaró Gautama Buda: «La mente lo es todo; aquello en lo que uno piensa es aquello en lo que se convierte».

Si una persona empezara desde la infancia a crearse una sana pauta de pensamiento espiritual, podría lograr que ésta fuese como una coraza impenetrable contra la adversidad y le aportara una fortaleza inconmovible durante toda su vida. Pero no hemos creado en nuestras mentes tal mundo saludable de pensamiento y hasta nuestra religión ha contribuido con demasiada frecuencia a un estado mental negativo.

Como maestro espiritual, he aplicado los principios del control del pensamiento creativo a muchos de mis estudiantes y el porcentaje de éxitos para superar la debilidad personal ha sido bastante elevado.

Por ejemplo, una noche, hace aproximadamente un año, volaba hacia la costa Oeste de Estados Unidos y, durante la mayor parte del vuelo, se sentó a mi lado un hombre que no sólo no tenía fortaleza, sino que estaba enfermo de cuerpo, mente y alma.

Me describió con detalle sus síntomas físicos: obesidad, alta presión sanguínea, falta de respiración, nervios en el estómago, hígado hiperhepático, dolores en algunas articulaciones. Sin pretenderlo, abrió y mostró igualmente una mente muy enferma. Mientras hablaba, sus pensamientos enfermos sonaban como un miserable compuesto de resentimiento, odio, celos, pesimismo y lujuria. Llevaba una vida de muy baja calidad moral, por decirlo suavemente. Después de haberme obsequiado con toda aquella pútrida mezcolanza de pensamientos durante un par de horas y varios miles de kilómetros de distancia, me preguntó de repente: «¿Qué infiernos cree que me pasa?».

«Es posible que su referencia al infierno sea más significativa de lo que pretendía —le contesté reflexivamente—. Es posible que se sienta como se siente precisamente porque se encuentra en un estado infernal. En otras palabras, su problema son los malos pensamientos, y muy malos que son, por cierto. Le ruego que recuerde que malos pensamientos como los suyos pueden hacerle sentirse enfermo, realmente enfermo, al exteriorizarse en forma de síntomas físicos.»

«Malos pensamientos..., ¿cree que ese es mi problema, no? —musitó mi compañero de asiento—. ¿Cómo es que ningún escritor, maestro o predicador no ha explicado con claridad los malos efectos que pueden tener los pensamientos equivocados y qué hacer al respecto?»

«Algunos lo intentamos explicar —le contesté—, pero olvidemos el pasado y hagamos ahora algo constructivo. Aquí está mi sugerencia y no crea que no le servirá de nada, porque le servirá. Empiece, a partir de mañana mismo, a leer los cuatro libros del Nuevo Testamento, Mateos, Marcos, Lucas y Juan. Subraye cada frase que le impresione como un pensamiento saludable. Continúe esa lectura y el subrayado, sin faltar ni un solo día.

»Y, mientras lee y subraya, aprenda cada frase seleccionada, apréndala de tal modo que pueda repetir todas esas frases con facilidad, sin necesidad de volver a leerlas. Repítalas una y otra vez, saboree su melodía y significado y visualice al mismo tiempo que esos pensamientos penetran profundamente en su mente para extirpar de ella los viejos, podridos y malos pensamientos que han estado envenenando su consciencia y socavando su salud.»

Un ejemplo que le di fue Mateo, 6, 22-23: «La lámpara del cuerpo es el ojo; así que, si tu ojo fuere sincero, todo tu cuerpo será luminoso; mas si tu ojo fuere malo, todo tu cuerpo será tenebroso».

«Esto significa —le expliqué— que su forma de ver las cosas, la actitud que adopte, las inclinaciones de su pensamiento son las que determinan que todo su ser esté lleno de oscuridad y melancolía o de luz y alegría. Lo que establece la diferencia es su forma de ver o mirar la vida.»

Uno nunca está seguro de saber si las lecciones que imparte arraigan, pero este hombre me pareció sensible. Le estreché la mano al despedirme de él en el aeropuerto de la costa Oeste y también se desvaneció de mi vista y de mi recuerdo. Pero varios meses más tarde, en el vestíbulo de un hotel de Chicago, se me acercó un hombre. «¿Me recuerda?», me preguntó. Francamente, esa pregunta siempre me resulta difícil de contestar, debido a la gran cantidad de gente que conozco, pero siempre la contesto sin pretender por ello evadirla. «Me parece usted familiar, pero debo confesar que no le recuerdo.»

«No me sorprende —dijo el hombre—, a pesar de que hace meses pasé una noche con usted. En aquel entonces me sentía desmoronado, excesivamente gordo y bastante detestable.»

«Sólo puedo decirle que esa descripción no le hace justicia ahora» —le dije, observando con admiración a la persona de aspecto ágil y saludable que tenía ante mí.

Fue entonces cuando lo recordé. «¡Le conozco! —exclamé—. Es usted el hombre con malos pensamientos.»

«Era, querrá decir, porque ya no lo soy —me dijo con una sonrisa—. Empecé a trabajar ese plan suyo sobre la Biblia. Ahora ya sé de memoria muchas frases de las Sagradas Escrituras y, como me aseguró, han quedado grabadas en mi consciencia. Mi mente está sólidamente llena con ellas. Y también curaron mi mente, de eso no cabe la menor duda, porque me siento mejor en todos los sentidos. De hecho, me siento asquerosamente sano y he descubierto una fortaleza y un vigor como no había experimentado en muchos años. En este último año he pasado por algunos momentos duros. Ocurrieron cosas que habrían acabado conmigo por completo. Ahora, con la guía y la ayuda de Dios, poseo lo que necesito para superar eso y mucho más, para hacer algo con ello.»

El método que en este caso demostró tener tanto éxito, también puede obrar maravillas para usted. En ocasiones, sin embargo, es aconsejable aplicar una terapia más profunda, una curación en profundidad de la estructura de la personalidad o, por decirlo de otro modo, se necesita un cambio fundamental de naturaleza radical. Con el transcurso de los años, es posible que se haya ido formando interiormente un cuerpo de fracaso, en forma de conflicto y tensión. Eso se manifiesta mediante diversas reacciones que, acumuladas, conducen al derrotismo. Pero hay cura.

Permítame contarle la curiosa historia de un hombre desgraciado cuya curación de la personalidad es uno de los dramas humanos más extraños que haya conocido.

Este hombre, una persona muy capaz, fue víctima durante años de algunos notorios defectos de personalidad. Se mostraba siempre excesivamente tenso, hasta el punto de que quienes le rodeaban se ponían tensos. Era un perfeccionista que insistía que todo se hiciera de forma exacta e inmediata. En cuanto llegaba a su despacho, sus empleados se tensaban instintivamente. En cuanto la menor cosa salía mal «se subía por las paredes» y, por lo que pude saber, por allí andaba la mayor parte del tiempo.

En el hogar era, en todo caso, todavía más exigente. En el despacho hacía al menos tenues intentos por ser amable, pero en el hogar se mostraba realmente como era.

A pesar de que, sin lugar a dudas, amaba a su esposa, la había convertido, sin darse cuenta, en la persona que absorbía todas sus irritaciones, que no eran precisamente pocas. Juraba y gritaba y era capaz de tomar cualquier cosa que no estuviese clavada y arrojarla. Luego, se hundía en una tenebrosa y profunda depresión en la que permanecía durante horas o incluso días.

Pacientemente, su esposa soportó ese comportamiento año tras año. Estaba entregada a su marido y, en realidad, él era un gran hombre para ella y se decía que su trabajo en la vida consistía en facilitarle las cosas en todo lo posible. Rezaba para tener fortaleza con la que soportar sus estallidos y la tenía, pero la presión constante comenzó a privarla gradualmente de energía y él se mostraba cada vez más difícil de soportar.

Entonces, una noche, las cosas se precipitaron de repente. El hombre se había dejado arrastrar por uno de sus arrebatos cuando, de pronto, la mujer se revolvió enfurecida. Con ojos relampagueantes, recorriendo la sala de un lado a otro mientras hablaba, la mujer empezó a enumerar uno tras otro los aspectos descarnados de la personalidad de su esposo, lo que veía tanto ella como los demás. Cuando él intentó interrumpirla para protestar, ella le espetó: «¡Cierra el pico y escucha! He soportado tus invectivas durante años. Ahora escúchame tú a mí y, créeme, me vas a escuchar».

Mientras él escuchaba impotente la devastadora descripción de sí mismo que le hacía su esposa, experimentó de repente una extraña experiencia. La voz de su esposa pareció desvanecerse. Fue como si se encontrara a solas, contemplando una corriente que se movía lentamente. De algún modo, se dio cuenta de que lo que veía era la corriente de su personalidad. Era como un río que fluía lentamente y, en medio de la corriente, un gran objeto, de aspecto burdo, oscuro y duro surgía pesadamente a la superficie y se volvía a hundir. Lo reconoció como un enorme bulto de pecado, su pecado, compuesto por todos aquellos factores problemáticos que había profundamente enraizados en su interior: culpabilidad, odio, tensión incontrolada.

Esta experiencia puede ser, de hecho, una aguda percepción sobre el problema básico de mucha gente. ¿Tenemos pecados, debilidades y males separados unos de otros, o son éstos las manifestaciones de un pecado, una debilidad o un mal fundamental? Quizá no sean sino manifestaciones de un gran pecado, duro, abultado y oculto, incrustado en la consciencia, a partir del cual se derivan todas las debilidades individuales y visibles. Bien pudiera ser que el pecado fuese indivisible y que, esencialmente, no tuviésemos pecados, sino pecado. Una vez roto y eliminado ese pecado fundamental, se habrá cambiado por completo.

Aquella extraña visión desapareció tan repentinamente como había llegado y allí, ante él, seguía su esposa, que seguía hablando. De repente, experimentó una gran ternura hacia ella y pena por todos los malos ratos que le había hecho pasar. Aparentemente, al darse cuenta de que algo insólito le había sucedido, ella lo miró con extrañeza, dejó de hablar y se hundió en un sillón, agotada.

Él se dio cuenta entonces de que tendría que cambiar. Temió que si no hacía pronto algo decisivo respecto a aquella cosa dura y abultada que había en la corriente de su consciencia, su personalidad se cerraría y él seguiría siendo siempre como había sido. Se le ocurrió entonces la idea de que únicamente Dios podía cambiarlo, pues sabía muy bien que no podía hacer nada por sí solo. Le habló a su esposa de la visión que acababa de tener y, juntos, rezaron intensamente, implorando a Dios que le ayudara.

Al contar su experiencia, el hombre resaltó la intensidad de la petición hecha por ambos y explicó que jamás había apelado a Dios con «todo lo que tenía», tal como hizo entonces. «De pronto, sentí que la fe estallaba en mi mente. En ese mismo instante, creí. No se puede imaginar la inmensa sensación de alivio que se apoderó de mí.»

No se produjo ninguna transformación espectacular inmediata, pero a partir de ese momento fue evidente que ya no era el mismo hombre y que el cambio era firme. Empezó a mostrarse más sereno, menos intenso, en ocasiones incluso calmado y, desde luego, más controlado. Logró realizar significativas mejoras, tanto en su forma de pensar como de actuar. Su cambio indica que aquel bulto duro se había roto y alejado. Y así tuvo que haber sido porque su esposa, alguien que sin duda debía saberlo bien, dice ahora con una expresión maravillada: «Mi esposo es tan diferente».

Los resultados prácticos han sido definitivos. Él habla de una nueva y asombrosa sensación de fortaleza y poder. «La horrible presión que solía acumularse en mi interior ha desaparecido por completo y me siento mucho más aliviado. ¿Por qué nadie me habló de este poder mucho antes de que echara a perder mi vida? En cualquier caso, ahora ya lo sé, gracias a Dios.»

Puede usted desarrollar realmente fortaleza y tener lo que se necesita para superar las adversidades. Puede convertirse en un optimista tenaz.

Síntesis de lo que se necesita tener
para superar las adversidades

1. Para vivir en este mundo se tiene que ser fuerte... entre otras cosas. Así pues, empiece por desarrollar dureza interior o fuerza mental y espiritual.
2. Cuando las cosas se pongan duras, hay que ser duros. Usted es duro.
3. Recuerde constantemente el gran hecho de que Dios imbuyó fortaleza potencial en su naturaleza. Al afirmarlo y practicarlo así, esa fortaleza básica se endurecerá como lo hacen los músculos.
4. Cambiar espiritualmente para encontrar la verdadera fortaleza no supone ninguna agresividad. Se trata más bien de una reacción de poder divino en la que uno de los factores más importantes es la fuerte suavidad, al estilo de Cristo.
5. Invierta su imagen mental de sí mismo, para dejar de considerarse débil, y hágase una imagen clara de sí mismo como alguien fuerte. Luego, conserve ese concepto firmemente en su consciencia, hasta enraizarlo en ella.
6. Practíquelo hasta que lo domine; luego, siga practicándolo, para mantenerlo, el poderoso pensamiento creativo de que puede si cree que puede.
7. Sea un posibilista. Por oscuras que parezcan ser las cosas o que sean en realidad, eleve la mirada y vea las posibilidades; búsquelas siempre, porque siempre están ahí.
8. Tenga la seguridad de que, con la ayuda de Dios, puede tener lo que se necesita para superar la adversidad.
9. Recuerde: aquello en lo que piense será aquello en lo que se convertirá: bueno o malo, débil o fuerte, derrotado o victorioso.

2

NO TENGA NUNCA MIEDO
DE NADIE NI DE NADA

«En esta vida, no tengas nunca miedo de nadie ni de nada.»
Recuerdo este consejo como si lo hubiera escuchado ayer. Quien
así me habló fue Grove Patterson, en la oficina editorial del viejo
Detroit Journal, en octubre de 1920.

Como joven periodista que acababa de salir de la universidad,
estaba siendo aleccionado por mi jefe que, posteriormente, se
convirtió en amigo de toda la vida. Me señaló directamente con un
dedo manchado de tinta (siempre parecía tener tinta en los dedos): «Escúchame con atención, Norman, y no olvides nunca lo
que te voy a decir. No pases por la vida temblando de miedo,
escondiéndote a causa de un puñado de temores. ¿De qué demonios hay que tener miedo?».

Le puedo asegurar que me captó muy bien, pues durante
muchos años me sentí agobiado y preocupado por los temores
y encogido por un complejo de inferioridad, hasta que aprendí a
superarlo. Y aquel aleccionamiento por parte de Grove Patterson
fue importante en ese proceso educativo.

«Enfréntate a las personas y a las situaciones cuando sea
necesario. Míralas directamente a los ojos y mándalas al carajo.
Repítete cada día, hasta que se te grabe: "Con la ayuda de Dios,
no tendré miedo de nadie ni de nada".»

Realmente, mi jefe me dio una buena lección aquel día. Y gra-
bó sus palabras y su propia fe en mi consciencia. Por primera vez,

vi el rayo de esperanza de poder desembarazarme de mis temores. Como si leyera mi mente, añadió unas pocas y potentes palabras más y el destartalado y viejo despacho de la avenida Jefferson se iluminó con ellas. Todavía recuerdo el poder que sentí cuando Grove recitó lentamente: «Sé fuerte y valiente! No tengas miedo ni te desanimes! Porque el Señor tu Dios te acompañará dondequiera que vayas» (Josué, 1, 8-9).

Luego, dándome un amistoso golpe en la espalda, añadió: «Y ahora, sal ahí fuera, muchacho y ofréceles todo lo que tengas». Fue una de esas experiencias que siempre surgen en la memoria cuando se necesita encontrar nueva vitalidad para ganarse la vida.

Desde aquel entonces, he trabajado horas extra para dominar el temor. Al principio, me sentí motivado por una razón muy personal; estaba harto y cansado de tener miedo, de ser tímido y nervioso. Simplemente, tenía que encontrar alivio y liberación si no quería que me ocurriese otra cosa peor. No estaba dispuesto a pasar por la vida sufriendo aquel tormento de temor que ya no soportaba más. Así pues, decidí desembarazarme de él.

Pero ¿cómo? Ésa era la gran pregunta. Grove Patterson dijo que la fe religiosa me ayudaría. Pues bien, yo era un joven religioso; mi padre era predicador y yo había estado inmerso en la iglesia durante toda mi vida, hasta que fui a la universidad. Luego, me avergüenza decir que durante cuatro años apenas si pisé una iglesia, excepto cuando llegaban mis padres para visitarme. Quizá había estado demasiado tiempo en la iglesia o quizá los predicadores de la iglesia universitaria no me decían nada, si bien es verdad que tampoco les di muchas oportunidades.

Cuando estaba en casa, durante las vacaciones, iba cada domingo a escuchar el sermón de mi padre. Pero él era diferente. Generalmente, se trataba de un sermón práctico y concreto en el que demostraba claramente lo mucho que amaba a las gentes que se sentaban allí. Había sido médico y, a juzgar por la práctica y la posición que alcanzó en Milwaukee, donde tenía su consulta, tuvo que haber sido bueno. Después de haber superado una grave enfermedad, experimentó una notable conversión espiritual y ya no pudo abandonar el ministerio. Siempre unía la medicina y la religión en una especie de paquete en el que estaban incluidos el cuerpo, la mente y el alma. Creía en la Biblia y en la experiencia espiritual, al mismo tiempo que era un pensador liberal siempre alerta, dotado de una fuerte conciencia social.

Era singular en su pensamiento, expresión y método, una persona extraordinaria y un completo individualista. Al escucharlo y vivir con él, me di cuenta de que poseía algo diferente, muy diferente: un sentido cristiano que funcionaba realmente, con una fuerza poderosa, terapéutica, capaz de cambiar la mentalidad. Comprendí claramente que, al curarse la mente, también se ven afectados el cuerpo y el alma. Y capté, además, la tremenda verdad de que muchos de los males de los seres humanos, tanto de la mente como del cuerpo, tienen su origen en la enfermedad del alma.

A partir del énfasis religioso práctico de mi padre empecé a comprender que había una forma de salir de mis propios conflictos. Eso hizo que empezara a buscar la paz mental, la victoria sobre mí mismo y la fortaleza y el poder que, estaba seguro de ello, ofrecía el cristianismo. No los encontré de inmediato; en realidad, fue una búsqueda larga y a menudo frustrante, pero encontré lo suficiente como para, al igual que le sucediera antes a mi padre, sentir la llamada definitiva al ministerio sacerdotal.

Ingresé en la Escuela de Teología de la Universidad de Boston, pero no encontré allí la respuesta a mi propio problema, que todavía andaba buscando. El primer intento del profesorado consistió en alterar mi «sencilla» fe y sustituir un enfoque intelectualizado a las enseñanzas de Jesús, que las convirtieron en una especie de manifiesto social. A eso lo llamaban el enfoque del «evangelio social», refiriéndose así a la aplicación de las enseñanzas de Cristo a los problemas de la sociedad. Eso se consideraba muy superior al aparentemente anticuado «evangelio individual» o la salvación de las almas y las mentes de los hombres. Hubo muy poco esfuerzo por equilibrar cada énfasis importante, el individual y el social, para incluirlos en un «evangelio entero o completo». Pero quedé impresionado con el profesorado, los líderes de la iglesia y la inteligencia de los estudiantes; me convertí así en un exponente entusiasta del llamado evangelio social.

No obstante, después de unos pocos años de predicar este exclusivo énfasis social, empecé a volverme escéptico y a dudar de que allí estuviera la respuesta de todas las respuestas. La percepción y la fortaleza espiritual personal que tenía empezaron a hacerse cada vez más tenues y vacilantes. Sólo parecía conectar y comprender a las gentes sencillas que acudían a mi iglesia cuando hablaba con ellas con sencillez acerca del camino de Dios hacia una vida mejor. Empecé a cuestionarme que aquel tipo socio-ético de cristianismo poseyera realmente la dinámica capaz de impulsar el cambio de personalidad. Me di cuenta de que los individuos necesitaban a Dios en sus vidas personales antes de que estuvieran dispuestos a apoyar los programas sociales centrados en Dios. También observé que, bajo el énfasis exclusivista de este evangelio social, la gente experimentaba un deterioro en sus vidas espirituales personales.

Hallándome, pues, en un sincero dilema, me dediqué a leer atentamente el Nuevo Testamento, página a página, con la esperanza de encontrar la programación definitiva de este evangelio social. Fui lo bastante ingenuo como para creer que el Nuevo Testamento era el único documento básico y realmente investido de autoridad sobre lo que enseña Jesucristo. Pero mis amigos eruditos me dijeron que no buscara allí, sino más bien en una fuente un tanto vaga que llamaron «las mejores percepciones de nuestro tiempo».

Me sentí muy impresionado por su sabiduría superior (consecuencia de mi viejo temor ante la gente, ya que los eruditos y los elocuentes siempre me han producido un temeroso respeto) y busqué mi respuesta en esas llamadas «mejores percepciones».

Pero entonces empecé a plantearme preguntas: «¿Quiénes tienen esas percepciones y qué saben?». Terminé por darme cuenta de que hasta las mejores percepciones pueden cambiar con el transcurso del tiempo, mientras que «Jesucristo es el mismo ayer y hoy y por los siglos» (Hebreos, 13, 8).

Finalmente, llegué a la conclusión de que sus enseñanzas estaban diseñadas principalmente para desarrollar a gentes piadosas a partir de este malvado mundo. Si llegaran a estar suficientemente despaganizadas, estas gentes piadosas mantendrían actitudes de preocupación por sus semejantes, practicarían la hermandad y estimarían a todos los hombres, independientemente de su raza, color o posición. Tratarían de mejorar la vida para todos, especialmente para «estos pequeños» (Marcos, 9, 42), refiriéndose con ello a los débiles e infortunados. Comprendí que los principios de la sociedad iluminada se desarrollaban a partir de tales enseñanzas básicas. Pero ya no podía admitir la presuntuosa suposición de que, para ser un buen cristiano, tenía que ponerme al frente de una huelga, ingresar en el partido socialista, presionar para que el Congreso aprobara cierta legislación social o llamar reaccionarios a los que no lo hicieran así. Observé lo engreídos y a menudo mezquinos que eran los extremistas, tanto en el campo liberal como en el fundamentalista, de modo que decidí seguir mi viaje por el camino del medio, en compañía de la gente sensata media, que no poseía todas las respuestas y que, aun dándose cuenta de ese hecho, seguían buscando humildemente a Dios.

Me gradué en la Escuela de Teología y me hice cargo de una iglesia en Brooklyn que sólo contaba con cuarenta miembros y una pequeña y destartalada estructura. Lleno de entusiasmo, me dediqué a visitar a la comunidad en crecimiento, en un esfuerzo por reconstruir la iglesia. Subí escaleras, recorrí las calles y utilicé todos los medios a mi disposición para llegar a la gente; uno a uno, conseguí que fuesen participando y, en menos de tres años, contábamos con casi mil miembros y un bonito edificio nuevo. Seguía tratando de establecer una síntesis entre el mensaje evangélico social e individual, resaltando siempre lo maravillosa que puede ser la vida cuando se organiza alrededor de Cristo y se rinde ante Dios. Teníamos una congregación maravillosamente feliz, de un modo verdaderamente entregado. La fe dinámica de mi padre llegaba hasta ellos e incluso hasta mí que, por extraño que parezca, me había convertido seguramente en uno de los instrumentos más indecisos que Dios haya utilizado jamás.

Entonces me llamaron a una iglesia grande y hermosa en Syracuse, con una magnífica estructura construida casi por completo con enormes y magníficos ventanales incrustados en la piedra. Todavía recuerdo cómo, en las luminosas mañanas de domingo, el sol entraba a raudales cruzando los vitrales y arrojando largos rayos de luz sobre la nave alineada de columnas macizas.

Era un púlpito universitario y, todavía impresionado por los eruditos, especialmente por aquellos que fingían profundidad, pronuncié algunos sermones realmente «intelectuales». Fue entonces cuando uno de los profesores, Dean Bray, un hombre amable y un verdadero erudito, me invitó a almorzar un día y me dijo: «No trates de impresionarnos con erudición. Aunque somos profesores, lo creas o no somos primero seres humanos. Tú eres nuestro maestro espiritual; parte para nosotros el pan de la vida, en trozos lo bastante pequeños como para que podamos digerirlos. Sé, simplemente, tú mismo y comparte con nosotros, en nuestra necesidad, aquello que Dios significa para ti, aquello que haya hecho por ti personalmente. Muéstranos el camino hacia la paz, la comprensión y la fortaleza». Un sabio consejo de un profesor lo bastante grande como para ser sencillo.

El problema era que casi había perdido la vitalidad espiritual que hubiese podido poseer. Y no sólo eso. Seguía agobiado por aquellos viejos temores e incordiantes dudas sobre mí mismo y mi mente y mis emociones se sentían cada vez más tensas y en conflicto. Tuve que admitir que mi religión no tenía suficiente profundidad, vitalidad o penetración como para curar mi traumatizado estado mental, establecido desde hacía tiempo. La superembaucadora pauta ética y sociológica a la que se tildaba de cristianismo y que había terminado por dominar de hecho el protestantismo liberal estadounidense, era para mí sencillamente insatisfactoria e inefectiva. Si no podía cambiarme a mí, una sola persona, ¿cómo podía cambiar cualquier otra cosa y mucho menos una sociedad entera? Tenía que encontrar algo que funcionara realmente. Y, además, sabía dónde buscarlo.

Inicié un estudio científico de gentes que habían experimentado cambios definitivos y profundos en sus personalidades: alcohólicos, ladrones, libertinos, gentes angustiadas de todo tipo, que ahora se habían liberado por completo de sus antiguas dificultades. En casi todos los casos descubrí que había sido la más profunda rendición ante Jesucristo lo que había producido unos cambios tan extraordinarios.

Aunque no experimentaba ninguno de los problemas que acabo de citar, sí tenía algunas otras dificultades igual de complicadas y productoras de sufrimiento. Tenía temor, timidez, dudas sobre mí mismo, sentimientos de inadecuación y un gran complejo de inferioridad. El acto de rendición ante Jesucristo ¿podía limpiar toda aquella confusión de debilidad, como lo había hecho con las personas estudiadas? Estaba realmente convencido de que podría hacerlo, a pesar de que en la Universidad de Boston no había oído hablar de nada parecido al viejo y querido «papá» Butters, un profesor muy humano, que visitaba a los estudiantes para charlar y rezar con ellos y que nos preguntaba amablemente: «¿Estáis siendo buenos chicos?».

Pero descubrí que no podría aprovechar plenamente esta salvación en los años que siguieron a mi graduación del seminario hasta que no me librara del obstáculo intelectual. Parecía como si este asunto de ser «salvado» o «cambiado» fuese generalmente mirado con recelo por parte de los líderes cristianos intelectualizados y mi asociación con ellos hizo que yo también me alejara tímidamente de un tema que, en realidad, se consideraba casi «espinoso». No se hablaba del cambio en la vida, al menos en los «mejores» círculos; en cuanto al pecado, por lo visto sólo se trataba de un fenómeno social limitado a los capitalistas y republicanos, en contraposición con los santos líderes laboristas e izquierdistas y los políticos supersofisticados. Raramente se oía hablar de pecado a los mejores predicadores, salvo en un sentido teórico; nadie hablaba de eso, a excepción de los pocos «reaccionarios» que quedaban, que aún tenían sus dudas sobre el socialismo y a los que pronto se les dio a entender que ya no pertenecían al círculo interno de los líderes eclesiásticos que controlaban la Iglesia.

Se miraba con suspicacia y desprecio las reuniones de revitalización, como las mantenidas por Billy Sunday y, más recientemente, por Billy Graham (un concepto al que los intelectuales encontraban poca utilidad). Toda la idea de revitalización cayó en desuso en el seno del cristianismo liberal. Cuántas veces he observado a Bill Jones, Mary Smith y Harry Wilson, sencillos graduados universitarios, realizar sus mejores esfuerzos por sentirse inspirados por un cristianismo sin vida ni espíritu, aunque erudito, por el que trataban de sentir interés. En resumen, el corazón y buena parte del alma abandonó el cristianismo y, mientras eso sucedía, miles de personas se dirigieron directamente al infierno, a pesar de que mantenían las formas externas, acudían a la iglesia e incluso contribuían al presupuesto.

Reflexioné ampliamente una y otra vez, en un intento por encontrar un sistema de fe y un método para practicar esa fe, que me permitiera alcanzar una victoria sobre mí mismo. Antes de que pudiera ayudar a otros a alcanzar la victoria, tendría que descubrirla para mí mismo, ya que de otro modo no haría sino repetir el caso del ciego que conduce al ciego hasta que ambos caen en la zanja.

Empecé por leer cierta literatura espiritual que sabía estaba llegando a los hogares de la gente en las iglesias, transmitiéndoles su mensaje. Este material procedía del Movimiento Unidad, de Ciencia de la mente, de varios maestros metafísicos, de la Ciencia cristiana, del Grupo Oxford y Rearme moral. Glen Clark, Starr Daily y Sam Shoemaker eran autores leídos ávidamente. Estos escritores enseñaban que Jesucristo estableció una forma científica, completamente funcional de pensamiento y de vida que producía el cambio y la victoria. Lo que leí me recordó, en cierto modo, las prédicas de mi padre, a pesar de que él nunca tuvo acceso a ninguno de estos escritos. Había llegado por su propia cuenta a conceptos algo similares, gracias a su búsqueda independiente de un mensaje práctico y específico para los seres humanos modernos, que funcionara realmente cuando se necesitara.

Ministro leal de la más antigua Iglesia de Estados Unidos, la Iglesia Reformada de América, siempre fui y sigo siendo un cristiano ortodoxo. Creo en la Biblia como la palabra de Dios, tan sinceramente como el más vilipendiado fundamentalista, aparte del vocabulario afectado y del enfoque mecanicista en el que algunos siguen insistiendo. Acepto por completo el plan de salvación. Creo que Jesucristo es el hijo divino de Dios y nuestro Señor y Salvador. Creo en el Espíritu Santo, el nacimiento virginal de Cristo y, de hecho, en todas las afirmaciones del credo de los apóstoles. Me adhiero punto por punto a las doctrinas históricas de la Iglesia cristiana, pero también creo que esta fe antigua puede enseñarse según formas de pensamiento y de lenguaje nuevas y refrescantes y que se le puede aplicar científicamente y con poder creativo a las vidas de la gente; también creo que puede solucionar los problemas más duros de la naturaleza y de la sociedad humanas.

Una divertida ilustración de todo lo anterior se produjo cuando un grupo de miembros de mi iglesia explicaban por turno durante una reunión qué les había traído a nuestra iglesia. Una mujer dijo: «Fue el diablo el que me trajo a la iglesia colegiata Marble». Lo dijo riendo, lo que alivió un tanto a las asombradas personas que la escuchaban. Ella se apresuró a explicarse: «Yo pertenecía a la iglesia del pastor..., que siempre predicaba contra el pastor Peale "como el demonio". Hablaba tanto del terrible pastor Peale, que sentí curiosidad y acudí un día a su iglesia. Me encontré con que la gente hacía cola para asistir a los servicios. Escuché el sermón y a mí me pareció un buen evangelio bíblico, así que asistí durante varios domingos seguidos. Luego, regresé a mi propia iglesia, donde el pastor... seguía predicando contra el pastor Peale. Después del sermón, me acerqué a él y le pregunté: "¿Acaso hay dos pastores Peale?". "No. Sólo hay uno: Norman Vincent Peale" —me contestó. "Pues entonces todo esto es muy extraño —le dije—. He escuchado sus sermones y no es en modo alguno como usted dice que es." Se ruborizó al escuchar mis palabras, así que, finalmente, decidí unirme a la iglesia del pastor Peale».

Aparentemente, a estos buenos hombres no les gusta que nadie hable de cristianismo en ninguna otra terminología o formas de pensamiento que no sean las que ellos emplean tradicionalmente. Aunque estoy seguro de que eran sinceros en sus ideas, por lo visto parecía reprensible que alguien utilizara un método y un enfoque diferentes; al parecer, todos teníamos que encajar en el mismo molde. Quizá se sintieran molestos por el hecho de que este tipo de enseñanza espiritual estaba llegando a gran número de personas.

Nunca me he sentido ofendido por el desacuerdo y, hasta ahora, tampoco me he referido a comentarios tan despiadados y sarcásticos como, por ejemplo, la poco cortés afirmación (por decirlo de algún modo) del reverendo Robert F. Fitch, deán de la Escuela Pacífica de Religión, quien, para ser un erudito tan distinguido, se refirió a mí de modo poco elegante calificándome de «repartidor de papillas» y declaró: «El material de Peale es pura magia, tan totalmente alejado de la genuina religión cristiana como quepa imaginar».

En relación con lo anterior, debo admitir que me sentí consolado por el amable y sarcástico comentario de un viejo ingeniero de minas, que me envió algunos de aquellos comentarios, según se informó de ellos en el *Denver Post*. Este ingeniero de minas tiene que ser un personaje delicioso y un verdadero pensador, pues comentó: «El doctor Bob Fitch debería plantearle algunas preguntas al Todopoderoso. Después de haber trabajado durante toda mi vida con profesores de geología, he descubierto que tener un título de doctor no significa gran cosa». (Bastante rudo, sin duda, pero sano. En cualquier caso, sus palabras regocijaron mi corazón contra la incomprensión.)

Al haber tenido siempre un sincero respeto por los líderes de nuestra Iglesia y por los jefes de las escuelas de teología y sus profesores, me sentí dolido ante los violentos ataques que me dirigieron. Por extraño que parezca, esos ataques se lanzaron no sólo contra mis ideas sino también contra mí, como persona. A menudo me he preguntado por qué algunos ministros pueden sentirse tan amargados. Siento decirlo, pero, según mi experiencia, algunas de las cosas más mezquinas que se han dicho y los comentarios más crudos y mal educados sobre mi persona no procedieron de laicos o de personas ignorantes o sin cultura, sino de educados ministros del evangelio. Uno se pregunta si algunos de ellos no habrán acumulado sin darse cuenta el odio y el antagonismo que luego vierten en un erudito mensaje ministerial, raras veces parafraseado de forma tan vulgar como el comentario de Fitch, pero igualmente repleto de espinas. Al parecer, esa extraña hostilidad resulta especialmente virulenta cuando se despierta en un ministro hermano. Naturalmente, sólo me refiero a unos pocos y a un cierto tipo de ministros. En general, los ministros son caballeros encantadores y serios, a los que respeto sinceramente.

Pero me limité a soportarlo, a rezar por mis detractores y a tratar de actuar como un buen cristiano. A pesar de una actitud hostil hacia mí, continué respetando a estos caballeros por su liderazgo, por lo demás efectivo y nunca sentí mala voluntad personal hacia ninguno de ellos. Definitivamente, traté de poner en práctica mis propias enseñanzas, una de las cuales consiste en no tolerar nunca dentro de mi mente ninguna actitud odiosa hacia otra persona.

Pero aun así, todavía un poco impresionado por la influencia y la autoridad eclesiástica, me sentí rápidamente afectado por sus ataques, hasta el punto de que en un momento determinado decidí renunciar al ministerio y continuar mi trabajo de ayudar a la gente fuera de la Iglesia organizada. Había redactado incluso mi renuncia. Todavía me extraña el haber permitido que estos hombres me afectaran hasta tal punto; ahora ya no me afectan, de eso estoy seguro. Pero hubo varias cosas que me disuadieron de abandonar la Iglesia. Una de ellas fue la agradable comprensión de mi confesión eclesiástica, la Iglesia Reformada de América que, me permitirán que presente como una de las organizaciones cristianas más equilibradas y verdaderamente libres y sustanciales de Estados Unidos. Otra fue la amistad de los líderes y miembros de la Iglesia, así como la gran afluencia de visitantes que atestaban la iglesia colegiata Marble para escuchar la proclamación del poder de Dios, capaz de cambiar la vida. Eran innumerables las vidas que estaban siendo cambiadas; Dios bendecía este ministerio y sabía que tenía que seguir predicando este mensaje desde el púlpito de la iglesia más antigua de Estados Unidos, para mantener la fe con el Señor y las gentes necesitadas.

Otra razón fue, simplemente, la de saber que tenía razón. Buscaba constantemente la guía de Dios y cuando uno siente que tiene razón, se encuentra el valor y el apoyo que se necesitan. En mis oraciones, Dios parecía decirme que continuara ayudando a su pueblo con su evangelio, empleando para ello un lenguaje que todos pudieran comprender y unos métodos prácticos que pudieran entender y usar, y que ignorase los ataques de los hombres.

Una última razón por la que no dimití para dedicarme a trabajar al margen de la Iglesia fue mi padre, que por entonces era un anciano que se mantenía tan mental y espiritualmente alerta como siempre. Me dijo: «Norman, he leído y estudiado todos tus libros y sermones y está tan claro como el agua que has desarrollado gradualmente un nuevo sistema religioso de pensamiento y de enseñanza. Y eso también está muy bien, porque su centro y su circunferencia y esencia es Jesucristo. No cabe la menor duda acerca de su sólida orientación bíblica. Sí, has desarrollado un nuevo énfasis cristiano a partir de elementos compuestos de ciencia de la mente, metafísica, ciencia cristiana, práctica médica y psicológica, evangelismo baptista, testificación metodista y un sólido calvinismo holandés reformado».

Menosprecié su afirmación de que hubiera producido algo totalmente nuevo. ¿Quién soy yo para desarrollar un nuevo tipo de cristianismo? No soy teólogo sino, simplemente, un predicador y un pastor. «Lo único que enseño es el evangelio de siempre, papá —le dije—, aunque con el vocabulario actual y con las actuales formas de pensamiento.»

«Eso es cierto —asintió—, pero hasta ahora nunca se había hecho de esta forma ni en esta misma medida. Tu trabajo es una síntesis de lo viejo y de lo nuevo y en todo momento has sido fiel a Jesucristo y a la Biblia. Enseñas todo el evangelio del pecado, la convicción, la redención, la gracia expiatoria y la salvación, pero lo has simplificado y lo has convertido en una forma práctica y gozosa de vida. Está absolutamente centrado en Cristo y su objetivo son las personas.»

«Pero papá —le dije—, algunos de esos importantes eclesiásticos y otros que no son tan importantes, pero que invariablemente siguen su ejemplo, parece que tienen muchas ganas de despellejarme. He sentido deseos de renunciar y practicar mi ministerio fuera de la Iglesia.»

Me miró fijamente.

«Eso me rompería el corazón. Eres un verdadero predicador de Jesucristo y fiel a la Iglesia. Acéptalo de un viejo predicador y, además —añadió—, los Peale nunca abandonamos.»

Eso fue suficiente. Me quedé en el seno de la Iglesia. Y en la gran Iglesia de Dios hay espacio para diferentes tipos de hombres y variados enfoques, siempre y cuando la enseñanza sea fiel a Jesucristo.

Podría incluir cientos de cartas de pastores sinceros, que trabajan duro cada día y de gentes sencillas de todas partes que me han asegurado la efectividad de nuestra pauta de pensamiento y de práctica, tal como se ha demostrado en sus propias vidas y también en sus iglesias. El propósito de este capítulo no consiste en defenderme o defender mi mensaje, sino el de perfilar cómo algunos de nosotros hemos encontrado el secreto de no tenerle nunca miedo a nadie ni a nada. La siguiente carta puede servir como muestra:

Había tantas y tan terribles cosas que andaban mal en mí. Tenía una úlcera y las manos y las rodillas se me quedaban como paralizadas en las funciones públicas. Después de dos años de terapia, abandoné, todavía con una úlcera activa y con unos músculos que se negaban a coordinarse.

Desde la universidad, había decidido que la religión sólo era para los débiles; ahora me daba cuenta de que yo era uno de ellos. Había caminado a tientas. Después de la guerra, pasé de una iglesia protestante a otra, hasta que encontré una con la puerta abierta y en la que me pude sentar y pronunciar una frase inarticulada de agradecimiento.

Leí *Variedades de experiencia religiosa*, de William James, el único argumento que encontré y que explicaba la validez intelectual de la religión. Luego, en una biblioteca, encontré un par de libros. Con la mayor dificultad, de muy poca gana y con gran temor, le dije a Dios que me ponía por completo en sus manos.

Tardé unos cuantos años, pero desde el momento en que leí sus libros, cambiaron las circunstancias de nuestra vida. Nuestra serena desesperación se transformó en una sutil esperanza. Encontré a un médico que me ayudó a curar la úlcera y a otro que diagnosticó mi rígida constricción. Se solucionó el problema de la empresa de mi esposo, disminuyeron las dificultades de comportamiento de nuestros hijos. Mi esposo es asesor empleado en una industria a nivel nacional. Es deán eclesiástico y supervisor de una escuela dominical. Yo soy directora de una biblioteca, nuestro hijo tiene una beca para trabajos de verano en su escuela de medicina y nuestra hija ha sido aceptada en una buena universidad.

Sé que no debe usted hacer caso de las críticas de algunos de los clérigos, que parecen dar a entender que su religión no es lo bastante profunda, ya que únicamente por su sencillez y sentido práctico llega hasta las almas aturdidas, perdidas y enfermas.

He descubierto que uno de los factores básicos de vivir sin temor es el de mantener y practicar la sencilla creencia de que Dios se ocupará de usted. Esa convicción fue, para mí, una importante piedra básica para encontrar valor.

Un amigo, Albert E. Cliffe, destacado químico en Canadá, se hallaba en su lecho de muerte y temía que su vida estuviese a punto de acabar. En ese momento de pura necesidad, se puso en manos de Dios y rezó: «Me pongo en tus manos, oh, Señor. Haz conmigo lo que sea tu voluntad». Logró esa extraordinaria separación con respecto a sí mismo, tan vital para el cambio espiritual. Experimentó así una nueva paz y fortaleza. Se recuperó y, durante muchos años, vivió una vida extraordinariamente fructífera.

Fue el profesor de una de las clases más grandes de la Biblia en su ciudad. Escribió un libro con el provocador título de *Despréndete y deja que Dios se ocupe*, un volumen con el que tengo contraída una gran deuda personal. El título ya es una creativa fórmula de vida. Como químico, estaba constantemente rodeado de fórmulas y esta fórmula espiritual era, en su opinión, tan exacta como cualquiera de sus trabajos científicos. Esta fórmula fue diseñada y utilizada para romper la tensión de la angustia o el temor y limitarse a dejar en manos de Dios cualquier problema, dificultad o temor, para luego verlo o visualizarlo mentalmente como entregado a Dios.

Quedé muy impresionado con la fórmula de Al Cliffe, tanto más al tener en cuenta el extraño efecto que tuvo sobre su vida, sobre la mía y también sobre la de muchos otros. Así pues, cuando un temor empezaba a apoderarse de mis pensamientos, me decía, simplemente: «Despréndete y deja que Dios se ocupe». Practicaba así la actitud mental de que las cosas estaban ahora completamente fuera de mi alcance y de estar dispuesto a aceptar la voluntad del Señor, fuera cual fuese. Según descubrí, este procedimiento no se adopta con facilidad, aunque se consigue, siempre y cuando se trabaje de forma diligente. A medida que se haga, se logrará ser eficiente en la habilidad espiritual de desprenderse de todo el odio, el egoísmo y el temor.

Esta técnica, llena de renunciación, se llama a veces «rendición», lo que implica el abandono mental activo y deliberado del temor, sea cual fuere, para dejarlo en manos de Dios. Eso, claro está, no es precisamente fácil, pues la mente suele retener fuertemente incluso aquello de lo que anhela liberarse. Charles Dickens escribió una frase que siempre me fascina por la sutil comprensión de este hecho psicológico: «Llevamos las cadenas que nos forjamos en la vida». En efecto, formamos uno a uno los eslabones que constituyen una cadena de temor, hasta que nos vemos amarrados por ella y, por extraño que parezca, terminamos por amar nuestras cadenas, al tiempo que las odiamos. Esta curiosa equivocación mental explica, al menos en parte, por qué es tan difícil desembarazarnos de nuestros propios temores.

No obstante, se ha demostrado repetidamente que cuando una persona decide acabar con su temor y admite honradamente que no puede hacerlo por sí sola y se rinde por completo ante Dios, la liberación se produce de la forma más asombrosa.

Y, créame, sé de qué hablo. Yo mismo he descubierto esta forma de salir del temor y fue duro. Había efectuado ya algún progreso en la vida espiritual científica durante el tiempo pasado en Syracuse. Pero al trasladarme a la ciudad de Nueva York, en 1932, volvieron a acosarme los viejos temores que me habían martirizado desde la adolescencia. Ahora era pastor de una famosa iglesia situada en la Quinta Avenida y algunos decían que yo era demasiado joven e inexperto para ocupar un puesto de tanta responsabilidad, que no tenía lo que se necesitaba. A pesar de que en el fondo de mi corazón no podía contradecir aquellas valoraciones despreciativas, los comentarios me impulsaron a «demostrarles» que podía realizar el trabajo, al margen de lo que dijeran. Quizá no se pueda considerar ésa como la más elevada de las motivaciones, pero yo no soy de los que abandonan sin haber hecho al menos un buen esfuerzo.

Pero los problemas se acumularon. Era la época de la Gran Depresión. La gente recorría las calles en busca de trabajos que brillaban por su ausencia. Fue el período económica y psicológicamente más bajo que yo haya vivido en Estados Unidos. Nada de lo que experimenté antes y después se aproxima ni remotamente a la intensidad del desánimo que se instaló entre el pueblo estadounidense, especialmente en un centro financiero como Nueva York.

Además de esa sombría situación social y empresarial, la congregación de la iglesia a la que acababa de llegar quedó reducida a un número muy pequeño y, en la nave principal, parecía como si únicamente estuviese hablando ante un puñado de personas desanimadas. A la hora de obtener fondos, únicamente pudimos reunir quince mil dólares de contribuciones anuales de la congregación de esta afamada iglesia de la Quinta Avenida, la más antigua congregación protestante con continuidad en Estados Unidos.

La iglesia estaba realmente muy abatida, y también lo estaba yo. Los viejos temores se apoderaron de mi mente, con sus dedos helados. ¿Qué iba a hacer ahora? Sólo tenía ante mí el fracaso, el más inexorable fracaso. No dejaba de pensar, en desesperados círculos, sin llegar a ninguna parte, lo que no hacía sino ponerme más tenso, hacerme sentir más desanimado y, en consecuencia, ser relativamente inefectivo.

En esos momentos llegaron las vacaciones de verano y la señora Peale y yo emprendimos un viaje a Europa que teníamos planeado desde hacía tiempo. Pero, en lugar de sentirme entusiasmado con el viaje, no hice más que hablar con ella vertiendo una constante corriente de conversaciones negativas y llenas de temor. Ella es una esposa cariñosa y paciente y me escuchó. En realidad, eso era lo único que podía hacer. El incesante fluir de mi conversación limitó sus propias oportunidades de intervención, por no decir otra cosa.

Finalmente, tras llegar a Inglaterra y después de varios días de recorrido durante los que no me sentí muy feliz, llegamos a la ciudad de Keswick, en el corazón del distrito inglés de los lagos. El Keswick Station Hotel era una típica posada campestre inglesa, en cuyos salones y escaleras se veían grabados y grandes y sombríos cuadros de escenas del distrito de los lagos, así como la mayor colección de objetos de peltre que haya visto jamás.

El hotel tenía un esplendoroso jardín inglés formal y desde sus senderos se contemplaba una magnífica vista de las austeras colinas que los rodeaban, envueltas en nubes. Durante los «intervalos de sol», mencionados esperanzadoramente cada día en los partes meteorológicos, la luz y la gloria penetraban por entre las nubes e iluminaban, por un momento, las flores, los setos y los prados bien recortados, como los que únicamente se ven en Inglaterra.

En el extremo más alejado del jardín había un banco. Todavía sigue allí. Regresamos de vez en cuando, nos sentamos en él y le damos gracias a Dios. En aquel día de verano de 1933 descubrí el secreto básico de no temerle a nadie ni a nada y, desde entonces, he tenido el privilegio de enseñar esa fórmula a miles de personas, muchas de las cuales se han liberado igualmente de la dominación del temor.

Aquella tarde, mientras estábamos allí sentados, reinicié el sombrío recital de mis temores. Le dije a Ruth por enésima vez lo desalentador que era todo, lo duro que iba a ser el regreso a casa. Repasé los problemas que me agobiaban, cada uno de los cuales parecía formidable y terminé por expresar mi más completo convencimiento de fracaso.

Fue entonces cuando sucedió una de las máximas experiencias de mi vida, el inicio de una emocionante aventura de cambio personal y de inesperada pero notable victoria sobre mi temor.

Mi esposa Ruth es una mujer amable y suave, pero cuando se enoja y se pone firme, se pone realmente firme. Se volvió hacia mí y me dijo: «Deja ya de hablar de forma tan negativa, por favor. Ya te he escuchado bastante. ¿Qué eres, un blandengue? Tú enseñas fe..., ¿acaso no te queda nada para ti mismo? ¿O es que sólo eres un montón de palabras sin sentido? ¿Es que Dios y Jesucristo no significan nada para ti?».

Luego, me tomó la mano entre las suyas, más pequeñas. Siempre me habían parecido suaves durante nuestros paseos a la luz de la luna. Ahora, sin embargo, no me lo parecieron. Me apretó la mano con fuerza entre las suyas y me dijo con firmeza: «Te vas a quedar sentado aquí mismo, en este banco, conmigo, hasta que te rindas por completo, tú y todos tus temores, ante Jesucristo».

Yo, que era su pastor, que había sido educado en teología, le pregunté dócilmente: «Pero ¿cómo se rinde uno? ¿Qué tengo que hacer y decir? ¿Cómo puedo desprenderme de lo que me agobia?».

Todavía recuerdo cómo me habló, con la sabiduría natural del corazón más auténtico que haya conocido. Me dijo, simplemente: «Señor mío, me entrego a ti por completo, te entrego mi vida, mi mente, mi cuerpo, mi alma. Te entrego todos mis temores. Si quieres que fracase, estoy dispuesto a aceptar el fracaso. Sea cual fuere tu voluntad, la aceptaré. Toma todo lo que soy. Lo rindo todo ante ti».

Vacilante, repetí las palabras después de que las pronunciara Ruth y en ese momento las pronuncié muy en serio, totalmente convencido. Aquella oración penetró profundamente en mi mente y surgió con la verdad, con la más absoluta verdad. De repente, toda la tensión y la infelicidad desaparecieron de mí. Pude sentir, literalmente, cómo desaparecían, como si se tratase de una goma elástica que, después de tensada, regresara de pronto a su estado normal. Entonces, una sensación de felicidad (quizá alegría sea una palabra mejor) recorrió todo mi ser. Jamás en mi vida había experimentado hasta entonces una sensación tan intensa como aquélla.

El alivio que experimenté fue tan intenso, tan abrumador que resultó incluso doloroso, como si una herida profunda se vaciara de la infección que contenía, pero esa sensación pronto dio paso a un alivio indescriptible. Aunque no lo vuelva a sentir nunca más, lo experimenté una vez: fue la sensación de la presencia curativa de Dios, tan poderosa, tan inconfundible, tan real que tuve la seguridad de que existe y toca nuestras débiles vidas humanas con su extraordinaria gracia y poder.

Si no hubiera pasado por esta experiencia tan extraordinaria, estoy convencido de que mi vida se habría visto arruinada por el temor, los sentimientos de inferioridad y una incapacitadora obsesión por el fracaso. Me di cuenta entonces de que no sólo yo, sino miles de personas igualmente angustiadas podían liberarse del temor, de ese terrible destructor, a través de la sencilla fórmula de la rendición. Supe, además, que ésa sería mi misión en la vida: explicar y animar a mis semejantes a aplicar un método de fe y práctica literalmente rebosante de poder, el poder de la vida que va más allá de las frustraciones y derrotas del sí mismo y también del mundo.

Naturalmente, también hay otros factores importantes para saber cómo no tener nunca miedo de nadie ni de nada; pero el paso básico, primario y completamente esencial es el de la rendición, el del desprendimiento y el dejarlo todo en manos de Dios.

Fundamentalmente, no se trata de algo que uno pueda hacer por sí mismo; únicamente Dios puede hacerlo por uno. Y Dios puede hacerlo y lo hará en cuanto uno le permita controlar realmente toda la acción de la propia mente y de su capacidad para creer.

Experiencias espirituales tan intensas como la que he descrito son muy raras. Sólo Dios sabe por qué se dan, a quién les ocurre y cuándo, y cada una de ellas es una bendición que no me atrevería a analizar. El método habitual para liberarse del temor es a través de una prolongada y persistente aplicación de las leyes de la vida espiritual, tal como han sido perfiladas por la práctica religiosa científica.

Una de esas leyes es lo que se ha dado en llamar la práctica de la presencia de Dios. En este mundo, el hecho más importante de todos es que nadie, ni usted ni yo, está solo. Todo el asunto de la vida sobre la Tierra sería bastante inútil si no existiese Dios para darle significado y propósito. No seríamos, entonces, muy diferentes a niños asustados perdidos en un bosque oscuro y terrible. Quizá algunos pudieran desplegar un poco de bravuconería, pero todos se sentirían bastante asustados, y con razón.

Pero no es suficiente con creer teóricamente en la existencia de un Dios. Esa convicción, por sí misma, nunca le liberará del temor hasta que, mediante el énfasis y la práctica espiritual, alcance la certeza, profundamente personal e inconfundible, de la existencia de una presencia que le guía y le apoya y viva confiando plenamente en ella.

¿Cómo se consigue eso? Permítame hablarle de un hombre al que conocí en el sur de Estados Unidos, a la que acudí para dar una charla ante unos dos mil vendedores. Estaba hablando sobre confianza en uno mismo y sobre personalidad integrada. Naturalmente, resalté la importancia de dominar el temor.

Una vez terminada la charla, un hombre se me acercó y se presentó como el propietario de un pequeño y pujante negocio en la comunidad. Me di cuenta en seguida de que se trataba de una persona dinámica y segura de sí misma.

«Cuánta razón tiene al hablar así de la fe y del pensamiento positivo —me dijo y pasó a hablarme de sí mismo—. Hace unos años me encontraba en una situación difícil. Los negocios andaban mal y mi estado mental era aún peor. Era una víctima del temor, de las dudas sobre mí mismo y de la indecisión. Gracias a sus libros, me acostumbré a leer la Biblia y, por primera vez en mi vida, aprendí a rezar. Un día, hice un trato con el Señor.»

¿Hizo un trato con el Señor?... En cuanto dijo eso me encogí un poco porque siempre recelo de quienes hablan así. La frase no es muy feliz, y tampoco lo es la idea. Pero la oración que rezó este hombre y que pasó a describirme, me pareció perfectamente bien. En realidad, la recomiendo efusivamente. La sustancia de su oración fue más o menos la siguiente:

Señor, lo primero que te voy a pedir es buena salud: dame un cuerpo fuerte. Luego, dame la habilidad para pensar con claridad. Concédeme valor honrado y bondadoso, para que pueda seguir mi camino cuando el camino sea duro. Y dame verdadera confianza en mí mismo. Finalmente, permíteme ver que estás conmigo, que no estoy solo. Señor, concédeme estas cinco cosas y ya me ocuparé yo del resto.

«¿Y le concedió el Señor las cinco cosas que le pidió?»

«Desde luego que sí, aunque no me las concedió simplemente por pedirlas —contestó mi amigo con el estilo vivaz que le era tan característico, aunque era evidente que no se tomaba su religión a la ligera—. El Señor me puso a prueba en varias ocasiones y lloré más de una vez. Pero me hizo sentir que estaba conmigo y eso facilitó mucho el camino. Mantuvo toda su parte del trato. Uno puede contar con Dios. Si te aferras a él, no te abandona.»

Podría decirse que aquel hombre tenía toda la hechura de un verdadero filósofo espiritual. Pero, antes que nada, era un hombre práctico.

«Mientras practicaba lo que usted llama las leyes espirituales, descubrí que funcionaban tal como usted decía. Y no soy precisamente la clase de persona que acepta algo que no funcione. Naturalmente, tiene uno que saber cómo hacerlo y seguir trabajando hasta conseguirlo.»

«¿Y cree realmente que la presencia de Dios es un hecho?» —le pregunté.

«Desde luego que sí. Yo mismo la sentí. No me pregunte cómo, simplemente, acepte lo que le digo. Sé que Él está conmigo. No lo dudará usted, ¿verdad?» —me preguntó, mirándome recelosamente.

Nos estrechamos las manos para confirmarlo. Era evidente que aquel hombre poseía la conciencia de la presencia de Dios. Y la sensación de esa presencia, que había practicado hasta ser un verdadero especialista, le había liberado del temor y no sólo eso, sino también de algunas otras deficiencias personales. Eso lo había convertido en un optimista tenaz.

La práctica de mantener una actitud realista y equilibrada con respecto a las demás personas es otro factor que le ayudará a perder el temor a cualquiera. Es un hecho patético que cada vez haya más gente de lo que se cree temerosa de otras personas. Todos los tímidos, los retraídos y los que sufren complejos de inferioridad, tienen miedo de los otros individuos.

Si me permite otra referencia personal, tendré que admitir haber librado una prolongada y dolorosa lucha con el temor a otras personas. En mis tiempos de adolescente, en las pequeñas ciudades de Ohio, el banquero local era siempre el ciudadano más destacado, el auténtico «pez gordo», por así decirlo. Recuerdo que vivía en la casa más grande de la calle principal. Su residencia se hallaba situada al fondo de amplios prados y venerables árboles. El sendero que conducía a ella pasaba por entre unas puertas impresionantes que daban a un majestuoso pórtico. Durante mi adolescencia, el pomposo banquero subía a su carruaje, tirado por dos resplandecientes caballos iguales y bajaba cada mañana al centro, regresaba a casa para almorzar, volvía de nuevo a la ciudad y regresaba para cenar. Y, naturalmente, fue el primero de la ciudad en recorrer la calle principal en un automóvil. Todo lo que le rodeaba era impresionante, incluida la gran mesa de despacho que se podía ver a través de la ventana del banco y ante la cual se inclinaban todos los que poseían algo, en cuyos negocios él tenía participaciones. Y eso incluía prácticamente a todos los habitantes de la ciudad.

Los lunes por la mañana acompañaba a menudo a mi padre al banco, donde el banquero, como tesorero de nuestra iglesia, le pagaba su salario semanal. Pasmado, seguía a mi padre y entraba en el despacho del gran hombre, mientras el corazón me latía con fuerza y me sudaban las manos. Afectó profundamente a mi joven naturaleza supersensible el oír al banquero preguntarle con su amenazador ingenio: «Bien, hermano Peale, ¿cree que su sermón de ayer justifica su salario?». Eso siempre me irritaba sobremanera. Pero mi padre, maduro y civilizado, conservaba elegantemente su jovialidad durante toda la semana. Sabía que aquella pregunta no era malintencionada. Pero, por lo que a mí respecta, les tuve miedo a los banqueros durante años.

También tuve miedo del estudiante estruendosamente exitoso, el tipo de mucha labia, capaz de causar siempre una magnífica impresión en la clase. Aunque yo me sabía la materia, me sentía tenso y tímido y me palpitaba fuertemente el corazón cada vez que el maestro pronunciaba mi nombre. Las palabras que elegía para contestarle siempre me parecían equivocadas. A veces me sentía tan embarazoso que aun sabiendo la respuesta la daba tan deficientemente que el efecto distaba mucho de ser destacado. En consecuencia y durante años, me sentí intimidado en presencia de cualquiera que hablase como un erudito. (Es un hecho triste que no haya oído hablar prácticamente nada de aquellos «brillantes» estudiantes desde que abandonaron la escuela.)

Pero eso no es todo. Me educaron para pensar que un político era una personalidad superior, casi inmortal, afín a Washington y

Lincoln. Cuando el congresista llegaba a la ciudad era un gran día y si los que acudían eran el gobernador o el senador, se trataba de todo un acontecimiento histórico. Yo observaba con petrificado temor reverencial a estas figuras «heroicas». En cuanto al presidente o el candidato a presidente, casi me desmayaba cuando pasaba por nuestra ciudad en el vagón de cola de un tren, saludando grandiosamente como un césar conquistador a los patanes que acudíamos a verle.

Durante mi adolescencia, el viejo Grover B. fue nominado para el Congreso. Hasta entonces, nadie se había fijado en el viejo Grover B. Pero, como les sucede a muchos pececillos pequeños, obtuvo la nominación del partido de la mayoría en nuestra zona y fue elegido.

La primera vez que me encontré con él, después de las elecciones, me sentía tan impresionado que apenas si pude murmurar unas pocas y torpes palabras ante esta ahora gran figura de la historia, ya que, ¡quién sabe!, se había convertido en un congresista. Ahora puedo afirmar que toda esa adulación ha desaparecido por completo. Únicamente cito esta historia personal para ilustrar cómo se puede vivir miserablemente, sumido en un temor abyecto y acobardante ante los demás.

Mi superación del temor provino esencialmente de aprender a usar el poder del pensamiento creativo. Ella Wheeler Wilcox describe muy bien lo que el pensamiento correcto puede significar para uno:

> El hombre es lo que piensa. No lo que dice, lee u oye. Mediante el pensamiento persistente se puede deshacer cualquier condición que exista previamente. Puede uno liberarse de cualquier cadena, ya sea de la pobreza, el pecado, la mala salud, la infelicidad o el temor.

Sólo hay una pauta de pensamiento que sea definitivamente más fuerte que el temor y es la fe. No me refiero con ello a la fe, en general, sino a la fe, en particular. Es la fe en Dios, la fe real y humilde en Dios, nuestro padre.

Quisiera cerrar este capítulo con una anécdota que ilustra la clase de fe capaz de conducir a la curación del temor. En cierta ocasión sostuve entre mis manos una Biblia que, según se dice, fue utilizada por Abraham Lincoln durante la guerra civil. Era una Biblia grande, de aspecto tosco, hasta el punto que pensé que ese aspecto concordaba con el carácter del propio Lincoln. La Biblia se abrió por el Salmo 34, un versículo sobre el que por lo visto Lincoln meditó bastante, ya que en el margen había un lugar manchado, como una muesca, en el que se supone que descansó con frecuencia el dedo del Emancipador, en el cuarto versículo: «Busqué al Señor, y él me respondió; me libró de todos mis temores» (Salmos, 34, 4).

Y, en efecto, el Señor hará precisamente eso, de modo que no tenga nunca miedo de nadie ni de nada en esta vida.

3

CÓMO MANEJAR LAS SITUACIONES Y CÓMO ACTUAR CUANDO SE ESTÁ ALTERADO

Nadie puede esperar pasar por la vida sin encontrarse con dificultades. Nadie puede vivir plenamente y no sentirse ocasionalmente alterado. Hay, sin embargo, formas de afrontar las dificultades y técnicas que pueden y deberían ser empleadas en tales circunstancias. Eso es algo que aprendí no hace mucho y de la forma más dura. Fue una experiencia dolorosa, pero aprendí. Y eso es lo importante.

Empecemos, no por el principio, sino por el final, pues el resultado final es lo que cuenta. La difícil situación a la que tuve que enfrentarme en el otoño de 1966 me indujo a regresar más profundamente a la oración y al contacto con el alma de lo que jamás me había sucedido hasta entonces. Desearía compartir aquí con cualquiera que se sienta angustiado o alterado, los beneficios que obtuve de las lecciones aprendidas a raíz de aquella experiencia.

De una cosa estoy bien seguro: cualquier experiencia que sacuda el alma nos ofrece una oportunidad para crecer. Una persona espiritualmente madura siempre tratará de encontrar valores creativos, incluso en las pruebas más duras. Así, cuando la crisis llegó a mi vida, empecé a preguntarme cómo podía utilizarla para profundizar mi propia conciencia espiritual y quizá ser más útil para quienes experimentaran situaciones o problemas difíciles.

Al pensar y rezar en este sentido, surgió finalmente la revelación de que quizá necesitara un golpe duro y que el Señor deseaba enseñarme humildad. Todo me había salido bien hasta entonces: demasiado éxito, demasiada gente que hablaba favorablemente sobre mí. Quizá un fuerte revés en la vida era lo que necesitaba para poner a prueba mi convicción en determinados principios, para poner a prueba mi fe. En cualquier caso, eso fue exactamente lo que me sucedió. Fue una de las experiencias más perturbadoras de mi vida.

He escrito libros sobre pensamiento positivo y control emocional y mental. Naturalmente, los principios y enseñanzas incluidos en esos libros han constituido mis propias reglas personales de vida. Las he practicado sinceramente, en pensamiento y obra, a lo largo de muchos años. El resultado fue que encontré para mí mismo aquellos valores que, según aseguraba a mis lectores, encontraría todo aquel que pensara y viviera sobre la base de estas actitudes positivas.

Pido disculpas por aducir circunstancias especiales, pero lo cierto es que la filosofía que enseñaba hizo que las cosas me resultaran más difícil cuando me encontré en una situación perturbadora. En realidad, me sentía alterado porque me sentía alterado, pues abrigaba la convicción de creerme capaz de dominar cualquier tendencia que pudiera haber tenido a caer en un estado mental perturbado. Para mí fue muy perturbador darme cuenta con asombro de que me podía suceder precisamente eso, además de tener que soportar la angustia mental que me provocaba la situación. Hay muchas cosas que pueden alterar y perturbar a una persona. Cometer un estúpido error puede ser una de ellas. Que otros cuestionen o malinterpreten las propias motivaciones puede ser muy perturbador, al igual que experimentar de pronto una inesperada carga de hostilidad.

Ponerse nervioso suele ser perturbador, como lo es el cuestionamiento de la propia inteligencia. Todas esas cosas me sucedieron, y todas al mismo tiempo.

Durante la primera parte de la campaña electoral nacional de 1960, estuve de viaje por Europa y Tierra Santa. En Londres, hacia el final del viaje, encontré en el correo una invitación para asistir a una reunión de ministros y laicos que se iba a celebrar en Washington, D. C., el 7 de septiembre, precisamente el día después de que tuviera programado mi regreso a Estados Unidos. La reunión se convocaba para considerar la cuestión de la separación entre la Iglesia y el Estado.

Se trata de un tema de gran significación histórica, al que yo también le daba y le sigo dando importancia. Es un principio por el que los hombres han luchado y por el que han pagado un alto precio, a veces incluso con sus vidas. Al actuar por separado, la Iglesia y el Estado pueden complementarse mutuamente, pero cuando están unidos, se distorsionan las verdaderas funciones de cada uno. Durante años, he resaltado la relación de la religión con la libertad del hombre, sobre la base de las enseñanzas de Jesús. «Y conocerán la verdad y la verdad los hará libres» (Juan, 8, 32).

La misma noche de mi regreso de Europa, volé desde Nueva York a Washington y, a la mañana siguiente, acudí a la reunión en la que participaban unas 150 personas. Algunas de ellas eran viejos amigos que me dieron la bienvenida y, de forma estúpida e irreflexiva, permití que me presionaran para actuar como presidente de la sesión matinal, a pesar de que apenas sabía nada sobre la agenda y de que apenas empezaba a recuperarme después de tan largo viaje. Tras presidir la reunión durante un corto espacio de tiempo, la abandoné durante un rato bastante largo para realizar varias llamadas telefónicas personales. Recuerdo que, tras terminar de hacer las llamadas telefónicas, salí a la calle y caminé un rato arriba y abajo de la manzana. Hacía un día terriblemente caluroso y, de todos modos, no me gustan las reuniones. Después de estar aproximadamente una hora en una reunión, me sentí inquieto y con fuertes deseos de salir. Recuerdo que vacilé ante la idea de regresar a la sesión y pensé en pasar la presidencia a otro, pero finalmente regresé, aunque de mala gana.

Ahora, al recordarlo, me extraña incluso mi propia falta de perspectiva en relación con lo que podía suceder en una reunión como aquélla, especialmente en tales momentos. Naturalmente, sabía que la campaña política estaba a punto de entrar en la tensa recta final de los meses previos a las elecciones. A pesar de todo ello, no vi razón alguna por la que un grupo de ministros y laicos no pudieran reunirse para discutir de un tema tan importante como la libertad religiosa. Me pareció que la reunión se iba desarrollando de una forma ordenada y razonable. Tendría que haberme dado cuenta, sin embargo, de que los periodistas, siempre alertas ante la posibilidad de una gran noticia, se precipitarían sobre todo aquello que tuviera que ver con la política. Puesto que actuaba como presidente, aunque sólo fuese por un corto espacio de tiempo, también tendría que haberme dado cuenta de que la reunión podría ser identificada conmigo.

De hecho, aquello dio en llamarse «el grupo Peale». Eso me asombró, puesto que no había hecho absolutamente nada para organizar a este grupo y únicamente lo presidía más como una conveniencia que como cualquier otra cosa.

Los organizadores de la reunión prepararon una declaración para la prensa en la que había varios principios importantes. Leí la declaración una vez preparada y no participé en su redacción. Me pareció un análisis moderado y razonado de algunos problemas considerados como importantes por parte de personas reflexivas. Afirmaba la convicción de la creencia en la separación de la Iglesia y el Estado. También afirmaba la convicción de que este tema había quedado suprimido de la campaña política. Y, admitámoslo, lo cierto es que se trataba de un tema que estaba en la mente de muchos. ¿Acaso debe suprimirse la discusión de un tema, sea cual fuere, en una nación libre?

Según el principio de libertad de un país como Estados Unidos, cualquiera tiene el derecho de pensar por su propia cuenta y de expresar sus convicciones sobre cualquier tema, en la medida en que así lo permitan sus cualificaciones. Sobre este tema, sin embargo, ha habido como una especie de conspiración pública de silencio. Considerarlo incluso como un tema de actualidad se veía como fanatismo religioso. El fanático es aquel obstinada e intolerablemente entregado a su propia Iglesia, partido u opinión. Así que, por definición, un fanático es una persona cuya actitud sería la antítesis de la libertad, debido precisamente a su intolerancia y autoritarismo. Todos los hombres que piensan correctamente detestan el fanatismo.

La declaración adoptaba un equilibrio, al resaltar la importancia de otros temas en la campaña. Por lo que pude ver, no era en modo alguno la intención de este grupo permitir que el tema religioso se les escapara de las manos y ese hecho fue cuidadosamente elaborado y resaltado. Finalmente, la declaración recomendaba que cada votante considerase el tema religioso según su conciencia. No pretendía contestar la cuestión. Simplemente, trataba de acabar con un silencio que parecía antinatural.

Sólo puedo decir que si me hubiese dado cuenta de todas las posibles implicaciones de mi presencia en esta conferencia, jamás habría asistido. Tendría que haberme dado cuenta de que cualquier declaración de este tipo, por muy moderada y bienintencionada que fuese, iba a ser, en medio de una campaña política, como una chispa en un barril de pólvora. Iba a producir una explosión, a liberar toda la furia y hostilidad reprimidas por ambas partes. Fui un verdadero ingenuo al no haber previsto todo aquello. Y yo nunca había sido un pensador político.

Después de que se diera a conocer la declaración, lo que más me dolió fue ser acusado de fanatismo: ¡precisamente a mí me acusaban de fanatismo! Ésta es una cuestión sobre la que soy especialmente sensible pues he dedicado toda mi vida a combatir la intolerancia. He trabajado con organizaciones que tratan de eliminar el fanatismo de los temas nacionales y raciales, así como religiosos. Fundé la más grande publicación interconfesional de Estados Unidos. Me hice el propósito de intentar desarrollar armonía entre los principales grupos religiosos de Estados Unidos, entre judíos, católicos y protestantes. Cuando se ha trabajado durante toda la vida para reducir el fanatismo, perturba mucho que a uno lo consideren culpable de aquello que más diligentemente ha tratado de erradicar.

Resultó que aquella reunión celebrada en Washington fue un hito en mi propia vida personal y, retrospectivamente, ahora me doy cuenta de que también fue un hito en la historia del pensamiento y la discusión religiosa libre en Estados Unidos. A partir de mi angustiosa experiencia, ha quedado meridianamente claro para mí que en este país ya no es posible discutir sobre el gran principio de la libertad religiosa, por muy desapasionada y objetivamente que se haga. Por lo que a mí respecta, personalmente, no volveré a participar en ninguna consideración sobre la libertad religiosa, sea cual fuere, al darme cuenta de que hacerlo así supone correr el riesgo de ser acusado de fanatismo. Aunque amo la libertad religiosa, detesto mucho más el fanatismo.

No busco compasión, pero debo decir que mientras caminaba por las calles de Washington, después de que estallara la tormenta, al día siguiente de la reunión, me sentí espantosamente, hasta el punto de evitar las miradas de los viandantes, por temor a encontrarme con alguno de mis muchos amigos católico-romanos, que podría haber pensado erróneamente que me había revuelto contra él. Me sentía intensamente angustiado ante el increíble giro que habían tomado los acontecimientos, asqueado y lleno de irritación ante mi propia ineptitud.

En un esfuerzo por disipar la errónea impresión de que había sido un líder, o el líder del grupo, notifiqué a los organizadores que no deseaba que se me asociara de ninguna forma con aquel asunto. Luego, me retiré a mi granja en el campo, aislándome por completo de los periódicos y la televisión, cuyos representantes no hacían más que solicitar «declaraciones».

Pero hasta eso no fue sino otro error. Tendría que haberme enfrentado a la prensa y contado la historia con toda la franqueza y calma con que la cuento ahora. Lo cierto es que me sentí tan alterado que dudé incluso de mi capacidad para hacerme entender con claridad y transmitir mis verdaderos sentimientos. Temía cualquier otra mala interpretación o excesiva simplificación. Es así como un pequeño error puede conducir a otro y a otro y a otro. Cuantos más errores cometemos, tanto más nerviosos nos ponemos y más errores nuevos cometemos. También me sentí perturbado por los agudos y en mi opinión voraces ataques personales procedentes de dos destacados, aunque políticamente condicionados profesores de teología, que me tildaron públicamente como jefe del «submundo protestante», sea eso lo que fuere y me llamaron fanático. No les contesté. Una vez más, sin embargo, esa política de silencio no fue nada prudente en la medida en que permitió que se fuese acumulando un material falso que obtuvo una muy amplia circulación.

Este capítulo, sin embargo, a pesar de haberle dedicado varias páginas a la reunión celebrada en Washington, no se presenta ni como una explicación ni como una defensa de mi participación. La exposición bastante prolongada de este incidente tiene como propósito principal el mostrar cómo una persona, en este caso yo mismo, puede verse envuelta en una experiencia de lo más perturbadora que tendrá que afrontar.

El capítulo ha sido diseñado especialmente para ser una especie de laboratorio de los métodos descubiertos y contrastados para controlarse uno mismo y las situaciones en que se está alterado. En resumen, no presentamos aquí un problema teórico, sino una experiencia personal real y muy difícil, como terreno de pruebas de la funcionalidad de las técnicas perfiladas, para su posible uso.

Le puedo asegurar que doy por hecho que los métodos descritos en este capítulo funcionarán, puesto que a mí me funcionaron en prácticamente cualquier situación dura en la que uno pueda encontrarse. Posiblemente, mi experiencia como experimento de laboratorio para tratar con situaciones de alteración, sea útil para otros que se encuentran ante sus propias dificultades.

La extensión de mi estado mental alterado viene indicada por el hecho de que cancelé todos los compromisos que tenía programados para dar conferencias, por temor a que mi presencia en un determinado programa pudiera colocar a los patrocinadores en una situación embarazosa. De cuarenta compromisos que tenía contraídos, treinta y ocho rechazaron vigorosamente mi cancelación y en todos ellos se trató de reuniones seculares en las que estaban representadas personas de todas las confesiones religiosas.

Las reacciones provocadas por mi alteración penetraron tan profundamente en mi consciencia, que renuncié al empleo como pastor de mi iglesia, donde había servido durante veintiocho años. Nadie me había sugerido o incluso insinuado tal acción, pero a medida que aumentó el furor y las críticas procedentes de fuentes tanto judías como católicas y protestantes, se me ocurrió pensar que había provocado sin quererlo, Dios me ayude, el descrédito sobre la Iglesia y las gentes a las que tanto quería y ese pensamiento no me abandonaba. Surgió así la sensación de que podía convertirme en alguien embarazoso para mi Iglesia y mi congregación, de modo que, en consecuencia, tenía que renunciar a mi parroquia.

Así pues, presenté mi renuncia a mis élders y diáconos, una decisión que pareció ser recibida con una considerable sorpresa, hasta el punto de que la renuncia fue inmediata y unánimemente rechazada. Naturalmente, me sentí profundamente conmovido ante esta expresión de confianza por parte de mis hermanos. Sus promesas de fraternidad y oración me fortalecieron mucho.

Escribí una carta dirigida a todos los miembros de nuestra congregación, con los cuales he mantenido siempre unas excelentes relaciones de afecto cristiano y de verdadera comprensión espiritual.

Cuando uno se encuentra en dificultades, significa mucho contar con la amistad y el apoyo espiritual de quienes te conocen mejor. Esa comprensión y amor entre amigos espirituales es, seguramente, una de las grandes bendiciones de la vida, especialmente en momentos de crisis. Yo me había sentido privilegiado como pastor al ayudarles; ahora, ellos eran muy amables al ayudarme. Eso es lo que significa, verdaderamente, contribuir a soportar la carga que lleva uno sobre los hombros.

Para que pueda comprenderse más completamente el sentimiento reinante entre la congregación y yo mismo, incluyo aquí la carta que dirigí a nuestros miembros, a pesar de que contiene algunas referencias ya indicadas en este mismo capítulo.

15 de septiembre de 1960

Queridos amigos:

Como miembro de la iglesia colegiata Marble y alguien que siempre ha ofrecido a su pastor un apoyo sincero y rezos en su trabajo, siento el deseo de ilustrarle de primera mano acerca de acontecimientos ocurridos recientemente.

Me refiero a la reunión de ministros celebrada en Washington, el 7 de septiembre de 1960, a la que tanta publicidad se ha dado. A dicha reunión se le ha dado en llamar en la prensa «el grupo Peale», algo que, desde luego, es totalmente inexacto, por lo que desearía explicarles los hechos exactos, tal como ocurrieron.

Mientras me hallaba de viaje por Europa, recibí una invitación para asistir a una Conferencia Estudio sobre Religión y Libertad, programada para el 7 de septiembre, a celebrar en Washington. Aparte de los nombres de unas pocas personas que iban a estar presentes, no disponía de información sobre la reunión, pero sí respetaba a las personas cuyos nombres se me indicaron.

Llegué a Nueva York procedente de Europa en la tarde del 6 de septiembre y, en consecuencia, no tuve oportunidad de obtener mayor información sobre la reunión. Probablemente, no habría asistido a la reunión sobre religión y libertad, del 7 de septiembre, de no haber sido porque había accedido a asistir a un retiro espiritual de otro grupo, que incluía a algunos de los miembros de nuestra propia iglesia, y que se iba a celebrar el 8 de septiembre en Washington.

Al acudir a la reunión sobre religión y libertad se me pidió que la presidiera, lo que hice únicamente en la reunión de la mañana. Me marché al concluir la sesión de la tarde y no he vuelto a tener contacto alguno con este grupo.

Para darle la más plena información sobre mi papel en este asunto, le puedo decir lo siguiente:

1. No convoqué la reunión ni tomé parte alguna en su convocatoria.
2. No participé para nada en la preparación de la declaración hecha por el grupo.
3. Tras mi regreso a Nueva York envié un telegrama al secretario ejecutivo en el que declaraba que no quería ser asociado de ningún modo con su programa.

A pesar de estos hechos, la prensa ha seguido llamándolo «el grupo Peale», o «un grupo encabezado por el doctor Peale». No soy el cabeza de este grupo y nunca lo he sido y no es por tanto «el grupo Peale». De hecho, no he tenido nunca ni tengo ahora relación alguna con el grupo, a excepción de mi asistencia a la reunión de aquella mañana.

Siento cierta preocupación por la cuestión de la libertad religiosa y estoy convencido de que es adecuado que un protestante se reúna en cualquier momento con otros compañeros protestantes para analizar temas relacionados con nuestra fe. Es derecho de todo estadounidense el reunirse y reflexionar conjuntamente y, en este caso, eso fue lo que se hizo, con dignidad y la vista puesta en elevar la discusión religiosa hacia un nivel intelectual superior, despojándola de acaloramiento y emocionalismo.

Debería haberme dado cuenta y me extraña que no fuera así, de que, bajo las circunstancias, eso se relacionaría inmediatamente con la campaña política. Sinceramente, no tenía la intención de que fuera así, pero quizá sea más sensato en el futuro; confiemos al menos en que sea así.

Me sentí tan angustiado por la inadvertida incorporación de mi persona en asuntos de publicidad política, algo que va totalmente en contra de mi propia naturaleza, que me he aislado por completo de la prensa, por temor a que dijera algo que empeorase las cosas. Como consecuencia de ello, la prensa ha seguido destacándome personalmente, sin hacer referencia alguna a las otras 150 personas que estaban presentes, algo que, en mi opinión, parece injusto.

Al haber sido siempre muy sensible respecto de nuestra querida Iglesia, tuve la sensación de que esta desgraciada situación podía desacreditarla, de modo que presenté mi renuncia a nuestros élders y diáconos, que celebraron una reunión y se negaron a considerar mi renuncia. Me sentí conmovido al darme cuenta de que mis hermanos depositaban suficiente confianza en mi verdadero espíritu como para darse cuenta de que esta situación no representaba en modo alguno mi humilde ministerio.

Durante muchos años, he trabajado en el campo interconfesional y confío sinceramente en continuar haciéndolo, a pesar de todo lo que se ha dicho. Quizá me resulte un poco difícil seguir como hasta ahora y necesitaré de sus oraciones, en la confianza de que pueda ser digno de su apoyo. No tengo la sensación de haber cometido ningún error al asistir a aquella reunión, si bien es cierto que quizá no fuera lo más prudente, teniendo en cuenta las circunstancias. Hay ciertos principios espirituales que mantenemos los protestantes, pero no vamos en contra de otras confesiones y sólo deberíamos cultivar el amor y la fraternidad en nuestros corazones.

Me es difícil escribirles esta carta y confío en que rezarán muy seriamente por nuestra Iglesia y, quizá, por mí.

Suyo en el compañerismo cristiano

NORMAN VINCENT PEALE

Después de aquel momento horrible en Washington y de los dolorosos días que siguieron, cuando llegó el domingo de mi regreso a la iglesia colegiata Marble, de Nueva York, no estaba en absoluto preparado para la expresión de amor y apoyo que experimenté. Al entrar en el púlpito, todos los presentes se levantaron en silencio, algo que no había visto nunca en toda mi vida en la Iglesia. Aquel sorprendente acto de la congregación y la expresión en los rostros de la gente me produjeron una embargada emoción. Les indiqué que se sentaran, pero dentro de mí experimenté una oleada de fortaleza y de nueva entrega.

Como ya he dicho antes, serviría de poco recordar toda esta experiencia por la que pasé, a menos que hubiese aprendido algo de ella, algo que merezca la pena ser transmitido a los demás. Y, honradamente, creo que lo aprendí. Aunque admito que, en ocasiones, tengo mis vacilaciones, empecé a desarrollar una técnica (llamada así porque está compuesta por fórmulas que funcionan) para controlarse uno mismo y aquellas situaciones en las que se produce una alteración. Gracias a esta técnica, me recuperé, con ayuda de Dios, hasta volver a alcanzar un estado mental normal. Quisiera describir ahora el método que me ha resultado tan útil y que seguramente también le podrá ayudar a usted.

A partir de mi propia experiencia de alteración, aprendí que un primer paso consiste en analizar cuidadosa y honradamente toda la situación y las propias acciones y, si se tiene la sensación de haber actuado de modo imprudente, aceptarlo de inmediato y admitirlo. En lugar de permitir que la autojustificación y la racionalización le nublen el buen juicio, se alcanza así una verdadera perspectiva y eso, por sí solo, sirve para interrumpir la cadena de errores de importancia creciente.

Otro gran valor de este primer paso es que constituye una respuesta muy efectiva ante los críticos. Si se está de acuerdo con ellos, ¿qué más se puede decir? Al mostrarse de acuerdo con ellos, les habrá privado de su poder fulminante. De ese modo, el error se ve mitigado, pues ¿quién no es imprudente e incluso estúpido en alguna que otra ocasión? Todos cometemos errores. El fallecido Fiorello LaGuardia, alcalde de la ciudad de Nueva York, fue completamente perdonado y nunca más amado que cuando dijo (como le he escuchado citar): «No cometo errores con frecuencia, pero cuando cometo uno ¡es todo un error!». Ahora, nadie recuerda cuál fue aquel error, pero es probable que su disculpa sea inmortal.

La verdad es que si tiene la sensación de haber cometido un error y reúne el valor suficiente para decirlo así, la gente se apresurará a apoyarle de una forma conmovedora al tiempo que asombrosa.

Un segundo paso a dar cuando se está alterado es adoptar una deliberada actitud analítica y objetiva. Eso permitirá eliminar con rapidez el calor de la reacción emocional de su mente y, a medida que se vaya enfriando el acaloramiento, podrá adoptar actitudes normales y un pensamiento claro. Por ejemplo, al considerar cualquier cosa poco amable que se haya podido decir sobre usted, el enfoque científico objetivo consiste en plantearse cuatro preguntas: 1) ¿es cierto o falso?; 2) ¿quién lo dijo?; 3) ¿tiene algún valor la opinión de esa persona?; 4) ¿es un crítico honrado o está predispuesto contra uno?

En mi caso, tomemos, por ejemplo, la afirmación, hecha por un profesor de teología, quien también es político y vicepresidente de un partido político, de que soy del «submundo protestante». Francamente, eso podría alterar a cualquiera y así me sucedió a mí. Pero me pregunté: «¿Es cierto lo que dice este hombre?». Naturalmente, no lo era. En consecuencia, recordé que «no es cierto sólo porque alguien lo diga». Dijera lo que dijese este hombre, mientras no fuese cierto, ¿por qué iba a preocuparme yo por eso?

Recordé entonces un viejo refrán en el que a menudo encuentro consuelo: Las mentiras tienen las patas cortas.

En cierta ocasión, un hombre se me acercó, muy alterado por los comentarios hechos por un antiguo amigo que ahora estaba lleno de odio y cólera contra él. «¿Sabe lo que dice ese tipo? —me preguntó—. ¡Va por ahí diciendo que soy un canalla, un sucio canalla! ¿Qué le parece eso…, un canalla?».

«Bueno, ¿lo es usted?» —le pregunté secamente.

«Pues claro que no —me contestó alborotado—. ¿Acaso le parezco yo un canalla?»

«Desde luego que no. Sé perfectamente que no es usted un canalla. Usted también sabe que no lo es. Así pues, lo que ese hombre anda diciendo es una falsedad manifiesta. El simple hecho de que lo diga no puede cambiar lo falso y convertirlo en verdadero. Así que deje que diga lo que quiera. Con el tiempo es muy posible que la gente se haga una idea bastante exacta de quién es el canalla.»

Así pues, aprendí de la forma más difícil a preguntarme: «¿Es cierto o falso lo que dicen?». Si es cierto, naturalmente hay que ser honrados, admitirlo y corregirlo. Si no lo es, sólo hay que recordar que ni todo lo que digan en el mundo puede conseguir que sea cierta una cosa que no lo es. Es posible que le cause muchos problemas y molestias, pero eso no cambia los hechos básicos y sigue siendo un hecho que «la verdad aplastada, volverá a resurgir».

Una segunda consideración en este proceso objetivo-científico de eliminar la alteración consiste en preguntarse: «¿Quién lo dice?». ¿Se trata de alguien cuya opinión se respeta? ¿Es un crítico honrado o tiene «algo que ganar»? Al tratar de despreciarle a usted, ¿busca algún propósito o interés propio?

A un crítico honrado hay que respetarlo, siempre y cuando no entre en lo personal ni sea cruel, pero en cuanto a los de otro tipo, simplemente descártelo. Lo que diga no tiene la menor importancia.

Otro elemento para desactivar el contenido emocional de una situación que le haya alterado y que supone una aplicación más del método objetivo-científico, consiste en dejar a un lado comentarios bastante desapasionados destinados para alterarle a usted y estudiar cuidadosamente sus implicaciones. Tomé de la mesa de laboratorio aquel calificativo de «submundo protestante» y lo examiné meticulosamente. «Submundo», naturalmente, da a entender gánsteres, malhechores, ladrones, secuestradores, asesinos y otros personajes indeseables. Esta forma de describir a algunos protestantes pareció más grave de lo que indicaban los hechos. Aunque he conocido a algunos protestantes a los que no se podría calificar precisamente de santos, no recuerdo a ninguno al que se le pueda aplicar una referencia tan poco halagadora como perteneciente a un «submundo».

En consecuencia, llegué a la conclusión de que el término «submundo protestante» era inespecífico y estaba mal elegido, que en realidad no tenía aplicación posible, puesto que se refería a una suposición inexistente. ¿Cómo podía yo dirigir o incluso ser miembro de algo que no existía? El resultado de tal razonamiento analítico desapasionado y objetivo fue quitarle el aguijón de la crítica y, de ese modo, impedir que me hiciera daño alguno. Simplemente, lo aparté de mi mente como un esfuerzo bastante estúpido de acuñar un término y obtener publicidad con ello. Pero, puesto que en realidad no tenía sustancia alguna, era inefectivo, excepto por su valor como difamación.

Fue así como afronté mis propios sentimientos de alteración acerca de los comentarios de unos pocos teólogos políticos que deploran la «política» por parte de cualquier ministro que no esté de acuerdo con ellos, pero que, en cambio, la consideran como una actividad piadosa y digna de encomio cuando son ellos mismos los que actúan como políticos partidistas.

Eso no fue suficiente, claro está, pues uno tiene que ser positivo y tratar de no guardarle rencor a nadie. Creo que ese nuevo paso es vital para lograr una victoria permanente sobre un estado mental de alteración. Tener buena voluntad hacia los demás no significa necesariamente sentir afecto hacia ellos, sino más bien un frío aprecio por el ego o la personalidad de la otra persona, aunque no se respete su juicio y sus acciones. Y ese sentimiento fue el que conseguí alcanzar.

El método científico objetivo funciona de muchas maneras. Supongamos que alguien ha realizado alguna acción hostil contra usted o ha hecho alguna otra cosa que le ha dolido. Supongamos que esa persona es un antiguo amigo. Es importante darse cuenta de que los amigos nos alteran a menudo, incluso más que los enemigos, ya que es una verdad psicológica que quienes más nos aman son quienes más daño pueden hacernos. En consecuencia, si se siente enojado por algo que le ha hecho o dicho un amigo, el método científico objetivo consiste en analizar el tema fría y serenamente sobre la base de la reacción amor-odio, que está profundamente entrelazada. Si el amigo parece odiarle ahora, es muy posible que lo que se considera como odio sea el lado inverso del amor herido que siente por usted. Así pues, continúe apreciándolo y aleje su mente de las palabras que haya dicho o de los hechos que haya realizado recientemente, diciéndose: «En realidad, no tiene la intención de decir lo que ha dicho, ni es lo que parece y no me lo tomaré como tal».

Esta actitud tiene que ir acompañada por un cuidadoso análisis de las causas por las que la otra persona reacciona ante usted como lo ha hecho. Examínese a sí mismo para identificar y valorar las razones por las que ha tenido dificultades con él. Practique la técnica de la empatía, que consiste en proyectar su mente hacia la mente de la otra persona y pensar desde ahí. Vea y piense como él ve y piensa. Véase a sí mismo tal como él lo ve a usted y luego considere atentamente sus propias acciones desde el punto de vista de la otra persona. Naturalmente, es muy posible que él se equivoque respecto a usted, pero una vez que sepa por qué se equivoca, cómo cometió ese error, le será más fácil corregir aquello que haya en usted y que a él le cause esa impresión errónea. Este proceso también permite revelar con claridad cuáles son sus propios puntos débiles, tal como los ven los demás. Eso le dará la oportunidad para mejorar personalmente, así como su propia actuación, en general.

El método científico objetivo tiene también otra utilidad que es muy efectiva para reducir los sentimientos de enojo relacionados con una acción que le ha provocado algún daño. Simplemente, pregúntese: «¿Tenía esta persona el derecho a hacer lo que hizo? ¿Actuaba de acuerdo con las exigencias de su trabajo, tal como él mismo las ve?». Si tenía derecho a hacer lo que hizo y lo que desde su punto de vista exigía la situación, entonces, ciertamente, no merece ser condenado. Quizá a usted no le guste lo que hizo y lo lamente pero, objetivamente, su desacuerdo con esa acción no le justifica ninguna hostilidad hacia él y ni siquiera el sentirse dolido. Este enfoque mental racional tiene un claro efecto de enfriamiento sobre sus propios y acalorados sentimientos de enojo. Piénselo detenidamente. Considere el punto de vista de la otra persona y acepte, con una actitud amistosa, su perfecto derecho a hacer lo que hizo respecto a usted.

Le aseguro que este procedimiento es más efectivo cuando se utiliza para controlarse a sí mismo y aquellas situaciones en las que se sienta enojado, pues así se demostró en mi dolorosa experiencia. No afirmo, en modo alguno, haber alcanzado la perfección. No obstante, he utilizado con frecuencia este método en las relaciones personales y el resultado siempre ha sido bueno. Me ha ayudado a controlar mis emociones y, en consecuencia, ha tenido un efecto beneficioso sobre las relaciones personales.

Naturalmente, no ha hecho que todas las cosas salieran como yo hubiera deseado. De todos modos, ¿por qué siempre van a tener que salir las cosas como uno desearía? Tenemos que experimentar algunos reveses en el juego de la vida. Pero quizá, sólo quizá, quienes intentan batear con mayor frecuencia son precisamente aquellos que se esfuerzan más por darle a la bola.

Babe Ruth fue el jugador que más metas alcanzó de todos los tiempos, pero también fue uno de los que más *strikes* consiguió. Eso demuestra que intentó golpear la bola. Salió corriendo después de varios lanzamientos y falló algunos; en realidad, falló muchas veces, pero el número medio de los que consiguió lo convirtió en un campeón. Al menos, se esforzó por conseguirlo. Probó y no se dejó desanimar por los fallos y no dejó de intentarlo. Si no lo hubiera hecho así, no habría sido Babe Ruth.

Así pues, no afirmo que la filosofía y la fórmula para la acción que propugno permitirán que todo salga bien. Se sufrirán algunos reveses y decepciones, incluso con este método, pero se mantiene el hecho de que no se sentirá tan enojado como al principio y ése es el problema que afrontamos en este capítulo.

Si no le importa otra ilustración personal acerca de mis propios esfuerzos por controlar el enojo, quisiera contarle cómo utilicé el proceso del cuestionamiento racional: «¿Tiene él derecho a hacerme esto a mí? ¿Está actuando de acuerdo con las exigencias de su trabajo?». Hacerme esta clase de preguntas ayudaron realmente en mi caso.

Una vez que se desató el furor acerca de mi asistencia a la reunión de Washington, dos de los periódicos para los que escribo una columna semanal se mostraron alterados. Cancelaron mi columna a partir de entonces y anunciaron ese hecho en las noticias de primera página. Esa columna se publicaba semanalmente en aproximadamente doscientos periódicos, algunos de ellos grandes y otros pequeños.

Los dos periódicos que cancelaron inmediatamente la columna se hallaban en grandes ciudades del este y fueron medios de expresión que lamenté mucho haber perdido. Tengo que admitir que este incidente no hizo sino aumentar mi angustia mental. Recibí muchas cartas en las que se condenaba a los editores, aduciendo que habían actuado precipitadamente, sin un conocimiento exacto de los hechos, que negaban con ello el derecho a la libertad de expresión, de un hombre a ser ciudadano, al mismo tiempo que escritor. Otras comparaban desfavorablemente a estos dos periódicos con los otros 198 que habían tomado la cuestión con mayor serenidad, que insistieron en el derecho de toda persona a pensar y expresarse de acuerdo con sus convicciones o que, simplemente, tenían suficiente confianza en mí como para permitirme cometer un error, aunque fuese grave.

Sin embargo, a pesar de apreciar los esfuerzos de mis bienintencionados defensores, decidí aplicarles también la fórmula del: «¿Tiene derecho?».

El editor de uno de esos periódicos era amigo mío desde hacía unos cuantos años. Lo había visitado y estado con él y su familia en varias ocasiones y sentía que había un lazo personal entre nosotros. Lo admiraba como hombre y como ciudadano constructivo. Tenía la sensación de que ambos formábamos parte del mismo «equipo», que trabajábamos por el bienestar humano.

En consecuencia, cuando eliminó mi columna para su periódico, en el que había aparecido desde hacía una serie de años, no sólo me sentí profundamente decepcionado, sino también un poco dolido ante esta acción por parte de un amigo. Fue, pues, necesario, tratar de reanimar mi espíritu en relación con su acción. Me pregunté: «¿Tiene derecho a hacer esto?». Como no podía ser de otro modo, la respuesta fue que, naturalmente, lo tenía. Vivimos en un país libre, se trata de su periódico y tiene el derecho a decidir lo que quiere que aparezca o no en sus publicaciones.

A continuación, sin dejar de utilizar el desapasionado proceso mental científico objetivo, me pregunté: «¿Actúa de acuerdo con las exigencias de su trabajo?». Una vez más, tuve que admitir que él era el único juez acerca de la política de su periódico y que tenía todo el derecho a que se respetaran sus decisiones. En consecuencia, gracias a este proceso de pensamiento, tranquilicé mi mente, al decirme que mi amigo había llegado sencillamente a un punto en el que sinceramente tuvo la sensación de que mi contribución había dejado de tener valor para su periódico y eso era todo.

Ahora bien, ¿debería cambiar eso mi opinión sobre esta persona o ser una razón para alterar mi actitud amistosa hacia ella? ¡En modo alguno! Si la publicación de mi columna depende únicamente de una sensación de amistad por parte del editor, antes que de su propio mérito, no tendría base sustancial para ser incluida en el periódico. Era posible que a un editor le desagradase mi columna y no estuviese de acuerdo con mis palabras y acciones y, sin embargo, no por ello dejase de ser un amigo personal. Lo mismo cabría decir acerca de mis sentimientos respecto de un editor. Para controlar mis sentimientos heridos, me resultó muy útil distinguir entre la decepción personal, que es una respuesta emocional, y el reconocido derecho de todo editor a dirigir su propio negocio, lo que constituye una consideración objetiva.

En consecuencia, les escribí a los editores de los dos periódicos que cancelaron mi columna y les di las gracias por el privilegio que me habían otorgado de contribuir a sus periódicos durante tanto tiempo. También les expliqué, con la mayor claridad que pude, cuál había sido mi participación en la reunión de Washington. Más tarde, uno de ellos me escribió la siguiente y amable carta:

28 de septiembre de 1960

Querido doctor Peale:

Muchas gracias por su amable y comprensiva carta. Teniendo en cuenta las circunstancias, la cancelación de su columna pareció lo único que se podía hacer, debido al gran número de cartas y llamadas telefónicas recibidas tras la reunión de Washington, así como de los comentarios con excesivos tintes políticos que se retransmitieron. Raras veces se descubre la razón o el error en esta clase de asuntos hasta que ya es demasiado tarde. Estoy seguro de que comprende que un editor debe ser sensible a la reacción pública o, al menos, a lo que parece ser la protesta de los lectores.

No obstante, le agradará saber que las cosas están cambiando y cuenta con muchos más admiradores de lo que creía entre nuestro medio millón de suscriptores. Quizá actué con precipitación, pero hice en todo caso lo que en aquellos momentos creí que debía hacer.

Seguramente, le será fácil comprenderlo, al haber experimentado el infortunado resultado de las suposiciones. Imagino, sin embargo, que, como clérigo, su percepción de las cosas no es tan dolorosa como la de un editor de periódico. Fue agradable saber que sus fieles no tuvieron la misma oscura visión de su delicada situación que tuve yo, por lo que cuenta con mis más sinceras felicitaciones y mejores deseos.

Sinceramente.

Así pues, una técnica importante para afrontar la alteración de los sentimientos y las situaciones de enojo, es la aplicación del método científico objetivo en el que, en último término, se alcanza una actitud desapasionada. Desapasionamiento significa, claro está, no sentir pasión. Implica la habilidad para emplear la razón y mantener el control emocional, sea cual fuere la provocación.

Practique siempre la razón. Utilice esa cualidad tan insólita conocida como sentido común. Introduzca, en el estado nervioso, inquieto y sombrío de su mente deprimida, la alargada luz del sentido común, de la razón pura no adulterada. Pregúntese, simplemente, qué sentido tiene el dejarse alterar. Hablando francamente, ¿adónde podría conducirle eso? ¿De qué le sirve dejarse arrastrar a un estado mental agitado, perturbado, deprimido e incluso enojado? Aplíquese a sí mismo el tratamiento fríamente racionalista. Pregúntese: «¿Cuánto y durante cuánto tiempo voy a seguir haciéndome daño a mí mismo? ¿Acaso trato de destruirme deliberadamente? ¿Me regodeo con la sensación amargo-dulzona de la autocompasión?». Debería reflexionar y afrontar estas y otras preguntas similares.

Evidentemente, es difícil emplear la razón y el sentido común en una situación altamente cargada de emociones y dolor, de resentimiento y autocompasión. Para ello se necesita autodisciplina. Pero ¿qué tiene de malo la autodisciplina? El simple hecho de que una generación blanda no haya sido entrenada en este arte masculino no se refleja en la autodisciplina, sino más bien en nosotros, que no la practicamos porque «es demasiado dura».

Platón dijo, y ésta es una observación que puede revolucionar sus ideas: «Hazte cargo de tu propia vida. Puedes hacer lo que quieras con ella». Pregúntese con toda claridad: «¿Adónde me conduce el enojo, aparte de hacerme sentir más enojado?». Si permanece enojado durante el tiempo suficiente, no conseguirá afrontar la vida con efectividad. Y será usted quien habrá hecho eso, nadie más. No puede echar la culpa a los demás y a las situaciones de hacerse a sí mismo lo que en realidad se está haciendo en el caso de que admita un estado mental alterado y se instale permanentemente en él.

Reconozco, desde luego, que es más fácil dar este consejo que practicarlo. Es algo que se dice mucho más fácilmente de lo que se hace. Yo mismo tuve que esforzarme mucho por practicarlo. Pero, si bien no es fácil de seguir, tampoco es ésa una tarea imposible. Personas que han malinterpretado mis enseñanzas o que no están familiarizadas con ellas, me han acusado de propugnar una «religión fácil». Nadie puede conseguir nada en este duro mundo a menos que sea un hombre de verdad. La autodisciplina exigida en la fórmula presentada en este capítulo es severa. Para conseguirlo, necesita ayuda, una verdadera ayuda, la clase de ayuda que únicamente Dios puede darle. A lo largo de este libro se sugiere cómo conseguir esa ayuda.

Algo que usted y yo tenemos que aprender es que la mayoría de los problemas que se nos plantean en la vida se hallan dentro de nosotros mismos. Afortunadamente, la solución también se encuentra dentro de nosotros mismos. Así pues, aproveche más profundamente el poder de la vida que hay dentro de usted. Esa solución, llamada el reino de Dios, es una poderosa fuerza recreativa que se halla en lo más profundo de su personalidad, a la espera de ser convocada. Cuando la convoca, y la ponga a trabajar en su vida, dispondrá de tanto poder que ya nada podrá alterarlo realmente, al menos hasta el punto de derrotarlo.

Síntesis de cómo controlarse a sí mismo y las situaciones cuando se sienta alterado

1. Analice cuidadosamente la situación y determine si ha actuado de modo poco prudente. Admita abierta y honradamente sus errores, diciéndose toda la verdad y admitiendo su ineptitud.

2. Utilice el enfoque científico objetivo ante las cosas mezquinas o poco amables que se hayan dicho sobre usted, preguntándose: «¿Es cierto o falso? ¿Quién lo dijo? ¿Tiene su opinión algún valor para mí? ¿Es su opinión interesada o es una crítica honrada?

3. Aplique un frío análisis científico a cualquier calificativo que se haya utilizado contra usted, apartándolo para someterlo a un detallado examen y ver si tiene algo de razón. Si fuera así, corríjase. En caso contrario, olvídese del calificativo.

4. Siga apreciando a la gente, aunque hayan actuado mal con usted.

5. Hágase otra pregunta desapasionada: ¿tuvo esta persona el derecho de actuar como lo hizo? En caso afirmativo, acéptelo así de buena fe.

6. Busque el consejo y la guía de amigos reflexivos y practique el razonamiento frío y todo el sentido común de que sea capaz. Por duro que parezca, tiene que pensar, tiene que utilizar la razón, no la emoción. Si lo hace así, toda confusión

terminará por desaparecer y entonces encontrará respuestas que realmente respondan.

7. Pregúntese: «¿Disfruto acaso con mi propia desdicha? Aleje de sí toda autocompasión.

8. Procure amar a todas las personas involucradas en el asunto que lo enojó y rece por ellas, por difícil que eso le pueda parecer. Amar no significa dejarse llevar por el sentimentalismo, sino más bien sentir un aprecio racional por esas personas.

9. Ponga el problema en las manos de Dios; despréndase de él y deje que Dios se haga cargo. Él lo solucionará mucho mejor de lo que usted cree.

4

SEA USTED MISMO, AL MENOS LA MAYOR PARTE DEL TIEMPO

Cuando abrió la puerta, no tenía ni la menor idea de lo que le esperaba. Y no estaba en modo alguno preparado para lo que sucedió. A pesar de todo, manejó satisfactoriamente la situación, aunque necesitó ayuda de emergencia. Este joven pastor y su joven esposa se habían instalado apenas tres días antes en la parroquia rural. Era una ciudad pequeña, con una iglesia pequeña pintada de blanco y una modesta casa parroquial al lado. La joven pareja acababa de sentarse para cenar cuando sonó el timbre de la puerta.

El que había llamado, un hombre que aparentaba unos treinta y cinco años de edad, daba una clara impresión de vestirse en la Avenida Madison y ser miembro del club campestre. Evidentemente, su sastre sabía cómo adaptar con mano experta un traje que se le ajustaba como un guante. De hombros anchos y cintura estrecha, era lo que se podría calificar como un superejemplar de alguna de las mejores universidades del país. Ofrecía ese aspecto tan sofisticado que, sin duda, lo convertían en el éxito de toda fiesta. Junto a la acera había aparcado un coche deportivo de marca extranjera.

«No me conoce usted —dijo el hombre—. Vivo en ... (y citó el nombre de una ciudad no muy lejana), pero tengo un problema, un verdadero problema. —Y al decir esto, la expresión de su cara se contrajo para subrayar sus palabras—. Llevo varias horas conduciendo en círculos y me siento mortalmente cansado.»

El pastor lo invitó a entrar y le ofreció una silla. Luego, el visitante explicó: «Tengo que hablar con alguien que comprenda, que sea totalmente confidencial. Me siento totalmente acabado, derrotado; no hay esperanza, no se me ocurre ninguna forma de salir de este atolladero. Si no me ayuda, creo que me voy a quitar de en medio, si es que encuentro el valor para hacerlo».

Incluso el joven e inexperto pastor pudo comprender que hablaba en serio.

«¿Cómo ha llegado hasta aquí?» —le preguntó, tratando de ganar tiempo antes de decidir qué hacer.

«He conducido de un lado a otro, no sé durante cuánto tiempo y entonces vi la iglesia. No sé por qué me detuve..., como no sea por el hecho de que me educaron literalmente en una escuela dominical y en la iglesia. En cualquier caso, sentí el deseo de parar.»

«¿Qué le angustia?» —preguntó el joven pastor.

«En realidad, no lo sé muy bien... Me siento terriblemente deprimido. Me detesto a mí mismo. Siento tanto asco de mí mismo que ya ni siquiera me aguanto. ¿Qué diablos puede hacer por mí, reverendo?»

Bueno, una cosa podía darse por cierta: el reverendo no sabía qué podía hacer. Mientras tanto, la cena se enfriaba, aunque la joven esposa, con actitud filosófica, guardó de nuevo la cena de su esposo en el horno y se comió la suya.

«Veamos —dijo el reverendo—. Quédese aquí sentado y relájese durante unos minutos. —Luego, llamó a su esposa—. Cariño, trae por favor una taza de café para nuestro amigo.

»Tómese el café, le sentará bien. Y mientras lo hace, haré una breve consulta en la habitación trasera. Regreso en seguida.»

En la habitación del fondo se quedó mirando por la ventana, sin ver. Era un hombre hecho y derecho, un atleta universitario y un líder popular. Se había sentido atraído hacia el ministerio porque un conferenciante universitario le había transmitido «una profunda preocupación por el mundo». No tardó en hallarse en el seminario teológico, tratando de encontrarse a sí mismo, sin lograr hacer otra cosa que sentirse cada vez más confundido. Todavía estaba en proceso de encontrarse a sí mismo, una búsqueda que le estaba siendo muy elusiva.

Aunque era ministro, su actitud era muy secular: «Ésta es una patata muy caliente. Apenas me inicio en este trabajo y se me presenta este hombre con un problema como éste. ¿Qué puedo hacer yo?».

Revisó rápidamente los cursos seguidos en el seminario, en un intento desesperado por encontrar alguna idea práctica que pudiera utilizar en una crisis personal como la que se le presentaba. «Sólo he estudiado filosofía, sociología y acción social. Todo eso está muy bien, pero aquí no me sirve de nada, de eso estoy seguro. ¿Qué hicieron mis profesores que no me dijeron nada sobre cómo comprender y ayudar a un ser humano? ¿De qué sirve toda esa intensa "preocupación social" si no puede ayudar a un pobre hombre metido en problemas. ¿Por qué no salen de sus aulas y adquieren un poco de sabiduría sobre los hechos de la vida? Vaya, me siento totalmente perdido. No se me ocurre nada» —musitó para sus adentros.

Fue entonces cuando realizó la breve «consulta» de la que había hablado antes. Rezó y hasta el rezo fue muy prosaico. «Señor, estoy empantanado. Te ruego que me digas qué debo decirle a este pobre hombre. Amén.»

Si quiere saber mi opinión, le diré que ésa es la clase de oración que le gusta al Señor. Fue la exposición sucinta de una verdadera necesidad, presentada con humildad y fe honrada. Y el Señor no tardó en comunicarle lo que debía decirle al «pobre hombre» y, además, cómo decírselo con efectividad. A pesar de que no sabía mucho, al pastor le gustaban verdaderamente los seres humanos y eso, naturalmente, es fundamental en el proceso de ayudar a los demás.

A partir de la consulta hecha a través de la oración en la habitación del fondo, el pastor obtuvo la guía clara de que debía sentarse con aquel hombre y hacerle hablar. También se dio cuenta de que aquel hombre, que tanto asco decía sentir hacia sí mismo, necesitaba que alguien le demostrara un verdadero interés y preocupación y, más importante aún, que le transmitiera aprecio; es decir, alguien que restaurase la fe en su vacilante ego. Finalmente, tenía que aumentar su esperanza y hacerle saber que Dios le ayudaría. Debía intentar que Dios apareciese en la mente del hombre como un factor real.

En consecuencia, regresó al salón, se sentó en una silla con una actitud natural y relajada, como si dispusiera de todo el tiempo del mundo. Aquella actitud pareció aliviar hasta cierto punto la tensión del visitante, que no tardó en empezar a hablar, vacilante al principio pero luego lanzándose de lleno a enumerar conflictos, fracasos morales y fraudes capaces de socavar su autoestima. El pastor lo escuchó con amistoso interés, al tiempo que le enviaba deliberadamente pensamientos de aprecio. Puso en práctica la técnica de Frank Laubach, consistente en «lanzar oraciones» serenamente hacia su visitante. ¿Cuál era el problema de aquel hombre? Uno de los más complicados de todos, en el que la autoestima o el respeto por el ego se habían visto conmocionados por sucesivas violaciones de ideas éticas básicas de las que trataba de apartarse, sin conseguirlo.

Después de una hora de escucharlo, el ministro se desperezó.

«Estoy tan hambriento como un oso y seguramente usted también debe de tener hambre. Cariño —le dijo a su esposa—, ¿crees que podrías rescatar a un par de tipos hambrientos?»

«Desde luego —contestó ella desde la cocina—. Voy en seguida.»

Poco tiempo después, los dos daban buena cuenta de la cena, especialmente el visitante, que puso de manifiesto el alivio mental que le suponía la reafirmación del hambre física. Los dos hombres bromearon un poco y, antes de que terminara la cena, ya se tuteaban y se llamaban por sus nombres, Sam para el visitante y Chuck para el pastor.

Eran las once de la noche cuando Sam y Chuck salieron de la casa y se dirigieron hacia el flamante coche deportivo.

«Sam, antes de marcharte, me gustaría decirte sólo una cosa más. En estos momentos te sientes mucho mejor simplemente porque has encontrado a un amigo con el que has podido compartir tu problema y percibir un verdadero apoyo humano. Pero eso no es suficiente, Sam. Tenemos que llevar a cabo una transferencia desde este nuevo amigo humano con el que cuentas, hasta ese otro amigo que puede estar a tu lado en todo momento y conducirte a la nueva vida hacia la que te diriges.»

«Te comprendo, Chuck y eso me agrada.»

Así, los dos se pusieron a rezar, allí, de pie bajo la luz de la luna. Fue una oración corta. Chuck rezó: «Señor, hazte cargo de Sam y acompáñalo. Ayúdale a permitir que dirijas realmente su vida. —Luego, le dijo a Sam—. Ahora te toca rezar a ti, Sam».

«¿Quieres decir en voz alta? Nunca he hecho eso en mi vida.»

«Lo sé y éste es el momento para empezar; además, somos amigos, ¿verdad?»

Tras un largo momento de vacilación, Sam dijo: «Querido Señor, gracias por Chuck. Seguramente, me has conducido hasta él. Te necesito y te ruego que te hagas cargo de mi vida. Ayúdame, te lo ruego. Amén».

Después de que Sam desapareciese por la calle, al volante de su coche, Chuck caminó un rato arriba y abajo, por delante de su pequeña iglesia, con un entusiasmo que no había sentido nunca. Las lágrimas se agolpaban en sus ojos. De repente, sintió que amaba a todo el mundo y especialmente esta diminuta iglesia que refulgía de blanco bajo la luz de la luna.

«¡Vaya! —exclamó en voz alta—. No me habría perdido por nada del mundo esto de ser ministro. Gracias, Dios mío, por haberme traído a Sam. Estaré a su lado hasta que realmente te encuentre y luego ayudaré a otros a lo largo de los años.»

En dos zancadas se dirigió a la casa, entró y sorprendió a su esposa levantándola en vilo y bailando con ella por el salón.

«¡Basta! ¡Basta! —gritó ella entre risas—. Me dejas sin aliento. ¿Qué te ha ocurrido?»

«Ah, es maravilloso, este ministerio es sencillamente maravilloso. Cariño, Dios ha estado esta noche en nuestra casa.»

«Deja que te mire, Chuck, querido —le dijo, deteniéndose delante de él—. Nunca te había visto esa expresión en la cara. Es, simplemente, maravilloso. Estás decididamente exaltado. —Luego, muy tiernamente, añadió—: Acabo de tener una nueva percepción sobre ti. Mi Chuck es realmente un hombre de Dios.»

Aquella noche, Chuck se convirtió en un optimista tenaz.

Este primer caso de Chuck, ocurrido al inicio de su práctica espiritual, estuvo relacionado con un hombre que se detestaba mucho a sí mismo, con un odio anormal producido por una forma de pensar y de vivir equivocada. Durante el proceso de cambio espiritual que finalmente produjo una revitalización en Sam, Chuck evolucionó la fórmula o incluso podría decirse la receta que demostró ser tan útil para tantos. Consistía en: 1) Aprender realmente a conocerse a sí mismo, 2) aprender realmente a apreciarse a sí mismo, y 3) aprender realmente a permitir que Dios dirija tu vida.

Este capítulo sobre la autoestima quizá parezca un poco desconcertante, al menos en su mayor parte. Quizá piense en personas cuyos egos, al parecer, no se hallan subdesarrollados, que se gustan a sí mismas incluso en exceso. Parecería, pues, muy poco necesario estimular un mayor aprecio por sí mismas. Pero lo que hay que incentivar no es el superamor a uno mismo o una exagerada admiración del ego, sino más bien la autoestima sencilla y normal, que es la característica de una personalidad equilibrada.

La engreída seguridad en sí mismo, llamada a menudo egotismo, no es, en la mayoría de los casos, sino una forma de disimular una sensación de inferioridad y de detestarse a sí mismo. Las personas ofensivamente egotistas son a menudo las más inseguras. El egotismo es un instrumento protector de la personalidad mediante el cual se trata de contrarrestar la falta de fe en sí mismo. Es un dudoso método con el que la personalidad intenta disimular un estado de infelicidad con uno mismo.

No gustarse a sí mismo es un problema muy extendido entre los seres humanos y explica el daño que causamos, tanto a los demás como a nosotros mismos.

William Nichols, editor de la revista *This Week* ha publicado algunos fragmentos de textos en un delicioso libro titulado *Palabras que rigen la vida.* Uno de ellos, de John Steinbeck, describe a un hombre que se detestaba a sí mismo:

«Durante mucho tiempo, me detesté a mí mismo... por una serie de razones, algunas de ellas válidas y otras producto de la más pura fantasía.

»Luego, gradualmente, descubrí con sorpresa y placer que había toda una serie de gente a la que les caía bien. Entonces pensé: si les gusto, ¿por qué no puedo gustarme a mí mismo? Poco a poco, empecé a gustarme a mí mismo y a partir de entonces todo fue bien.»

... Quería decir, literalmente, que había aprendido a aceptarse y a gustarse como persona, como el Ed que era, del mismo modo que le gustaba y aceptaba a otras personas... La mayoría de la gente no se gusta a sí misma.

Una vez que Ed fue capaz de gustarse a sí mismo, se vio liberado de la prisión secreta del autodesprecio.[1]

El doctor Maxwell Maltz, muestra cómo la imagen que nos hacemos de nosotros mismos es la que determina el que nos gustemos o no:

---

1. «Gustarse a sí mismo», de John Steinbeck, pp. 10-11, *Words to Live By*, compilado por William Nichols, Simon and Schuster (1959).

La autoimagen que abrigamos es la clave para el éxito o el fracaso de nuestros planes y aspiraciones más queridas. Si la imagen es inadecuada (y los psicólogos dicen que la mayoría de nosotros solemos subcalificarnos), a nosotros nos incumbe corregirla. Lo hacemos al imaginar sistemáticamente que ya somos la clase de persona que deseamos ser. Si se ha sido dolorosamente tímido, imagínese moviéndose con facilidad y naturalidad entre la gente. Si se ha sentido temeroso y excesivamente angustiado, imagínese a sí mismo actuando con serenidad, confianza y valor.

Si nos imaginamos a nosotros mismos actuando de una determinada manera, ese ejercicio imaginativo queda grabado en nuestro subconsciente casi con tanta intensidad como la verdadera actuación.

Deshipnotícese a sí mismo. Aquello que creemos sobre nosotros mismos nos impone a menudo unos límites rígidos y totalmente falsos acerca de lo que somos capaces de conseguir. De niño, en la escuela, el doctor Alfred Adler, el famoso psiquiatra, tuvo un mal comienzo en aritmética. Su profesor estaba convencido de que era un «inepto para las matemáticas». Adler aceptó pasivamente la evaluación y las notas parecieron demostrar que era correcta. Un día, sin embargo, tuvo una repentina percepción y anunció que creía poder resolver un problema que el profesor había puesto en la pizarra y que ninguno de sus compañeros de clase podía resolver. Toda la clase se echó a reír. Aunque él se sintió indignado, se dirigió a la pizarra y resolvió el problema. Al hacerlo así, se dio cuenta de que era capaz de entender la aritmética. Experimentó así una nueva confianza en su habilidad y a partir de ahí se convirtió en un buen estudiante de matemáticas.

La cuestión es: Adler había sido hipnotizado por una falsa convicción sobre sí mismo, no de un modo figurativo, sino literal y realmente hipnotizado, pues el poder de la hipnosis es el poder de la convicción. Si se ha aceptado una idea, sobre uno mismo, de los profesores, los padres, los amigos o de cualquier otra fuente y si se está convencido de que esa idea es cierta, eso tiene el mismo poder sobre uno que las palabras del hipnotizador sobre su sujeto.

El pensamiento negativo puede limitarnos a cada uno de nosotros si se lo permitimos. Y, a la inversa, dentro de sí mismo y en estos precisos momentos existe el poder de hacer cosas que jamás creyó posibles.[2]

Naturalmente, cuando se conocen, aprecian y utilizan los propios poderes, el conocimiento que se tiene de sí mismo aumenta hasta convertirse en autoestima y, como resultado de ello, aumenta también el grado en que uno se gusta a sí mismo.

Llevada hasta el extremo, la aversión hacia uno mismo suele acabar en desmoronamientos mentales o nerviosos y en otras formas de alejamiento de la realidad. Si esa aversión se vuelve lo bastante intensa, puede verse afectada incluso la razón. Un médico declaró: «Los hospitales psiquiátricos están llenos de gente que se detesta y que incluso se odia a sí misma. Muchos se alejaron de la vida para escapar de sí mismos».

En su forma menos grave, a la gente le disgusta su propio aspecto y desearía ser más alto, más bajo, más corpulento o más delgado. Tienen muy poca confianza en sí mismos, son tímidos, se encogen y dudan de sí mismos. Agobiados por el conflicto interior persistente, que siempre consume la energía, en lo más profundo se cansan literalmente de sí mismos. Actúan a menudo de forma inepta, cometen errores, son torpes y hasta hacen cosas estúpidas, con lo cual se sienten exasperados no con los demás, sino con sus propias personalidades. Casi podría decirse que atacan a sus propios nervios. No se divierten consigo

---

2. «Your Built-In "Success Mechanism"», resumido de *Psycho-Cybernetics*, por el doctor Maxwell Maltz, Prentice-Hall, Inc. (1960), pp. 222-224, *Reader's Digest*, abril de 1961.

mismos. Se sienten aburridos y hartos con lo que creen que son. El doctor Maltz sigue diciendo:

Cada uno de nosotros tiene una imagen mental de sí mismo, una autoimagen que gobierna gran parte de la propia conducta y aspecto. Para que la vida sea razonablemente satisfactoria se ha de tener una autoimagen con la que podamos vivir. Tiene uno que ser aceptable para sí mismo. Debe tenerse un sí mismo que guste, en el que se pueda confiar y creer. Cuando alguien puede sentirse orgulloso de esa autoimagen, siente confianza en sí mismo y entonces es cuando mejor funciona.[3]

Siempre que reflexiono sobre este problema de autodesprecio de la naturaleza humana, recuerdo al hombre agobiado y desgraciado que barbotó: «Daría la mitad de mi salario anual (y era una cifra muy respetable) con tal de poder disfrutar de unas vacaciones de dos semanas de mí mismo». Naturalmente, eso no es posible. Cada uno está atado para siempre a sí mismo, es siempre uno mismo y no hay escapatoria posible, ni alternativa, ni forma de evitarlo. Tiene que vivir consigo mismo cada minuto de cada día y de cada noche, mientras esté vivo. Nunca podrá alejarse de sí mismo, de esa entidad de tres partes compuesta por cuerpo, mente y alma llamada «usted». Quizá sea éste un hecho duro y desagradable, pero así son las cosas: uno está atado a sí mismo de por vida.

Al ser éste un hecho ineludible, lo único sensato que se puede hacer consiste en imaginar cómo vivir consigo mismo en una especie de paz y felicidad durante, al menos, la mayor parte del tiempo. Esa apostilla, «durante, al menos, la mayor parte del tiempo» pretende reconocer el hecho realista de que incluso en la personalidad normal y equilibrada sigue habiendo, en la naturaleza humana, una vaga insatisfacción que nos persigue. En el caso del

3. *Ibid.*, pp. 217-218.

individuo bien integrado no es nada persistente y, desde luego, no es dominante, pero habrá momentos o quizá sólo fracciones de momentos en los que esa autoinsatisfacción se pondrá de manifiesto. No se la puede evitar. Es muy probable que una parte de esa inquietud vaya a estar siempre presente en su interior.

En realidad, es posible que ese factor de insatisfacción sea un mecanismo básico, instalado en la naturaleza humana por el Creador, para que actúe como válvula de seguridad que nos impida sentirnos presuntuosamente satisfechos con nosotros mismos. Es importante sentir una cierta cantidad de descontento, por molesto que sea, para ese continuado impulso o motivación sin la que no sería posible avanzar hacia los objetivos que nos proponemos alcanzar. Así pues, esa apostilla reconoce el hecho de que una cierta cantidad de insatisfacción consigo mismo no hace sino añadir equilibrio a la personalidad y el desarrollo y permite aumentar la seguridad del éxito en la vida. Ninguna persona presuntuosamente satisfecha consigo misma llega muy lejos o, si ha llegado hasta allí, allí se queda.

Entonces, ¿cómo puede aprender a gustarse a sí mismo? Sencillamente, aprenda a conocerse. Quizá haya alguna persona que no le guste, pero si empieza a conocerla, comenzará a gustarle a medida que aumenten sus conocimientos sobre ella. Es un hecho que buena parte de la aversión que sentimos hacia los demás se basa en un conocimiento inadecuado y por tanto no concluyente de esas personas.

Esa misma ley de la naturaleza humana se aplica a la relación que mantiene consigo mismo. A medida que aprenda a conocer su verdadero sí mismo, descubrirá profundas cualidades que jamás creyó poseer. Descubrirá que es más agradable de lo que creía ser, con lo que mejorará la opinión que tiene de sí mismo hasta que finalmente disfrutará viviendo consigo mismo.

Y aprender a gustarse uno mismo tiene también un valor práctico. Puesto que tiene que pasar tanto tiempo consigo mismo, será mejor que obtenga al menos una cierta satisfacción de la relación.

Tiene poco sentido vivir desgraciadamente consigo mismo o estar siempre tratando de alejarse de la propia personalidad, sobre todo porque no es necesario hacerlo así. En consecuencia, lo más inteligente consiste en mantener buenas relaciones consigo mismo.

Para conseguirlo, haga un autoanálisis honrado y meticuloso, lleve a cabo un trabajo integral sobre sí mismo. Vea y estudie sus mejores aspectos. Luego, fórmese una imagen mental del sí mismo que más le gusta y que le parece mejor. Piense en términos de ese sí mismo, procure hacerse una imagen claramente definida en su mente. Mantenga con persistencia esa imagen mental, grabándola con firmeza en su consciencia. Véala o visualícela como una imagen que ocupa una posición dominante de control en su personalidad. Si cree en esta fórmula y la practica, terminará por convertir en un hecho el mejor concepto que tiene de sí mismo. Pues, una vez que toda su consciencia apoye la imagen mental que se hace de sí mismo, ésta tiende a convertirse en realidad.

Recuerde las significativas palabras del sabio Marco Aurelio: «El alma está teñida del color de sus pensamientos». Le está diciendo con ello que dentro de su proceso de pensamiento, puede elegir el color vital que desee y hacerlo realidad mediante el tipo de pensamientos que utiliza habitualmente. Hay un viejo dicho oriental que dice: «Aquello en lo que se piensa, crece». Puede pensarse a sí mismo como el ser atractivo que desea ser.

Pero aquí también hay algo más profundo que gustarse a sí mismo mediante la creación de una imagen mental de su sí mismo mejor y más agradable. Debo advertirle que su peor sí mismo es un cliente bastante malo, por lo que nunca se debe bajar la guardia ante sus intentos por hacerse con el control. De hecho, su peor sí mismo está lleno del viejo Adán. Varios miles de años del llamado proceso civilizador únicamente han servido para impregnarlo con una pseudoamabilidad. Afrontémoslo, bajo esa capa superficial es un ser amoral, inmoral, depredador, agresivo y cualquier otro adjetivo que se le ocurra para describir descarnadamente la naturaleza humana.

Y no crea que deja de tener en su interior naturaleza humana en bruto, por muy amable que sea. Eso puede soltarse y complicarle la vida. El único elemento de seguridad contra ese sí mismo peor consiste en situar a su sí mismo mejor de modo que obtenga un firme control y lo retenga, ya que ese sí mismo mejor no se deriva del viejo Adán, sino de Dios. Es, en realidad, el Dios que hay en usted.

Así pues, gustarse a sí mismo es importante, en primer lugar, para que nos guste Dios, ya que Dios está dentro de usted, por naturaleza. A medida que conozca a Dios, se conocerá mejor a sí mismo y se gustará más. Y cuando digo que amar a Dios conduce en último término a gustarse a sí mismo, no lo estoy diciendo como una teoría, sino que lo afirmo como un hecho.

Lea la siguiente carta de Philip, que vive en el Bronx, en la ciudad de Nueva York. Philip es un adolescente bastante inteligente, a juzgar por su carta. Los adolescentes, como quizá ya sepa, tienen a veces momentos horribles consigo mismos. Quizá sea el dolor del crecimiento y todo eso, pero en ocasiones pasan con pasmosa rapidez del mayor entusiasmo a las profundidades de la mayor desesperación. Y cuando se desmadran moralmente son insoportables. He visto a muchos más adolescentes decirme que no se gustan a sí mismos, y decirlo muy en serio, que a cualquier otro grupo de seres humanos. Pero lea la carta de Philip:

Querido doctor Peale:

Acabo de leer su último libro, *Los extraordinarios resultados del pensamiento positivo* y he encontrado en él la respuesta a la mayoría de mis problemas, especialmente en el capítulo «Puede ser usted más fuerte en su lugar más débil».

Como un adolescente normal que soy tengo y he tenido muchas dudas sobre mí mismo. Me siento inadecuado, anormal, inútil, etc. Debido a esos sentimientos caí en la peor depresión que haya sufrido. Fue una tortura insoportable. Me sentí rechazado por todo el mundo, incluso por Dios, debido a mis defectos. Me sentía tan miserable que incluso condené a Dios. Pero pronto empecé a recuperarme, me miré a mí mismo y resalté mis cosas buenas. Alejé los pensamientos de mí mismo y los dirigí hacia los demás. Ingresé en organizaciones y empecé a ayudar a otros, ¡y fue maravilloso! Comencé a concentrarme en mis estudios para fortalecer mis cosas buenas. Descubrí que empezaba a caer bien a otros gracias a las cosas que hacía; dejé de sentirme rechazado y, lo que es más importante, a gustarme mucho más a mí mismo.

Descubrí a Dios y lo encontré en una nueva revelación. Fue como si lo hubiese visto personalmente. Encontré un lugar en su mundo.

Todas estas cosas me sucedieron antes de que leyera su libro. Al leerlo, me proporcionó la prueba de que tenía razón y de que también hay otros que sufren.

Sólo pretendo que ésta sea otra carta que, junto con las demás, confirme su filosofía sobre el pensamiento positivo.

No es nada extraño que Tolstoi dijera: «Conocer a Dios es vivir». Una cosa es segura: conocer a Dios es amarlo y eso conduce a conocerse a uno mismo y, finalmente, a amarse. Si se piensa bien, esto es de lo más natural, puesto que fue Dios quien nos creó. Él se puso a sí mismo en nosotros, como ya hemos indicado. Al estar cerca de Dios se alcanza, por tanto, la armonía fundamental con uno mismo. Pero cuando se está separado de Dios, se aleja uno del propio sí mismo fundamental y se encuentra entonces en un estado extraño y antinatural de pseudo sí mismo. Al ser éste un estado antinatural, no se siente uno satisfecho en él. Así pues, al cabo de un tiempo se empieza a sentir aversión hacia uno mismo, pero lo que no nos gusta es ese sí mismo falso.

En consecuencia, al regresar a Dios se está regresando al propio y real sí mismo. Se vuelve al hogar, donde se está por fin en gozosa asociación con el sí mismo natural que le puede agradar. Eso es exactamente lo que le sucedió a Philip, del Bronx. Ahora, se agrada a sí mismo y la vida es interesante y muy feliz.

Otro factor positivo de conocerse a sí mismo y, por tanto, de agradarse, consiste en estimarse. La autoestima es vital para alcanzar el éxito como persona. Tennyson dice: «El respeto por uno mismo, el autoconocimiento y el autocontrol son las tres cosas que conducen la vida hacia el poder soberano».

La autoestima es una cosa de la que la personalidad, simplemente, no puede prescindir. Tiene prolongadas raíces en el propio ego y, de hecho, está realmente relacionada con la identidad fundamental. Permitir que se deprecie la propia identidad básica, especialmente cuando el causante es uno mismo, es quizá el mayor de todos los golpes que pueda sufrir la personalidad. En lo más profundo de la naturaleza humana hay un sentido básico de lo sagrado en relación con la propia persona. La mayoría de la gente no piensa en esto en términos tan espectaculares, pues en estos tiempos hay una deformada tendencia a pensar que lo sagrado está «pasado de moda». Pero aun así, en toda persona existe un punto de dignidad humana básica que jamás debe ser ofendido. Ese punto se encuentra en la zona interior de la consciencia donde Dios está en usted. Si eso se viola, se produce un daño extraordinario y grave al individuo. Cuando eso le sucede a una persona, ésta sufre la forma más dolorosa de la autoaversión y, como consecuencia de ello, la personalidad se deteriora.

Permítame contarle un drama muy humano, que ilustra cómo la pérdida de autoestima puede producir una aguda autoaversión, tan intensa que casi conduce a la autodestrucción. Afortunadamente, la historia también contiene un cura positiva. Creo que tendrá más significado para usted si dejo que sea esta mujer la que cuente la historia con sus propias palabras, tal como la escribió para nuestra revista *Guideposts*. Naturalmente, es anónima.

Era otoño; las colinas que rodeaban la ciudad donde vivimos aparecían encendidas de escarlata y oro. Pero a mí no me preocupaba lo más mínimo la estación. Durante todo el largo y caluroso verano, una sensación de culpabilidad y como de algo indigno me había estado amargando. La razón tenía una fuerte sencillez. La primavera anterior había hecho algo equivocado. Le había sido infiel a mi marido.

Mi esposo no lo sabía. Nadie lo sabía, excepto el otro hombre... al que ya había dejado de ver. Quizá hubo circunstancias atenuantes. Quizá no. Lo cierto es que había transgredido el séptimo mandamiento y, a partir de ese momento, me detesté a mí misma. Iba a la iglesia. Rezaba. Le pedía a Dios que me perdonara. Pero era yo la que no podía perdonarme.

No le dije nada a nadie; me sentía demasiado avergonzada. Pero no estaba tan segura de que el otro hombre mantuviera el mismo silencio. Empecé a imaginar que una cierta frialdad había aparecido de pronto en algunas de mis amigas. Creí percibir un cierto distanciamiento en nuestra madre. Quedé convencida de que mi secreto culpable había dejado de ser un secreto.

A medida que transcurrió el verano, mis mórbidas fantasías se hicieron más intensas. Recuerdo que el día de mi cumpleaños alguien me envió una tarjeta de felicitación con los mejores deseos para «una ocasión feliz». Resultó que la persona que me envió la tarjeta había puesto «Una» en mayúscula y en tinta roja. Para mí aquello equivalió a ser considerada como adúltera. Rompí la tarjeta con dedos temblorosos.

Mi educación me había dejado con una conciencia dura y exigente, demasiado dura y exigente. Ahora, mi razón, mi sentido de los valores, todo se desmoronaba bajo una presión implacable. No podía pensar..., sólo era capaz de sentir. Perdí peso. No podía dormir.

Mi esposo me pidió que fuese a ver a un médico, pero me negué. Empezaba a pensar que mi esposo también conocía mi secreto y temía que si iba a un médico él también lo sabría y haría o diría algo para revelar su convicción de que yo era una mujer indigna, sucia, inadecuada para ser esposa o madre. Vivía sumida en un infierno creado por mí.

Lo que desencadenó mi acto final fue algo que dijo mi marido. Estaba leyendo un periódico en el que se contaba la historia de una mujer que había abandonado a su familia para huir con otro hombre. «Pues que se vaya con viento fresco —exclamó—. ¡Todos estarán mejor sin ella!»

Noté como si unos dedos helados me apretaran las entrañas: mi esposo me estaba dando a entender con ello que conocía mi secreto y que deseaba desembarazarse de mí.

En un mente trastornada puede haber una lógica espantosa. Razoné que la mujer que había huido con su amante era más honrada y menos hipócrita que yo. Mi esposo estaba convencido de que merecía haber perdido a su familia. Si eso era así, ¿qué castigo no merecería yo, cuya vida se había convertido en una gran mentira? Me hice esa misma pregunta con una angustiosa intensidad y en alguna parte de mi interior una voz pareció responderme como un eco apagado: «No eres buena para nadie. Estás atrayendo la desgracia sobre tu familia. Debes desaparecer de escena. Entonces, todos ellos podrán empezar una nueva vida, sin ti».

Sin decirle una sola palabra a nadie, subí la escalera hasta el dormitorio y preparé una maleta. Tomé una cuerda y bajé la maleta por la ventana, hasta el suelo. Luego, descendí por la escalera, pasé ante mi esposo, entré en la cocina y salí por la puerta de atrás. Me dirigí al centro de la ciudad y me inscribí con nombre supuesto en el hotel de mayor altura.

Mi habitación estaba en el quinto piso. Temía que no fuese suficientemente alta. Me dirigí a la ventana y miré hacia abajo. La calle estaba a oscuras, pero pude ver los semáforos. Me aterrorizaba la idea de morir, pero la voz en mi interior se había vuelto feroz e inexorable, diciéndome que no era adecuada para pertenecer a la raza humana. Me senté ante la mesita y escribí una nota a mi esposo, diciéndole que lo amaba, a él y a los niños, pero que las cosas les irían mucho mejor de esta manera. Lloré mientras escribía, pero la escribí. La voz interior seguía diciéndome que me apresurase. Abrí la ventana y cerré los ojos. No me atreví a mirar hacia abajo. «¡Oh, Dios!», exclamé entonces en voz alta. Me di la vuelta y me senté en el alféizar de la ventana. Me dejé caer hacia atrás, hundiéndome en la vacía oscuridad.

Caí desde cinco pisos de altura. Esperé a que se produjese el impacto sobre el pavimento, a que llegara la nada, el olvido. En lugar de eso, me estrellé contra la parte superior de un convertible aparcado. Atravesé la lona que hacía de techo y caí en el asiento trasero del coche. Sentí un dolor atroz en la espalda y en las piernas. Luego, me desmayé.

Al volver en mí me hallaba en una tranquila habitación de hospital. Intenté moverme, pero no pude. Estaba enyesada de cintura para abajo. Un hombre de bata blanca me estaba mirando. Era bastante joven, con unos ojos firmes y comprensivos. «Soy su médico —me dijo—. ¿Cómo se siente?»

Me inundó entonces una oleada de desesperación. Seguía con vida, como una miserable chapucera que ni siquiera había podido quitarse de en medio. Ni siquiera la muerte me quería. Sentí que unas lágrimas ardientes me picaban en los ojos. «Oh, Dios —exclamé—. ¡Dios, perdóname!»

El joven médico me puso una mano en la frente. «La perdonará —me aseguró con calma—. No se preocupe por nada. La ayudaremos a aprender a amarse de nuevo a sí misma.»

Amarse de nuevo a sí misma. Nunca olvidaré esas palabras. Ellas fueron la llave que abrieron la puerta de la prisión de odio contra mí misma que únicamente yo había construido a mi alrededor. Aquellas palabras contenían la verdad que, en último término, me permitieron reconstruir mi vida.[4]

---

4. *Guideposts*, abril de 1960, «Love of Self», por Marguerite C..., pp. 14-17, Carmel, Nueva York.

Se trata del caso extremo de una persona que llegó a odiarse tanto que ya no pudo soportarse más. Afortunadamente, no son muchas las personas que sufren de un modo tan intenso. Pero sí hay un gran número de personas que se sienten afligidas por un problema de personalidad similar, aunque en menor grado. No se sienten cómodas dentro de sí mismas y, como consecuencia de ello, han perdido mucho del placer que en otros tiempos sintieron al vivir consigo mismas.

Pero no hay necesidad de que nadie continúe en este desgraciado estado mental. La forma de salir de esa situación es, primero, querer salir de ella y, segundo, obtener la ayuda de algún buen consejero, un ministro, un buen amigo espiritualmente sabio, quizá un médico o un psiquiatra, siempre y cuando tenga alguna comprensión espiritual. Si no la tuviere, mándelo a hacer gárgaras.

En tercer lugar, rece realmente, de una forma básica, con la clase de plegaria que convoca la gracia salvadora de Jesucristo, su salvador. Sencillamente, dígale al Señor que está harto consigo mismo y que ya no quiere seguir siendo usted. Dígale que no parece poder hacer nada realmente constructivo sobre sí mismo, por lo que se vuelve hacia Él y se pone en sus manos para que Él haga lo que crea que necesita. Dios siempre contestará una plegaria de esa calidad, honrada, humilde y confiada. Pondrá en marcha en usted ese proceso creativo de tres puntos: el autodesprendimiento, el autodescubrimiento y la autoestima. Entonces, volverá a agradarse de nuevo a sí mismo.

Así pues, haga lo que haga, procure siempre que su autoestima se sitúe en lo más alto.

El tercer elemento de la fórmula que le fue dada al joven pastor en la sala del fondo a la que se retiró a «consultar», descrito al principio de este capítulo, es el siguiente: aprenda a permitir que sea Dios el que dirija su vida.

Soy consciente de que una persona que lea esto y no posea conocimientos o muy pocos sobre nuestra forma de pensar, quizá se asombre un poco y hasta es posible que lo descarte por completo como una especie de excéntrico material religioso. Pues bien, permítame decir que aquí no hay nada de excéntrico; se trata, simplemente, de una forma práctica de decir que si hasta ahora no lo ha hecho tan bien consigo mismo o con su vida, permite que alguien se instale, por así decirlo, en el asiento del conductor, alguien que sabe cómo hacer las cosas. Hágase a un lado y deje que el Señor tome el volante. Él lo mantendrá en el camino y lo llevará adonde desea ir, es decir, a una vida feliz, útil y con éxito.

Naturalmente, una persona no se va a agradar mucho a sí misma si se halla sumida en un permanente conflicto interior, cuando la frustración le arrebata la alegría de la vida o cuando está obsesionada por una sensación de culpabilidad. Cuando la mente está abarrotada de quejas, resentimientos, odios y agravios, ¿cómo puede esperar que produzca alegría, paz y satisfacción?

Cualquiera que piense un poco no puede evitar el saber que uno obtiene de la mente únicamente aquello que ha puesto antes en ella. Si no se siente feliz o no actúa bien o si, por decirlo con franqueza, enreda las cosas, lo más probable es que se encuentre bajo una dirección deficiente. Su mente no le está aportando capacidad de control o conocimiento para saber cómo actuar.

La técnica es muy sencilla. Primero, sea humilde. Quizá eso le resulte difícil, especialmente si no está acostumbrado a serlo. La mayoría de nosotros tenemos mucho falso orgullo que nos hace insistir, fanfarronamente, en que somos capaces de dirigir nuestras vidas y en que no necesitamos ayuda de nadie. Pero para dirigirla ¿hacia dónde? A menudo directamente contra el suelo o, por describirlo con mayor exactitud, para meternos en problemas, en el fracaso y en la infelicidad personal. Es muy importante ser humildes. Estoy seguro de que usted puede ser así de grande, ya que únicamente una gran persona puede ser humilde. Los peces pequeños ni siquiera saben lo que es la humildad. No es una virtud de los pequeños, sino que está reservada para los que tienen grandeza mental. Pero usted pertenece a esa categoría. ¿Qué cómo lo sé? Porque ha leído el libro hasta aquí. Si no tratara de encontrar algo grande, no habría leído hasta esta página. Habría dejado el libro para ver un programa de televisión o una película del oeste.

El paso número dos, después de ser humilde, consiste en hablar directamente con Dios. Nada de actitudes piadosas: hable con Él como lo haría con un amigo que le va a sacar de sí mismo y le va a situar directamente en la autopista que conduce al éxito y la felicidad.

Un amigo mío, un tipo robusto, con dos buenos puños, anduvo «de un lado a otro», por utilizar su propia expresión, durante cuarenta y un años de acumular aversión hacia sí mismo. Finalmente, según dijo él mismo: «Hice las paces conmigo mismo diciéndome, con los puntos sobre las íes, los aspectos más duros sobre mí mismo. Entonces, una noche, me dirigí por detrás del garaje y me apoyé en una verja, donde me quedé contemplando las estrellas. Algo pareció tirar de mí y, lo crea o no, de repente me encontré rezando en voz alta. Ni siquiera cerré los ojos y, desde luego, no me arrodillé. Simplemente, miré a Dios directamente a los ojos y le dije: "Bueno, Dios, me he dado un buen trote y ahora resulta que no puedo hacer nada conmigo mismo, así que lo dejo todo en tus manos y que se haga tu voluntad».

»Y eso fue todo —añadió— y desde entonces no he vuelto a rezar con los ojos cerrados. No quiero parecer medio dormido cuando estoy hablando con Dios.»

Bueno, quizá sea una peculiaridad curiosa, pero también es posible que no sea tan mal método de rezar, pues recuerdo haber leído en la Biblia: «Y hablaba Jehová a Moisés cara a cara, como habla cualquiera a su compañero» (Ex. 33, 11). ¡Religión al tamaño del hombre!

En cualquier caso, funcionó. Se inició el desarrollo de una nueva forma de hacer las cosas y este hombre empezó a acudir a toda clase de lugares personales, familiares y empresariales. Ahora se agrada mucho más a sí mismo, pero no ha perdido esa humildad, esa humilde voluntad de permitir que una Mano grande se hiciera cargo de los controles. Ésta es, pues, la cura para la autoaversión.

Cuánta infelicidad atraemos sobre nosotros mismos al continuar tozudamente inmersos en nuestros conflictos internos y también externos, cuando, simplemente, no es necesario vivir de una manera tan conflictiva. El secreto es sencillo: deje que Dios se haga cargo de todo y dirija su vida. Eso le permitirá vivir y agradarse porque, con Dios firmemente a cargo de usted, tendrá muchos menos problemas consigo mismo y se convertirá en un optimista tenaz sobre sí mismo.

Resumen de «Sea usted mismo, al menos la mayor parte del tiempo»

1. Aprenda realmente a conocerse y estimarse a sí mismo.
2. Cultive un sí mismo en el que pueda confiar y creer.
3. Imagínese como la clase de persona que desearía ser, afirme serlo y luego practique serlo.
4. Conserve algunas insatisfacciones capaces de inspirarlo como un estímulo para la automotivación. La autocomplacencia completa apaga el factor impulsor.
5. Su sí mismo está bien dotado. De usted depende el mantenerlo así. Se halla indisolublemente unido consigo mismo.
6. Puesto que tiene que vivir consigo mismo, es importante desarrollar un sí mismo con el que resulte agradable convivir.
7. Ame a Dios y desarrollará un respeto y una consideración normales hacia sí mismo.
8. Aprenda a permitir que Dios dirija su vida. Los resultados le agradarán mucho más que los alcanzados bajo su propia dirección.
9. Sea humilde, grande de mente y alma, pero afable; se gustará a sí mismo de ese modo y también a los demás.

5

TENGA PROSPERIDAD
Y DISFRUTE DE LA VIDA

Tengo que admitirlo y, en realidad, no me resisto a ello: buena parte de la prosperidad de la que disfruto y una gran parte de la alegría de la vida provienen del hecho de haberme casado bien.

Si se casa mal, será un hombre o una mujer que tendrá muchos dolores de cabeza. Si se casa bien, su vida estará llena de alegría y también de prosperidad.

Dicen que muchos hombres habrían alcanzado un éxito extraordinario en el caso de no haber tenido una mujer incordiante, quejosa y poco dispuesta al sacrificio, incapaz de jugar en el equipo de su marido. También cabe decir lo contrario: más de una mujer habría podido contribuir mucho a la prosperidad y a la alegría de una familia de no haberse visto obligada a arrastrar consigo a un hombre lleno de incertidumbre, inefectivo y desorganizado.

Cuando dos personas, esposo y esposa, combinan lealmente sus vidas, entregados el uno al otro y construyen sólidamente esa relación, basándola en principios espirituales, crean una de las mayores seguridades de prosperidad y de vida agradable conocidas por el ser humano.

Mi esposa y yo decidimos, desde el principio, ser un «equipo», en el que cada uno invertiría lo mejor de sí mismo en la empresa conjunta de convivir cooperativamente, cada uno supliendo los puntos débiles del otro mediante una fortaleza compensatoria. También decidimos construir nuestra vida en común en el conocimiento del Señor, de modo que, como bien dice la Biblia, «trabajan en vano quienes construyen la casa si no saben que la construyó el Señor».

Naturalmente, la mayor parte del sostenimiento de la familia Peale ha procedido de mi esposa, Ruth. Ella siempre ha sido una optimista tenaz. Tenía sólo veintitrés años cuando nos casamos, pero poseía una idea espiritualmente madura que planteó desde el principio, sintetizada en la convicción de que si poníamos confiadamente nuestras vidas en manos de Dios y lo servíamos con sinceridad y si amábamos y ayudábamos a la gente, sin olvidarnos de trabajar duro, el Señor siempre se ocuparía de nosotros.

Créame, ésta no fue ninguna idea teórica suya. Creía en ella con la misma naturalidad con la que respiraba. Y también vivimos de acuerdo con esa convicción porque no sólo era el credo fundamental de su vida, sino que, en cierto sentido práctico, ¿qué otra cosa podíamos hacer? En aquellos tiempos yo abrigaba mis propias dudas personales acerca de esas ideas. Pensaba que Dios únicamente ayudaba a quienes se ayudaban a sí mismos; de hecho, estaba convencido de que la mejor forma de asegurarse de que Dios se ocuparía de uno consistía en cuidar bien de sí mismo.

Había asistido a la escuela de Teología de la Universidad de Boston, donde no se tenía mucho aprecio por esa sencilla clase de fe. Rechazaban con desdén las historias de almas ingenuas que habían depositado su fe en el Señor para que las ayudara en los asuntos prácticos y habían sido apoyadas por Él. No acababan de ver en absoluto el llamado elemento milagroso de la religión; lo principal era un cristianismo de pauta ética, diseñado para facilitar el surgimiento de las panaceas de izquierdas, que era lo que llamaban una religión «intelectualmente respetable».

Eran buenos hombres, que estudiaban y enseñaban allí y muchos de ellos procedían de hogares de gente sencilla, chapada a la antigua y, aunque sentían una tierna nostalgia por la fe nada complicada de sus padres, habían llegado tan lejos en la sofisticación religiosa y política que hasta cierto punto considerabán como reaccionaria la idea de que Dios pudiera ayudar a cualquier persona de una forma que hacía pensar en lo sobrenatural. Naturalmente, yo también acepté por completo este punto de vista sin duda alguna «intelectual». Precisamente por ello, Ruth tuvo sus problemas conmigo.

Su fe era completamente pura. Era lo genuino. Quizá haya que recordar que la fe es la sustancia de las cosas que no se ven. Eso se aplicaba perfectamente a nuestra situación. Ruth apenas tenía dos centavos cuando nos casamos. Había abandonado la universidad durante un tiempo, trabajando para la Michigan Bell Telephone Company, con el propósito de conseguir que su hermano mayor fuera a la escuela. Luego, él se puso a trabajar para que ella pudiera pagar sus gastos universitarios. Después de graduarse, ocupó un puesto como docente en la escuela superior Central Syracuse, para ayudar a su hermano menor a graduarse.

Yo contaba con un buen salario como pastor en una iglesia en Syracuse, pero estaba pagando las fuertes deudas contraídas para obtener mi propia educación y, al mismo tiempo, le pagaba los estudios a mi hermano menor. Había pasado por el seminario al tiempo que trabajaba como camarero temporal en la YWCA de Boston. Los compañeros estudiantes me llamaban el «camarero más temporal» que la YWCA hubiera tenido jamás. Aceptaba ese tipo de bromas, pero la situación me parecía mejor que tener que gastarme el dinero en comidas, sobre todo porque yo tampoco tenía ni dos centavos.

No había logrado ahorrar nada, así que iniciamos nuestra vida de casados con los proverbiales escasos recursos, por decirlo amablemente. Recuerdo que una noche, durante la gran Depresión, a principios de los años treinta, los recursos de que disponíamos eran tan escasos que salí a caminar de un lado a otro del parque, angustiado por una sensación de verdadera desesperación. Pero Ruth no se dejó abatir en ningún momento. «El Señor proveerá —dijo—. Sigamos sirviéndole y confiando en él.

Nos dará nuevas percepciones e ideas que convertiremos en planes factibles de realizar.»

Han transcurrido treinta años desde entonces y nunca nos ha faltado una comida. (Probablemente, no nos haría ningún daño si faltara.) Hemos tenido bonitos hogares, con todas las necesidades y hasta algunas comodidades extra. Hemos criado y educado a tres hijos, ninguno de los cuales nos dio nunca problema alguno; al contrario, sólo fueron fuente de alegría. Hemos viajado por muchas partes del mundo. Se nos han dado algunas oportunidades extraordinarias para prestar servicio y hemos sido bendecidos con la amistad de muchos y el amor de otros que no han sido precisamente pocos. Ruth tenía razón; de hecho, el Señor se ha ocupado de nosotros. Hemos disfrutado de una generosa participación de prosperidad y de la vida, aunque también hemos sufrido nuestros golpes duros. Hace tiempo que yo mismo he adoptado la fe de Ruth en el cuidado providencial de Dios. Tuve que hacerlo, pues lo he visto actuar, no sólo en nuestra propia experiencia, sino también en las vidas de cientos de otras personas.

Probablemente, Ruth no lo supo al principio, pero lo cierto es que se topó con una de las más grandes leyes que rigen este mundo. Se le llama la ley de la provisión. Por aquel entonces, ni ella ni yo habíamos oído hablar de ese término hasta que, varios años más tarde, fue utilizado por el doctor Frank Boyden, director de la Academia Deerfield, una de nuestras más destacadas escuelas para muchachos. El doctor Boyden había construido esta gran institución partiendo prácticamente de la nada. En la actualidad, sus instalaciones son una de las mejores en el campo educativo.

«¿Cómo lo hizo?» —le pregunté con admiración después de que me hablara de las adversidades y de la cantidad de veces que había estado a punto de llegar a la bancarrota a lo largo de los años.

«Estoy seguro de que el banco me dio de baja más de cien veces, pero siempre llegaban nuevos fondos —dijo con una risita—. Una y otra vez apenas teníamos de dónde sacar, pero siempre lográbamos salir adelante.»

«¿Cómo?» —insistí.

Se volvió hacia mí con una expresión llena de fe y contestó: «Gracias a la ley de la provisión. Estaba haciendo algo que Dios quería que se hiciese: convertir a los muchachos en hombres. Lo hacía lo mejor que podía; buscaba y seguía la voluntad de Dios. Lo dejaba todo en sus manos y trabajaba hasta la saciedad. Todo eso estimulaba la ley de la provisión, y todavía sigue fluyendo».

Después de esta conversación, cuando Ruth y yo nos alejábamos de Deerfield, ella no dejaba de repetir: «La ley de la provisión…, la ley de la provisión…, ¡pero si eso es lo que he estado practicando durante toda mi vida! Nunca la había oído llamar así, pero es esto mismo, la ley de la provisión. Ése es nuestro gran secreto para vivir, Norman» —dijo, un tanto atónita.

«Es tuyo, cariño —le dije con suavidad—. Espero asumirlo algún día por completo, como lo haces tú.»

Tuve que esforzarme por creer y aceptar esta convicción en la ley de la provisión y mientras escribo estas líneas, tengo que confesar que todavía no lo practico del todo. Afortunadamente, cuento con Ruth, que lo practica por mí. Pero, en cuanto a la realidad y funcionalidad de la ley de la provisión, ahora ya no me cabe la menor duda, ni una sola.

¿Cómo funciona esta ley de la provisión para producir prosperidad y estimular el bienestar, la creatividad y una vida gratificante?

En primer lugar, está la convicción, la más inconmovible convicción de que la provisión será siempre suficiente, no necesariamente abundante, pero siempre suficiente.

Cierto que no resulta fácil llegar a esta convicción, sobre todo si durante un prolongado período de tiempo ha visto las cosas por el lado oscuro. Afrontar ese hábito de ver las cosas oscuras es precisamente lo primero que tiene que hacer. Debe convertirse en un optimista tenaz. Domine su carácter y empiece por practicar el punto de vista más amplio. Le aseguro que le compensará. Cuando visito Londres siempre voy a Fleet Street y, siguiendo una calle estrecha, acudo a un restaurante bastante viejo, el Old Cheshire Cheese. Bien conocido por miles de viajeros estadounidenses por su cerveza y sus empanadas de riñón, sus deliciosos asados de carnes de ternera y cordero y su incomparable queso inglés.

Un rincón del restaurante es famoso por ser el lugar donde comía el doctor Samuel Johnson, vertiendo su ingenio y su sabiduría sobre un encantado grupo de amigos. Un buen día, se puso a discutir el efectivo constrictivo de las actitudes depresivas. Tras descargar el puño sobre la mesa, declaró: «Tener un punto de vista luminoso vale por lo menos mil libras al año». Ese cálculo, convertido en dólares, supone casi tres mil dólares el desterrar de la mente un actitud oscura y desolada.

Así pues, adopte el punto de vista luminoso según el cual, si usted cumple con el papel que le toca, hace las cosas de la mejor manera posible y piensa siempre de forma positiva, la provisión llegará.

Recuerde siempre que el pesimismo aleja a la prosperidad. La prosperidad se aleja de las mentes oscuras e inhóspitas, evitando la clase de mente llena de sombras y dudas, pues las dudas suelen reproducirse en forma de resultados dudosos.

Practique hasta que la convicción de que la ley del suministro actúa a favor suyo pase a formar parte de usted. Naturalmente, limitarse a tener la convicción no garantizará los resultados, pero digámoslo del siguiente modo: sin esa convicción como base, no funcionarán los otros factores importantes que intervienen en el funcionamiento de la ley.

Cuando finalmente haya enraizado esta convicción vital en lo más profundo de su consciencia, estableciéndola allí firmemente, ya no despilfarrará una preciosa energía en la preocupación y la angustia. Podrá dedicarse entonces a realizar su tarea diaria, con el seguro convencimiento de que todas las cosas están funcionando para bien, para su propio bien y el de todos aquellos que entren en contacto con usted. Será entonces realmente creativo. A partir de esa nueva creatividad que actúa en usted, empezarán a ocurrir cosas. Ya no experimentará fracasos o, al menos, no tantos como hasta ahora. Es de lo más interesante. Además, la ley de la provisión funciona igualmente bien tanto si usted trabaja con poco, con más o incluso con mucho.

Ruth habla de la frugalidad que tuvo que practicar en sus tiempos de estudiante universitaria. Y, sin embargo, perteneció a la fraternidad Alpha Phi, la más antigua y, en nuestra modesta opinión, la mejor del *campus*. Al ser por naturaleza una mujer de negocios fue elegida como directora de la casa y obtuvo su pensión y su habitación. Y también participó en numerosas actividades extracurriculares. Se lo pasó maravillosamente bien sin tener prácticamente nada.

Un día, al revisar el portamonedas, descubrió que sólo le quedaban treinta y siete centavos y no sabía de dónde podría obtener más dinero. Y, sin embargo, ¿le preocupaba eso? En lo más mínimo. ¿Acaso no vivía ella según la ley del suministro, la ley de la prosperidad? Esa misma noche, escribió su carta semanal a casa, burbujeante de felicidad, como siempre eran sus cartas. Mencionó, de forma casual, que era «realmente rica, porque tengo treinta y siete grandes y redondos centavos. Pero eso no me preocupa, ya que ha habido ocasiones en que he tenido menos».

Su hermano, que por entonces era vendedor viajante y que estaba por casualidad en casa, leyó la carta. «Qué extraño —comentó—. Últimamente he estado pensando que le iba a enviar algo de dinero a Ruth. Supongo que ahora es el mejor momento.» Y así fue como, unos pocos días más tarde, Ruth aumentó sus escasos treinta y siete centavos con los setenta y cinco dólares que le envió su hermano Chuck. Ruth lo aceptó con naturalidad. «Vaya, vaya —exclamó—, ¿qué voy a hacer yo con setenta y cinco dólares?» Pero sé lo que hizo con ese dinero: gastó una parte en cubrir sus propias necesidades y ahorró el resto. Ella es una magnífica combinación de fe religiosa y empresa libre.

Recientemente, Ruth indicó que la ley de la prosperidad-suministro sigue funcionando, aunque las demandas, así como los ingresos, son ahora un poco mayores que en los viejos tiempos en los que sólo le quedaban treinta y siete centavos, ya que tiene que firmar algunos cheques por un total de varios cientos de dólares. Ella es la encargada de las finanzas familiares, la que se ocupa de tratar con los bancos, pagar las facturas y hasta de la declaración de impuestos. (Después de todo, enseñó matemáticas en la escuela superior y posee un talento natural para los negocios.)

Hubo un día en el que tenía que pagar facturas que totalizaban una cifra bastante grande, pero no disponía de tanto dinero en la cuenta. Podría haber echado mano de los ahorros, pero si se hacía eso, resulta que ya no eran ahorros. Además, le habría parecido necesario tomar esa decisión contando conmigo y en aquellos momentos quería evitar el preocuparme y molestar lo que, con no poco optimismo, llamaba mi actividad «literaria», refiriéndose precisamente a la redacción de este libro. Así que, esa misma noche, extendió los cheques, aunque no los envió por correo. Sabía que tenía que hacer algo a la mañana siguiente y no se sintió nada sorprendida, aunque sí ciertamente complacida cuando esa misma mañana recibió en el correo un cheque por un dinero que se nos debía y que apenas ascendía a unos pocos dólares menos de los que necesitaba. Fue, una vez más, el funcionamiento de la vieja ecuación de los treinta y siete centavos y los setenta y cinco dólares. Esta vez, la suma era diferente y considerablemente mayor, pero el principio seguía siendo el mismo, al margen de las cantidades.

Uno de mis amigos que cree a pies juntillas en este principio y que me ha inspirado a lo largo de los años, es Eugene Outerbridge, un cultivador de flores de Bermudas. Eugene posee una clarísima cualidad dinámica espiritual que se deriva de su completa dedicación a Dios y de su humildad como discípulo de Cristo.

Durante muchos años, cada año ha «predicado el evangelio» durante la Pascua en nuestra iglesia de la ciudad de Nueva York, enviándonos por vía aérea siete mil lirios de Bermudas a punto de florecer precisamente en la mañana de Resurrección.

Eugene es un gran creyente en la ley del suministro que constituye, muy claramente, un principio funcional en su vida, tanto personal como empresarial. Tiene la fe suficiente para creer en los milagros. Permitámosle contar su experiencia con esta ley tan espiritual como práctica.

«Llegó un momento en que perdí mi negocio y tuve que empezar de nuevo. Un día tenía que pagar una letra de cambio a la vista: eran sólo 287,60 dólares, pero no disponía de dinero. Convencido firmemente de que Dios ayuda a quienes se ayudan a sí mismos, revisé mis cuentas, anoté algunas de las que me debían y salí a cobrarlas; al final de la jornada no había logrado cobrar ni un solo dólar. A la hora de la cena me sentía cansado y quizá un poco melancólico, cuando mi esposa me dijo: "¿Por qué no lo dejamos en manos de Dios?". Y eso fue precisamente lo que hicimos.

»A las ocho y media de esa misma noche recibimos una llamada telefónica de un gran hotel; alguien quería visitar mi negocio. Media hora después me presentaba en el hotel y era saludado por la atractiva esposa de un hombre en una silla de ruedas. Me dieron las gracias por acudir a aquellas horas un tanto intempestivas pero, al entender que yo era florista, el hombre me dijo que deseaba enviar ciertas flores a diferentes amigos y me preguntó si podría cumplir con el encargo. "Súmelo todo, por favor, para que le extienda el cheque".

»Aquella noche, regresé a casa con mi fe renovada, decidido a no olvidar nunca que Dios contesta a la oración , ya que ahora guardaba en el bolsillo un cheque por un importe de 286 dólares, apenas 1,60 dólares menos de los que necesitaba para pagar la letra a la vista que vencía a la mañana siguiente.

»En otra ocasión, necesitaba cuatro mil dólares para mi negocio. Escribí cartas, envié telegramas a clientes que me debían dinero, sin obtener resultados. Dos semanas más tarde, cuando todavía rezaba y seguía trabajando, me llegó un cheque de novecientas libras desde Inglaterra (lo que representaba prácticamente la cantidad que necesitaba), de un cliente cuyo cobro había descartado prácticamente, pero que Dios conocía muy bien.»

Sé muy bien que son muchos los que dudan e incluso atacan esta filosofía de la vida y si el lector desea rechazarla diciendo: «Las cosas no funcionan así», sólo me cabe decir: «A mí me parece bien que cada cual piense como quiera». Pero lo cierto es que he visto funcionar tantas veces esta ley, en las experiencias de mi esposa y en las vidas de otras personas, que hace ya tiempo tomé la decisión no sólo de hacerle caso, sino de vivir de acuerdo con ella.

No comprendo muchas de las leyes de la naturaleza, a pesar de lo cual vivo de acuerdo con ellas. Es muy posible que la comprensión de algo no sea una cosa tan complicada como parece. Este mundo fue creado y es mantenido por un Dios generoso, que debe desear lo mejor para todos sus hijos, puesto que puso en el mundo tantas cosas buenas.

Lo creó de tal forma que su abundante riqueza estuviese a nuestra disposición, para cubrir nuestras necesidades siempre y cuando estemos en armonía con Dios y con sus procesos. Eso no es un artilugio para hacerse rico, ya que no funciona de ese modo. El deseo de riquezas y más riquezas suele cortar la línea de comunicación con el bien espiritual. Es concebible que la práctica del principio de la prosperidad y el suministro permita acumular una considerable cantidad de dinero. Pero en tal caso sería a costa de una bendición fundamental y el saldo neto final sería en contra de uno mismo.

La ley del suministro y la prosperidad nunca tuvo la intención de producir una superabundancia de valores materiales, a menos que a su uso se le diera una dirección espiritual. La propia responsabilidad en cuanto a dicho uso tiene que estar claramente en armonía con lo que, según sabemos, es la voluntad de Dios. Se puede uno apoderar de todo el dinero que caiga en sus manos y vivir sin la menor preocupación espiritual, cuidando plenamente de sí mismo y, durante un tiempo, es posible que todo le vaya bastante bien, pero puede usted estar seguro de un hecho solemne: Dios siempre ofrece recompensa. En ocasiones, no paga con rapidez, pero siempre lo hace, lo que equivale a decir que si desespiritualiza la ley de la prosperidad y el suministro, será mejor que cuide algo en su vida, algo que signifique mucho para usted y que seguramente se agriará. Es natural que si usted aporta una cualidad agria a lo que hace, está destinado a obtener, en último término, algo igualmente agrio.

No hay nada de erróneo en tener dinero, siempre y cuando el dinero no le posea a usted. Pero si es Dios el que le posee, entonces estará interesado en hacer circular y usar el dinero con fines divinos. Luego, junto con el dinero, encontrará una extraordinaria abundancia de toda clase de bendiciones que caerán directamente sobre usted y, a través de usted, sobre la economía material y espiritual, para mantener en marcha las ruedas de la creatividad. En resumen, estoy convencido de que el dinero utilizado sin ninguna o muy poca preocupación por Dios o por la humanidad, es un dinero agrio que acabará por estropearlo todo. Pero el dinero utilizado con responsabilidad espiritual es un dinero bueno, que seguirá fluyendo con abundancia, de acuerdo con la pauta de la prosperidad y el suministro.

Si se me permite decirlo, he ayudado a mucha gente a tener más dinero. Y, en muchos casos, lo he hecho al enseñarles a dar. Sería imposible contar las numerosas personas que me han dicho con entusiasmo: «Empecé a dar un tanto temerosamente, pensando que no tenía tanto y que era peligroso dar al nivel que usted sugería. Pero ¿sabe algo? Cuanto más doy, más tengo». Una mecanógrafa lo dijo de este modo: «Cuanto más doy, más se llena mi bolsa. Es algo que no depende de mí y nunca me he sentido más feliz en mi vida». ¡Qué razón tiene! Esta mujer se sintió tan feliz que se volvió una persona radiante y hermosa y un buen día apareció el hombre con el que había soñado. Cuando los casé, él me dijo: «Hubo algo en ella que me atrajo. Es magnífica». Eso es cierto, pero recuerdo bien que era una mujer bastante apagada y prosaica, hasta que participó en un programa dedicado a enseñar cómo darse a sí mismo y su dinero. Lo extraño es que cuanto más se da, más se recibe, aunque no siempre en forma de dólares y centavos.

En ocasiones, la abundancia fluye de regreso en forma de ricos valores, con el dinero suficiente para satisfacer las necesidades. Mi suegra, por ejemplo, procede de una buena familia cristiana en Canadá, la clase de gente honrada que se encuentra en la iglesia, no en una iglesia típica de los suburbios residenciales, sino en la de un pequeño pueblo. Se casó con un joven predicador que, durante toda su vida, predicó únicamente en iglesias pequeñas. Al final de sus días predicaba los domingos y trabajaba en la fábrica de la Ford en Detroit durante los días laborables. En la actualidad, la pequeña iglesia que, según dicen, «él salvó de la ruina», es una de las más grandes de la zona. Él siempre fue un hombre afable y cortés, con la paz de Dios reflejada en su rostro, porque la llevaba en el corazón.

El abuelo y la abuela Stafford siempre tuvieron que economizar y arreglárselas y tratar de satisfacer sus necesidades. La ley del suministro únicamente les aportó una pequeña cantidad de dinero, aunque fuese suficiente; pero pocas veces he conocido a personas que tuvieran tal abundancia de bendiciones. Criaron muy bien a sus tres hijos. Chuck ocupa un puesto de responsabilidad en la Cámara de Comercio de Estados Unidos. Bill es el jefe de personal de una gran empresa en Nueva Jersey y tesorero de la revista *Guideposts* y no peco de inmodesto al calificar a Ruth como una de las máximas líderes laicas de la Iglesia de nuestro tiempo.

El abuelo y la abuela Stafford contaron con el amor de cientos de personas en cuyas vidas entraron de forma amorosa y creativa. Nunca dejaron de cubrir ninguna necesidad propia, a pesar de que él condujo un viejo Ford durante años y en cuanto a muebles nuevos…, bueno, la verdad es que no recuerdo haber visto ninguno en su hogar. Le pregunté a la abuela, que ahora tiene ochenta y cinco años, si creía en la ley del suministro. Eso fue algo nuevo para ella, pero, al explicársela, su rostro se iluminó: «Oh, ¿te refieres a la generosa bondad de Dios? He vivido bajo una perpetua rociada de bendiciones. Pues claro que creo en esa ley del suministro. ¡Qué nombre tan bonito le han puesto!».

Luego está mi viejo amigo Ralph Rockwell. Un día, hace ya casi veinte años, Ruth y yo compramos una pequeña granja en el condado de Duchess, en Nueva York. Ralph Rockwell procedía de una buena familia de Connecticut, que había trabajado duramente toda su vida, la clase de personas que han hecho de Estados Unidos lo que es en la actualidad. Él había sido carnicero, conducido un camión de leche y ahora deseaba supervisar nuestra granja. «Soy la clase de persona que necesita» —me dijo, y supe inmediatamente que, en efecto, lo era.

A partir de ese día «utilizó el lugar como si fuera suyo». Para mí fue siempre el señor Rockwell. «Yo me encargo de dirigir la granja y usted se ocupa de predicar» —me dijo, y aunque no sé mucho sobre predicar, todavía sé menos sobre granjas, de modo que seguí su consejo.

Luego, los años se acumularon y el trabajo llegó a ser excesivo, de modo que el señor Rockwell se jubiló y su hijo Elliott ocupó su lugar y también él se convirtió en mi amigo. Cuando quiero un trozo de delicioso pastel de chocolate, no tengo más que pasar por casa de la señora de Ralph Rockwell. Esa encantadora y maternal mujer suele despedirnos desde su pequeña casa con un beso, acompañado por un trozo de pastel de chocolate.

Durante toda su vida, han vivido de acuerdo con la ley del suministro divino. Y las bendiciones les han rodeado en sus años de vejez, tal como les ha sucedido durante toda su vida.

Así pues, no tenemos que cometer el error de llegar a la conclusión de que hay que concebir necesaria o incluso habitualmente la prosperidad en términos monetarios. Un viejo himno nos ofrece quizá la mejor de todas las descripciones que se han hecho de la verdadera prosperidad: «Habrá abundancia de bendiciones enviadas por el Padre que está en los cielos». Ése es el secreto de tener una vida próspera y disfrutarla: el inconmovible convencimiento de que Dios se ocupará de aquellos a los que ama y que confían en Él. Y así lo hará.

Eso no implica y ni siquiera supone que se esté libre de todo esfuerzo y dificultad e incluso de privaciones. Pero una cosa está clara: en la vida no se puede disfrutar de lo dulce sin tener al mismo tiempo lo amargo. Y la solución de los problemas es más dulce en razón del esfuerzo realizado. Pero la esencia de la cuestión es que quien cree en la filosofía de la prosperidad y el suministro, logra superar con éxito todas las dificultades. Es posible que tenga que pasar por muchas cosas, pero lo que importa es el resultado final: que las pasa; además, podríamos añadir, encuentra una gran diversión en la vida mientras sale adelante. Puede decirse, pues, que el camino del optimista tenaz resulta a menudo difícil de recorrer, pero eso también es bueno, poderosamente bueno.

Como complemento de lo primero, de la convicción de que el suministro siempre será suficiente, hay que dar un segundo paso, igualmente importante para estimular la prosperidad y es que nunca hay que pensar en la escasez o hablar de ella. Emerson nos dijo que las palabras tienen vida y que si se corta una de ellas, sangrará. Una palabra es, simplemente, un pensamiento eternizado. Georgiana Tree West lo afirma muy bien: «Al pensar en una cosa concreta, estamos formando una pauta sobre esa cosa concreta; al hablar de ella, lanzamos la palabra, que queda condensada en forma. No deberíamos hablar de una idea a menos que queramos ver cómo adquiere forma en nuestra vida. En el Antiguo Testamento se dice: "Determinarás asimismo una cosa, y te será firme, y sobre tus caminos resplandecerá luz" (Job, 22, 28). Nuestra palabra es como una cosa. Cuando decimos "Soy pobre", estamos decretando esa misma cosa: la pobreza. Cuanto más enfáticos seamos, tantas más pruebas de pobreza tendremos en nuestra vida. Nuestra palabra es la expresión de nuestra imagen mental. Las leyes de Dios la establecen, hacen que se manifieste».

En otras palabras, forma parte de la sabiduría el no pensar o hablar de la escasez, por el peligro que se corre de que ésta acabe por materializarse.

Charles Fillmore advierte: «No digas que el dinero es escaso, porque esa misma afirmación hará que lo sea para ti. No digas que los tiempos son difíciles, porque esas mismas palabras cerrarán tu bolsa hasta el punto de que ni siquiera la omnipotencia podrá deslizar un centavo dentro de ella. No permitas que exista en tu mente ni un solo pensamiento de escasez, y llena todos sus rincones con la palabra abundancia, abundancia, abundancia».

Es posible que estas parezcan ideas extrañas para la persona que no se ha detenido a pensar en el extraordinario poder que tienen los pensamientos para crear o destruir. La razón por la que Emerson utilizó la curiosa imagen de una palabra que sangra es porque se dio cuenta de que el pensamiento que hay tras las palabras es capaz de infundir vida o muerte en nuestras esperanzas y deseos. Los pensamientos y las palabras de escasez tienden a producir la escasez, mientras que los pensamientos y palabras de prosperidad, nos dirigen hacia la prosperidad.

Recientemente, hemos celebrado el decimosexto aniversario de la fundación de nuestra revista, *Guideposts*, la publicación interconfesional sin ánimo de lucro que ha alcanzado una mayor difusión en la historia de Estados Unidos. Editada por un consejo editorial compuesto por judíos, católicos y protestantes, ha alcanzado una circulación de más de un millón de ejemplares y es leída cada mes por varios millones de personas.

Guideposts nunca ha hecho publicidad y ha dependido siempre de su propia difusión para cubrir sus costes. Su propósito es publicar historias reales de personas que han superado el temor, el fracaso y la derrota a través del poder de Dios en la experiencia humana y de las oportunidades inherentes a la libertad en Estados Unidos.

En 1945, *Guideposts* era sólo una idea en las mentes de unas pocas personas. Por aquel entonces, era evidente la necesidad de contar con una publicación de este tipo, pero para poner en marcha una revista así se necesitaba capital, gente experimentada y un equipo de autores de alta calidad. No contábamos con capital, no teníamos experiencia y no conocíamos a autores de calidad. Lo único que teníamos era una idea, algunas convicciones, algo de fe y mucha tenacidad. Así pues, iniciamos la «revista» en forma de un pequeño pliego de cuatro páginas. Pero las historias que contenían poseían significado y atractivo. La cantidad total de fondos con los que empezamos fue la astronómica suma de setecientos dólares.

Poco a poco, la lista de suscriptores aumentó hasta alcanzar los veinte mil. Utilizábamos como sede una casa propiedad de Lowell Thomas, situada en Quaker Hill, en Pawling, Nueva York. Una noche, la casa fue destruida por un voraz incendio que acabó con todo en menos de una hora, incluida la lista de suscripciones de la que, estúpidamente, no habíamos hecho ninguna copia, de modo que se perdió por completo. Así que allí nos encontrábamos, en la situación más difícil: sin sede, sin oficinas, sin suscriptores. Pero Lowell Thomas contó lo ocurrido en su programa de radio y pidió a nuestros suscriptores que se pusieran en contacto con nosotros. Nuestro amigo DeWitt Wallace, del *Reader's Digest*, publicó un artículo en el que contaba lo mismo. El resultado fue que pronto tuvimos no veinte mil, sino cuarenta mil suscriptores. Realmente, aquel fue un incendio que mereció la pena.

La publicación se mantuvo de forma continuada, pero los crecientes costes pusieron en peligro la ya inestable situación de *Guideposts*. Las facturas se acumulaban. Nuestros proveedores nos amenazaron con interrumpir sus entregas. Nos encontrábamos en una situación cada vez peor y no sólo abrigábamos pensamientos muy pesimistas sobre el futuro del proyecto, sino que nuestro pesimismo se expresaba en frases como: «No podremos resistir mucho más tiempo si seguimos de este modo; vamos a tener que cerrar» y otras valoraciones igualmente destructivas. Por aquel entonces no éramos precisamente unos optimistas tenaces.

Desesperados, tratamos de buscar toda posible fuente de apoyo. Un continuo goteo de donaciones permitió que las prensas siguieran funcionando. Pero la continuación se lograba a trancas y barrancas y todo era muy precario. Entonces, convoqué una reunión del desanimado y frustrado personal. No había asistido a ninguna otra reunión más negativamente condicionada y no puedo imaginar ninguna otra más pesimista que aquella. Toda la conversación no hizo sino resaltar de una forma abatida y apagada todas las dificultades a las que se enfrentaba la publicación. ¿Qué íbamos a hacer con aquel montón de facturas pendientes que teníamos sobre la mesa? En aquellos momentos, considerábamos la revista como un proyecto difunto. Sólo un milagro podría salvarla.

Y eso fue exactamente lo que sucedió. *Guideposts* fue salvada por un milagro. Fue un milagro de pensamiento nuevo y creativo surgido a través de nuestras mentes revitalizadas. Considero que aquellos momentos constituyeron una de las más grandes experiencias de mi vida. Aquel día aprendí algo que cambió literalmente el curso de mi vida.

A esta reunión de personal habíamos invitado a una mujer que, en una ocasión reciente y muy desesperada, había contribuido con 2.500 dólares en efectivo para la salvación de *Guideposts*. Confiábamos en que aquel mismo rayo pudiera caer dos veces sobre el mismo sitio. Ella escuchó tranquilamente nuestra enumeración pesimista de las desanimantes dificultades por las que atravesaba nuestra publicación. Finalmente, habló: «Tengo la impresión de que esperan que haga otra contribución. Bien, podría sacarles fácilmente de sus desdichas, pero no voy a darles un solo centavo. Es más, y quiero subrayarlo, jamás les volveré a dar un centavo más».

Aquellas palabras no nos sacaron precisamente de nuestras desdichas, sino que más bien nos hundieron más profundamente en ellas. La considerábamos como nuestra última esperanza. Ahora, ni siquiera podíamos contar con eso. Nos quedamos allí sentados, envueltos en el pesimismo. Entonces, ese pesimismo se vio traspasado por la brillante luz de un pensamiento creativo que lo cambió todo, porque nos cambió a nosotros. Esta mujer dijo: «No les daré dinero, ya que eso tendría poco valor en la pauta de fracaso en la que se encuentran sumidos. Pero les voy a dar algo que vale mucho más que el dinero». Sus palabras nos asombraron, ya que en aquellos momentos no se nos ocurría pensar en nada que tuviera un valor mayor que el dinero contante y sonante.

Y entonces ocurrió el milagro que salvó a esta empresa del fracaso y que ha revolucionado desde entonces a mucha otra gente. Aquella mujer añadió: «Les daré una idea nueva, dinámica y creativa, gracias a la cual podrán solucionar sus problemas y conseguir todos los recursos materiales que necesiten». Y aquella promesa, puede creerme, se cumplió, porque a partir de ella fluyó la prosperidad.

«Ahora —siguió diciendo—, echemos un buen vistazo a su situación. Les falta de todo, ¿no es eso? Les falta dinero, equipo, cantidad suficiente de suscriptores, les faltan ideas y hasta la fe en lo que hacen. Se encuentran, por tanto, en una situación de escasez. ¿Y saben por qué les faltan todas estas cosas?»

Ella misma contestó a su propia pregunta: «Han estado ustedes pensando persistentemente en la escasez y, en consecuencia, han creado condiciones de escasez». Al principio, aquella frase me pareció un enfoque bien extraño pero, tras reflexionarlo bien, me di cuenta de lo razonable que era. Estábamos sumidos en la escasez, de eso no cabía la menor duda. Nos faltaba de todo. Y también era cierto que tanto nuestro pensamiento como nuestras palabras giraban alrededor de todo aquello que no teníamos, que no podíamos hacer. Así que, de mala gana, admitimos que tenía razón, a pesar de lo cual resultaba difícil aceptar la idea de que pensar en la escasez pudiera tener como resultado precisamente la escasez. Y, sin embargo, allí estaban aquellas facturas pendientes, sobre la mesa. Eso era algo que no podíamos evitar.

«Muy bien —siguió diciendo ella—, basta ya de esa forma de pensar. A partir de ahora mismo vamos a dejar de pensar y hablar de escasez. Quiero que eliminen de sus mentes todos esos pensamientos sobre la escasez.»

«Pero ¿cómo se puede hacer eso? —le pregunté—. No puede uno abrirse un agujero en la cabeza y extraer los pensamientos y tampoco se les puede decir que desaparezcan así como así.»

Ella me miró ferozmente. «Con su mente puede hacer todo aquello que realmente desee hacer. Platón dijo: "Háganse cargo de sus vidas, pueden hacer con ellas lo que quieran". Así que háganse cargo de sus mentes y, en el nombre de Dios, ordenen a los malvados espíritus del pensamiento erróneo que las abandonen. Empiecen a deshacerse ahora mismo de esos pensamientos de escasez.»

Un silencio mortal cayó sobre todos los presentes y permanecimos allí sentados durante por lo menos diez minutos, «deshaciéndonos de nuestros pensamientos de escasez». Y, a propósito, ése es un buen plan a seguir cada día. Dedique unos pocos minutos diarios a eliminar pensamientos viejos, cansados y muertos. Vacíe su mente de esa clase de pensamientos. No les permita arraigarse y endurecerse en su consciencia.

«Y ahora —dijo la mujer brillantemente—, sus mentes están vacías. —Y añadió maliciosamente—: Eso, sin embargo, tampoco es natural. Toda esa masa de pensamientos de escasez debe haber quedado eliminada. Pero tenemos que rellenar rápidamente nuestras mentes si no queremos que vuelvan de nuevo a ellos. Tienen que llenar sus mentes de inmediato con pensamientos de prosperidad.»

Se volvió hacia mí. «Norman, ¿cuántos suscriptores necesitan para mantener con éxito *Guideposts*?» Pensé rápidamente y contesté: «Creo que cien mil serían suficientes».

«Muy bien, grabemos entonces la cifra de cien mil suscriptores en nuestros pensamientos. Pero antes permítanme preguntarles si hemos rezado acerca de este proyecto, si lo hemos dedicado a Dios y al servicio del ser humano. ¿Son nuestras motivaciones genuinas y desinteresadas?»

Examinamos nuestras almas y contestamos afirmativamente aquellas preguntas. Tenemos que darnos cuenta de que nada que esté mal puede llegar a estar bien. Los resultados correctos nunca son inherentes a las actitudes equivocadas y a los propósitos erróneos. Uno tiene que ser correcto para que las cosas funcionen correctamente.

Luego, nuestra amiga continuó aplicando su espectacular tratamiento a nuestro estado mental hasta entonces tan poco creativo. «Quiero que visualicen a esos cien mil suscriptores de *Guideposts*. Quiero decir que se los imaginen realmente, que los vean. Dedíquense a imaginarlos con toda claridad, no con la vista, sino en sus mentes.» Seguramente, debimos de parecer estúpidos tratando de imaginar que teníamos cien mil suscriptores cuando los libros indicaban que únicamente contábamos con cuarenta mil. Pero, en realidad, aquello no fue más estúpido que permanecer sentados sumiéndonos en el fracaso y en las palabras que hablaban de él, como habíamos hecho hasta entonces.

De repente, como un fogonazo, vimos con claridad, en lo más profundo de nuestra consciencia, a un gran número de personas a las que podíamos servir y ayudar. Fue algo de lo más asombroso. Vimos que *Guideposts* salía adelante y que le esperaba un magnífico futuro al servicio de todas aquellas personas. Casi me olvidé de mí mismo (que, además, era exactamente lo que tenía que hacer: olvidarme del viejo sí mismo derrotado) y, de pronto, exclamé muy animado: «Los veo. Los veo».

Ella me miró con una expresión de aprobación. «Creo realmente que así es. Estupendo. Ahora que los vemos, los tenemos. Recemos y demos gracias a Dios por habernos facilitado cien mil suscriptores.»

Yo no estaba preparado para esto, pero lo cierto es que siempre estoy dispuesto a rezar con cualquiera y en cualquier momento, de modo que me uní a la mujer en su oración.

Pensé para mis adentros que estábamos presionando demasiado al Señor. En aquella oración, la mujer le dio las gracias a Dios por darnos los cien mil suscriptores, por el nuevo giro que habíamos tomado hacia el éxito y por la prosperidad que Él derramaba sobre nosotros. Terminó citando: «Todo aquello que pidas y por lo que reces, ten la seguridad de que eso mismo recibirás y tendrás».

Terminada la oración, miré a mi alrededor, esperando que todo hubiese cambiado, pero el viejo montón de facturas pendientes seguía sobre la mesa. Casi había esperado verlo desaparecer, como si hubiesen sido pagadas milagrosamente, pero allí seguían. Todo estaba igual... a excepción de la gente sentada alrededor de la mesa.

Aquellas personas no eran las mismas. Eran extrañamente diferentes. Se veía en sus caras, en su actitud pero, sobre todo, en los vitales pensamientos nuevos que empezaron a afrontar aquellos duros problemas. Un nuevo poder pareció funcionar en nosotros. Podíamos sentirlo. Habíamos cambiado, de modo que todo empezó a cambiar para mejorar.

Esto sucedió en 1945. En la actualidad, *Guideposts* cuenta con más de un millón de suscriptores y son casi mil doscientas las empresas que lo adquieren para sus empleados. La revista se encuentra en cientos de habitaciones de hotel, colocadas allí para inspiración de los clientes. Doscientas personas tienen empleo en su empresa y oficinas editoriales. Su mensaje ha penetrado profundamente en la vida estadounidense, animando siempre a la gente, convenciéndola y mostrándole cómo vivir de acuerdo con el gran poder de Dios. Ha permitido el desarrollo de miles de personas capacitadas por Dios en nuestro país y en el extranjero. Ha fusionado a personas que creen en Dios en una empresa espiritual común dedicada a un Estados Unidos libre y a la hermandad.

De hecho, se ha convertido en una de las empresas editoras interconfesionales con una mayor capacidad inspiradora de todos los tiempos.

La experiencia de *Guideposts* nos ha enseñado que uno de los más sencillos secretos de una vida efectiva consiste en eliminar los pensamientos de escasez y sustituirlos por pensamientos de prosperidad, siempre bajo el rayo luminoso de Dios.

No piense nunca en la escasez; piense siempre en la prosperidad. Construya su vida y sus pensamientos alrededor de Dios. Ámelo y sírvalo, añada a eso el amor y el servicio a las personas y conocerá así lo mejor de la vida. El optimista tenaz vive gozosamente de acuerdo con la gran ley divina del suministro.

Resumen de «Tenga prosperidad y disfrute de la vida»

1. Aprenda a vivir según la ley divina del suministro.
2. Cultive el mantenimiento de un punto de vista brillante. El doctor Johnson aseguró que eso vale tres mil dólares.
3. Haga honradamente lo mejor, piense correctamente y el Señor se ocupará de proveer. Él hará la provisión a través de usted.
4. Dios siempre se ocupará de aquellos que lo aman y confían en él y que cumplen sinceramente con su voluntad.
5. La prosperidad no siempre se concibe en términos de dinero, sino como un flujo constante de bendiciones divinas.
6. No piense o hable nunca de escasez ya que, al hacerlo está decretando precisamente la escasez. Los pensamientos sobre la escasez crean un estado de escasez.
7. Resalte el pensamiento de la abundancia. Los pensamientos de abundancia ayudan a crearla.
8. Los pensamientos y las palabras forman su imagen mental. Y puesto que nos convertimos en aquello que imaginamos, asegúrese de que sus pensamientos y palabras expresan prosperidad y bendición, antes que pobreza y derrota.
9. Elimine cada día de su mente los pensamientos de escasez y sustitúyalos con pensamientos dinámicos de abundancia.

6

HAGA QUE LA MAGIA DEL ENTUSIASMO TRABAJE PARA USTED

Mientras estaba fuera de la ciudad para pronunciar una conferencia, acudí al almuerzo del Club Rotario para «hacer acto de presencia», como es regla entre los rotarios. Elegí la mesa al azar, me presenté a los otros hombres allí sentados y quedé bastante desconcertado cuando uno de ellos lanzó un gruñido, aunque un tanto jocoso y dijo: «¿De modo que es usted Norman Peale, eh? Pues espero que pueda hacer algo por mí. Siéntese y empiece a derramar su sabiduría».

Era evidente que aquel hombre no era tan tosco como aparentaba; simplemente, se trataba de uno de esos tipos que parecen un diamante en bruto. Descubrí que, en realidad, era un hombre muy agradable, que solía adoptar una actitud zumbona o desafiante. «Pero no vaya a largarme nada de ese pensamiento positivo —siguió diciendo—, porque me siento hundido, arrastrado hasta el fondo, nada bien de salud y lo que quiera.» Ésa fue su sabrosa y extrovertida confesión. No pareció importarle lo más mínimo quién le escuchara, pues lanzó aquella frase con un tono de voz parecido al de una sirena de niebla que nadie pudo dejar de escuchar.

«Siento que no me queda el menor entusiasmo y el entusiasmo es algo que usted siempre trata de vender. Y no crea que no he leído todos sus libros. Los tengo todos. Me gustan y dan en la diana, pero no sé por qué razón no han conectado conmigo. ¿A

131

dónde podemos llegar a partir de aquí? ¿Cómo encontrar ese entusiasmo del que usted habla y conseguir que se mantenga de nuevo?»

Se lo dije claramente desde el principio. Quería una respuesta y puesto que no era alguien que se mordiera la lengua, tampoco iba a preocuparme yo por ver quién me escuchaba, así que le dije: «Lo que usted necesita es... a Dios».

Aquello lo estremeció realmente y el silencio que se produjo alrededor de la mesa se podría haber cortado con un cuchillo. No obstante, un par de tipos sentados enfrente tenían en sus caras la expresión de quienes se daban cuenta de que no estaba echándome un farol. Esperaba una respuesta irreverente, lo que habría estado en consonancia con la actitud del hombre, es decir, de lo que realmente estaba hecho aquel hombre.

Pero, cuando finalmente habló, fue para decir tranquilamente: «Quizá tenga cierta razón. Pero hágame la conexión entre entusiasmo y Dios, ¿quiere?».

«Desde luego que sí» —le contesté. Tomé un menú de la mesa y, en la página en blanco de la contraportada, escribí en letras de imprenta grandes la palabra «Entusiasmo». «¿Ha estudiado alguna vez el origen y la derivación de las palabras? —le pregunté—. Aprendería algo si lo hiciera..., algo que no sabía antes. ¿De dónde supone que procede esa palabra, "entusiasmo", que todos mencionamos sin reflexionar profundamente sobre su significado.»

«¿Cómo iba a saberlo? —gruñó mi compañero rotario—. Nunca he estudiado las palabras, pero soy capaz de entender un razonamiento, así que ¿cuál es el razonamiento?»

«Bueno —le contesté—, la palabra entusiasmo procede de dos palabras griegas, *en* y *theos*. La primera significa "en" y la segunda "Dios", de modo que, en realidad, la palabra entusiasmo significa "en Dios" o, según otra versión "lleno de Dios". Así que, volviendo a su pregunta acerca de cómo encontrar y conservar el entusiasmo, la respuesta es llenarse de Dios y permanecer de ese modo.»

132

«¿Pretende lanzarme un pequeño sermón?» —gruñó nuestro amigo, aunque esta vez el gruñido no fue tan evidente.

«¿Y por qué no? Usted mismo lo pidió. No fui yo quien sacó a relucir el tema, sino usted.» Ante esto, los dos compañeros de la mesa sonrieron afirmativamente y a continuación tuvimos una animada sesión acerca de cómo conseguir que el entusiasmo actúe a favor de uno. Por debajo de aquella supuesta actitud externa de dureza, aquel hombre parecía buscar realmente algo.

El entusiasmo puede actuar en su favor y su ausencia actúa contra usted. Eso es un hecho, debido a la inmensa importancia que tiene el espíritu para alcanzar un rendimiento vital fructífero. Al margen de lo que suceda, de las pérdidas que se sufran, si no se permite que el espíritu se hunda o se derrumbe, se mantendrá en funcionamiento su capacidad para la recuperación, y todos tenemos ese potencial para la recuperación. Pero cuando el espíritu se enfría, entonces la personalidad se vuelve quebradiza y mientras que antes era capaz de resistir los golpes más pesados, ahora hasta los golpes comparativamente más insignificantes pueden hacer mella en usted e incluso quebrarlo.

En una fundición de latón observé cómo se vertía el metal fundido a 1.200 grados desde unos enormes crisoles hechos de un material translúcido que, al calentarse, brillaba como el fuego. El capataz de la fundición, tomó un enorme mazo y, sosteniéndolo con las dos manos, propinó unos fuertes golpes contra un crisol caliente y vacío. Lo único que consiguió fue dejar unas abolladuras casi imperceptibles. Luego, tomó un martillo pequeño y se acercó a un crisol que se había enfriado por completo. Entonces, con un rápido movimiento de la muñeca, golpeó el crisol frío y lo hizo añicos.

«No hay nada capaz de romper estos crisoles cuando están calientes —dijo—, pero cualquier golpe puede romperlos cuando están fríos. —Luego añadió, mostrándose como una especie de filósofo—: Es muy difícil quebrar a un hombre de espíritu ardiente, pero hasta las más pequeñas cosas le harán explotar cuando su espíritu se vuelve frío.»

Ésa fue una buena forma de decir que la falta de entusiasmo actúa en contra de uno mismo, mientras que es como una especie de magia cuando funciona a favor.

No le voy a prometer que ese entusiasmo, capaz de funcionar realmente a su favor, tenga una cualidad superficial que le permita encontrarlo y explotarlo sin dedicar a ello un gran esfuerzo.

Lo cierto es que obtenerlo puede suponer todo un proceso de reeducación bastante integral. Puede significar y quizá signifique una completa eliminación de sus pautas de pensamiento. Exigirá, ciertamente, algo de práctica, ya que se trata, en buena medida, de una habilidad adquirida. Como ya se ha indicado antes, el entusiasmo en profundidad posee un tono y un contenido fundamentalmente espiritual. Ésa es precisamente la razón por la que aconsejé a nuestro desanimado amigo del Club Rotario que necesitaba a Dios. Si lo que se pretende es que el entusiasmo funcione a favor de uno, debo decirle, con toda honradez, que también necesitará a Dios.

Quizá podamos transmitirle mejor ese énfasis ofreciéndole una clara explicación de a qué nos referimos exactamente al hablar de necesitar y tener a Dios. Creo que la mejor forma de comunicarle este concepto es presentárselo en forma de la experiencia de un hombre, y el hombre en el que pienso es mi amigo Fred R.

Fred era el hijo bastante desorganizado de un padre acomodado que tenía un pequeño negocio al que las cosas le iban bastante bien. Siempre mostraba una personalidad encantadora y poseía una mente realmente buena; pero, por debajo de aquellas actitudes despreocupadas, no se sentía muy feliz. Sucedió entonces que un amigo lo llamó y le pidió que acudiera una noche a New Haven, para asistir a una gran reunión en la que hablaría el misionero E. Stanley Jones. «¡Ir yo a escuchar a un misionero! No me hagas reír», exclamó Fred. Pero su amigo insistió y a Fred le gustaba complacer a los amigos.

Pero Jones impresionó a Fred y conectó realmente con él. Cuando pidió que todo aquel que deseara profundizar más en la vida espiritual se quedara para mantener con él una entrevista en privado, Fred fue el primero en aceptar. Antes de que concluyera la entrevista, había comprometido su vida con Dios. Admito que pareció algo tremendamente rápido y que el escéptico quizá se ría de ello, considerándolo como una actitud superficial, convencido de que no duraría mucho, al menos con Fred; un tipo como él no podría mantener su compromiso.

Pero ¿un tipo como qué? En ningún lugar está escrito que un hombre sea lo que parece.

El doctor Jones les dijo a sus nuevos conversos que un primer paso en su nueva vida consistía en salir de allí y empezar a trabajar espiritualmente. Fred siempre procuraba ser el primero en todo y a primeras horas de la mañana siguiente se presentó en el hogar del ministro metodista.

«¿Quién anda ahí?» —preguntó el soñoliento pastor desde la ventana del primer piso.

«Soy Fred R. y me he vuelto religioso. Quiero empezar a trabajar ahora mismo. ¡Baje y abra!»

«¿Y por qué no se vuelve religioso a una hora razonable?» —le preguntó el ministro, sin ningún sentido del humor.

«¿Qué le parece si tomamos un café?» —preguntó Fred. Los dos hombres no tardaron en hallarse sentados ante la mesa de la cocina, después de haber puesto a freír unos huevos en la sartén. El pastor todavía se encontraba en un ligero estado de conmoción. Simplemente, no podía creer lo que veía, aquella extraña luz que iluminaba el rostro de Fred. Naturalmente, siempre había creído en la conversión. ¿Podía ser que este despreocupado joven se hubiera encontrado realmente con Jesucristo?

A partir de aquella conferencia en la cocina, empezaron a suceder cosas a la iglesia, a la ciudad y a innumerables personas.

El pastor apenas sabía qué hacer con el desenfrenado entusiasmo de este zelote que no hacía más que decirle: «Pongamos manos a la obra y dejemos de tontear con el cristianismo». Así pues, el pastor nombró a Fred como miembro del consejo oficial de la parroquia. En la primera reunión, Fred oyó al tesorero informar apagadamente que la iglesia tenía un déficit de gastos actual de unos ocho mil dólares. Fred saltó de inmediato.

«Esto es una desgracia» —gritó. Pero los miembros de mayor edad recordaban cómo era Fred y se les pusieron los pelos de punta. Él, sin embargo, los arrolló a todos. «Empecemos a reducir ahora mismo ese déficit.»

«Tuvieron que arrimar el hombro —explicó Fred más tarde—, porque los avergoncé haciéndome cargo de una buena parte de la deuda.» Enjugó aquel déficit en apenas unos días tras plantear el tema entre los feligreses. Enojó a algunos de ellos, pero había algo en aquella alma tan ardiente que inducía a pensar a la gente. Hacía ya mucho tiempo que no habían visto a un ser humano realmente transformado. Algunos nunca habían conocido a nadie así en toda su experiencia en la iglesia.

Fred organizó un grupo de discusión espiritual de hombres de negocios, que se reunía un día a la semana para almorzar. Transmitió su propia experiencia con la mayor efectividad. A partir de ese momento, la ciudad empezó a notar el impacto.

Luego, se ocupó de los adolescentes. Formó una clase que se reunía los domingos por la mañana y en la que, una vez más, Fred abordaba de frente absolutamente todos los problemas de los jóvenes. A los jóvenes les encantó.

Después de eso, y durante veinticinco años, ha transformado a algunos de los que más tarde serían los mejores hombres y mujeres que haya conocido.

Una noche, durante un vuelo nocturno a California, conocí a un atractivo y joven hombre de negocios. Me habló de su trabajo, del liderazgo que ostentaba en su comunidad y de lo mucho que su iglesia significaba para él.

«¿De dónde sacó usted todo ese entusiasmo?» —le pregunté.

«Debería usted saberlo —me contestó—. Lo aprendí de Fred R. Me enorgullezco de ser uno de sus muchachos» —me aseguró con ojos nublados, o quizá fueron los míos los que se nublaron.

Una vez al año, monta en un autobús a toda la clase y llega hasta mi iglesia, en Nueva York, para escuchar mi sermón. Más tarde me acostumbré a esa práctica habitual, pero nunca olvidaré la primera vez que apareció acompañado por sus jóvenes. Apenas me conocía, a pesar de lo cual me llamó por teléfono y me dijo: «Hola, Norman, necesito recargar mis baterías y también lo necesitan mis chicos. Los voy a llevar a su iglesia el próximo domingo así que, por el amor de Dios, procure tenerles algo bien preparado». Él niega haberlo dicho de ese modo, pero yo tengo buena memoria.

Fred R. es, sin lugar a dudas, uno de los más grandes laicos que yo haya conocido, dedicados a trabajar en la iglesia y también uno de los más exquisitos seres humanos que he tenido el privilegio de conocer. Posee un entusiasmo realmente contagioso, que obtuvo directamente de Dios. Y a eso es precisamente a lo que me refiero al conectar el entusiasmo con Dios. Fred demostró la efectividad de una fórmula dinámica: entusiasmo equivale a *en theos*, es decir, lleno de Dios.

El hecho de incluir a Dios en la fórmula del entusiasmo no procede de ninguna razón misteriosa y complicada. Se trata, simplemente, de que Dios es la fuerza vital de la que procede toda la vida. Según dice la Biblia: «En Él estaba la vida...» (Juan, 1, 4), y de nuevo: «Porque en Él vivimos, y nos movemos y somos...» (Hechos, 17, 28). Dios es vida, de modo que si no tiene usted a Dios consigo, su fuerza vital será baja. Y cuando tenga vida, poseerá un entusiasmo permanente, el que tiene verdadera potencia, vitalidad y poder, es decir, la clase de entusiasmo que infunde significado y felicidad a todo un proyecto de vida.

¿Cómo es posible dejar de sentirse entusiasmado en este mundo tan interesante y lleno de acción? Es una verdadera pena que haya seres humanos cuyas vidas no les resultan interesantes. Todos disponemos de ilimitadas reservas de un anhelo siempre nuevo por la vida. Y conozco continuamente a personas que han descubierto este hecho maravilloso.

Un día de primavera viajé unos trescientos kilómetros en coche, en compañía de uno de los hombres más entusiastas y vibrantemente vivos que haya conocido. Aquel día, el tiempo fue curiosamente cambiante, lo que produjo brisas cálidas y frescas, diversos tipos de nubes, aguaceros y un sol resplandeciente, todo ello en una rápida sucesión. La campiña aparecía envuelta en una frescura primaveral. La carretera que seguíamos se ondulaba subiendo y bajando las colinas.

Mi compañero encontraba a cada momento alguna causa para sentirse maravillado. Al pasar junto a unos campos, señaló hacia ellos: «¿Qué puede haber más hermoso que un rebaño de ovejas en un prado verde como ese?».

Pocos minutos más tarde, maravillado ante unos largos rayos de luz solar que penetraban por entre las nubes, exclamó: «Parece como la luz divina, ¿verdad?».

Inmediatamente después, al ver una elegante y vieja casa de ladrillo en medio de unos pinos majestuosos, hizo un movimiento con la mano hacia ella y exclamó: «¡Ah! ¡Ahí tienes lo mejor de la América antigua!».

Al observar una pequeña corriente que descendía chapoteante de una colina y pasaba bajo un pequeño puente, hizo un comentario sobre la belleza «del agua clara y fría que se precipita sobre las rocas limpias y lavadas».

Unas grandes nubes oscuras aparecieron en el horizonte y tras lanzar un gran suspiro de embeleso, dijo: «¡Fíjate en la agitada grandiosidad de ese cielo!».

Finalmente, nos detuvimos a poner gasolina. Me pregunté si mi exhuberante amigo encontraría algo que despertara su admiración en una estación de servicio de aspecto bastante corriente. No faltó, sin embargo, su comentario al ver tres matorrales de lilas que subían por las paredes del edificio, cubiertos de encantadoras flores. Para mí no hay ninguna otra flor con más encanto que las lilas. Cada año espero con expectación la llegada de la primavera, que es cuando florecen. Pero jamás había escuchado a nadie hablar de forma tan extasiada sobre un arbusto de lilas como este hombre tan extraordinariamente entusiasta.

«No he conocido a nadie con tanto entusiasmo como tú. ¿Cómo es que tienes tanto?» —le pregunté.

«Supongo que estoy pasando por mi propia primavera, como una especie de primavera espiritual. He renacido.» Me explicó que había tenido una nueva conciencia religiosa y experimentado a Dios como una realidad, y citó las magníficas palabras de san Pablo: «También nosotros deberíamos andar en vida nueva» (Romanos, 6, 4).

«Y eso es lo que hago» —dijo con una sonrisa.

«Desde luego que sí» —asentí.

He visto a tanta gente cobrar vida gracias al entusiasmo que debo confesar que me siento entusiasta acerca del entusiasmo.

El entusiasmo libera el impulso de superar los obstáculos que, de otro modo, nunca se podrían superar. Tonifica la vitalidad física y le mantiene a uno en marcha cuando ésta se hace difícil. Infunde fortaleza de recuperación en los altibajos de la vida cotidiana y añade importancia a todo lo que se hace.

El entusiasmo es maravilloso. Aporta calor y sensación de bienestar en todas sus relaciones personales. Su propio entusiasmo es contagioso y estimula y atrae a los demás. Encantará a los demás gracias a su entusiasmo. Le apoyarán y le acompañarán.

A menudo, la gente contradice este tipo de pensamientos y dice: pero ¿de qué sirve saber todo esto si resulta que uno no se siente entusiasta? Uno no se entusiasma por el simple hecho de decirlo.

Pero es precisamente ahí donde se equivocan por completo. Uno puede convertirse en una persona entusiasta afirmando que se es precisamente eso, pensando, hablando y actuando con entusiasmo. Entonces llegará a ser realmente una persona entusiasta. Una vez que haya estado asociado con el entusiasmo durante el tiempo suficiente, éste echa raíces en usted y lo acompaña.

Esto se basa en una sencilla ley psicológica. En la naturaleza humana hay una profunda tendencia a convertirnos precisamente en aquello que habitualmente nos imaginamos ser. Ése es el acto de imaginarnos. Retener ciertas imágenes en la consciencia permite que la exposición se imprima en ellas, lo mismo que sucede con una película fotográfica sensible. Podemos llegar a convertirnos realmente en aquello que imaginamos. De hecho, puede estar completamente seguro de que en este preciso momento es usted lo que se ha imaginado ser durante muchos años. Si le falta entusiasmo y felicidad, haga un recorrido mental y sume todas las imágenes apagadas, deprimidas y negativas que ha tenido de sí mismo durante tanto tiempo como haya alimentado su consciencia sensible, siempre preparada para realizar aquello que más quiera. De una persona únicamente puede salir aquello que ese mismo individuo haya puesto antes en sí mismo. ¿Cuándo comprenderemos el tremendo hecho de que nos hacemos o nos quebramos a nosotros mismos según lo que nos hacemos, según las imágenes que guardamos de nosotros?

Así pues, dígase varias veces al día la siguiente afirmación: «Pienso con entusiasmo, imagino entusiasmo y practico el entusiasmo». Hágalo así durante un mes, sin pasar por alto ni un solo día. Si se le olvidara, empiece de nuevo desde el principio. Continúe haciéndolo y experimentará la mayor sorpresa de su vida. Todas las personas que le rodeen se asombrarán y se sentirán complacidas porque, una vez que el entusiasmo empiece a actuar en beneficio propio, será usted una persona muy diferente.

Naturalmente, después de haber recetado este tratamiento a muchas personas, no tengo dudas acerca de su efectividad. Aférrese al entusiasmo, hágalo deliberadamente y el entusiasmo se apoderará de usted y también de todo aquello que haga.

Personalmente, le debo mucho a la aplicación de estos principios y técnicas a mi propia experiencia. Yo era, por naturaleza, una persona negativa y asustada, excesivamente temerosa de mis propias y dolorosas dudas sobre mí mismo. Afortunadamente para mí, me crié en un hogar rebosante de entusiasmo. No teníamos en casa muchas de las cosas materiales del mundo. El mayor salario que tuvo mi padre en toda su vida fue durante mi adolescencia, cuando llegó a ganar hasta cuatro mil dólares anuales, si bien es cierto que en aquellos tiempos ésa era una buena cantidad de dólares. A pesar de todo, a cualquiera le habría parecido que éramos la gente más rica del mundo, sólo porque teníamos una madre y un padre a quienes les encantaba y les fascinaba la vida. Veían belleza y romanticismo en todo.

Por ejemplo, mientras escribo estas líneas, voy en un tren que cruza la fabulosa zona del río Frazer, en Colorado. Es un magnífico día de febrero. Contemplo el cielo azul, unas pocas nubes que flotan, de un blanco algodonoso, y veo la masa de las montañas Rocosas, que se desploman hacia la llanura, con las cumbres cubiertas de nieve. Desde el lado del tren hacia el lejano y magnífico panorama de estas nobles cimas, los diamantes parecen relucir sobre la nieve, profunda y blanda. Los altos y majestuosos pinos aparecen festoneados de nieve, como si una mano gigantesca los hubiera espolvoreado de algodón, tal como hacemos en nuestros árboles de Navidad.

Eso me hace pensar en un valle mucho menos espectacular, en el sureste de Ohio y en una tarde de invierno, hace ya mucho tiempo, cuando mi padre era el pastor de una pequeña iglesia rural y yo le acompañaba a un servicio religioso un domingo por la tarde. Nos desplazábamos en un carricoche de dos ruedas, tirado por el viejo «Duck», nuestro fiel caballo blanco. La nieve azotaba los rastrojos de los campos de maíz y los montones empezaban a apilarse tras las verjas. Casi no se veía el camino. «Vaya, padre, va a ser una noche terrible —le dije—. No habrá nadie en la iglesia y ¿cómo vamos a regresar a casa?»

Entonces, mi padre empezó a describir «la gloria y el poder de la tormenta». Se entretuvo un buen rato hablando del poder de los elementos, del solitario encanto del paisaje nevado. Describió el calor del tazón caliente dentro de las pequeñas granjas que se levantaban a lo largo del camino, con hilillos de humo azulado surgiendo de las chimeneas de las cocinas calientes. Mi padre era un gran predicador y a mí me encantaba escucharle hablar a la congregación. Era emocionante porque él mismo se sentía siempre emocionado. Pero nunca lo escuché en mejor forma que en aquel atardecer invernal, en el que «pronunció» un sermón sobre la majestuosidad de la naturaleza en una tormenta de nieve, dirigido exclusivamente a un adolescente, montado en un carricoche, en medio de una carretera rural.

Más tarde, una vez terminado el servicio religioso, «Duck» se esforzó por llevarnos de regreso a casa. La tormenta había desaparecido y ahora la luna llena iluminaba todo el paisaje, envolviéndolo en su plateada luminosidad. Mi padre me habló entonces de cómo las tormentas siempre pasan y «la gloria de Dios brilla a través de ellas». Mi padre veía a Dios en todo. Quizá fuera ésa la fuente de su extraordinario entusiasmo. Cuando entramos en el camino de acceso a casa, para dejar a «Duck» en el cobertizo, me dijo algo que nunca he olvidado: «Procura ser siempre entusiasta, Norman, y toda tu vida será maravillosa».

Bueno, tengo que admitir que no siempre he seguido su consejo, pero, de todos modos, él plantó aquella sabia idea en mí y se desarrolló plenamente con el transcurso de los años. Mi trabajo en la vida consiste en predicar y hablar. Paso por muchos momentos de angustia porque siempre me ha puesto nervioso la idea de tener que hablar en público, incluso delante de pequeños grupos, por no hablar de las grandes multitudes. Pero, para mí, la compensación a esa angustia se encuentra en la emoción del entusiasmo, cuando éste se abre paso a través del sentimiento de inferioridad cada vez que subo al estrado o al púlpito.

No soy un gran orador, de eso tengo plena conciencia y el éxito que haya podido tener como tal no se debe a una gran sabiduría, formación o erudición. Se debe a una sencilla fórmula de cuatro puntos:

1. Sinceridad, la más absoluta sinceridad. Creo completamente en todo lo que digo.
2. Entusiasmo. Me siento emocionado con lo que hago, me dejo atrapar y, simplemente, tengo que comunicárselo a la gente.
3. Hago que sea sencillo, en el lenguaje y en el pensamiento.
4. Tiene que ser interesante. ¿Cómo puede ser aburrido el material más interesante del mundo?

Precisamente el pasado domingo predicaba sobre el tema del «entusiasmo impulsa el éxito en la vida». Le dije a la gente, con toda mi capacidad, la maravillosa vida que Jesucristo podía hacer para ellos. Se me acabó el tiempo y tuve que dejar de hablar, algo que siempre intento hacer al cabo de veinticinco minutos. Luego, la numerosa congregación se levantó y cantó el magnífico himno «Adelante, soldados de Cristo», después de lo cual nuestro organista, Charles R. Cronham, abordó el gran himno llamado la doxología y titulado «Alabad a Dios, de quien fluyen todas las bendiciones».

Pues bien, me sentí tan entusiasmado que apenas si pude contenerme para no iniciar otro sermón. No pude resistirme a decir algo más, mientras la congregación permanecía de pie, a la espera de la bendición. Todos se sorprendieron al oírme decir: «Amigos, acabamos de cantar dos de los himnos más poderosos que haya escrito la fe. Estáis tan conmovidos como lo estoy yo. En este preciso momento, todos estamos más animados, en mente y en espíritu. El inmenso poder de la fe está vivo en vosotros. Id ahora al mundo y vivid de ese poder».

Créame, el entusiasmo actuaba en todos los presentes en la iglesia en aquellos momentos. Vi reflejada en los rostros de la gente, envuelta en la luz efulgente que penetraba por los grandes vitrales, otra potente luz interior. Fue un momento inolvidable. Ir a la iglesia puede ser una experiencia conmovedora. Aquel día lo fue, desde luego.

Por mi parte, debo decir que el poder del entusiasmo siempre me ha funcionado y ésta es la razón por la que he intentado animar a los demás a permitir que funcionara también para ellos. Si es capaz de hacer lo que ha hecho por mí, con mis escasas habilidades, podrá hacer mucho más por usted, de eso estoy seguro.

He tenido el privilegio de hablar ante muchas convenciones de hombres de negocios y vendedores. Quiero contarles algo de un vendedor al que conocí en una convención nacional de ventas.

Este hombre no tenía la costumbre de acudir a las convenciones, a las que, naturalmente, van aquellos que desean perfeccionar su rendimiento, es decir, los verdaderos productores. Este hombre no disponía de suficiente ánimo como para ir a una convención de trabajo por propia iniciativa. Lo que le faltaba era motivación. Estaba allí porque tenía un jefe que se preocupaba por sus hombres y que prácticamente había enviado a este hombre a la convención «con la débil esperanza de activar su carácter —según me confesó su jefe, amigo mío—. Cuenta con lo que hay que tener, pero le falta el entusiasmo. Quisiera que hablaras con él después de tu discurso, si es que dispones de un poco de tiempo. Enciende un fuego bajo él, si puedes».

«Será mejor encender ese fuego en él, antes que bajo él, ¿no cree?» —le repliqué.

Mientras hablaba durante el almuerzo, en el salón de baile del Conrad Hilton, en Chicago, vi a mi amigo, el jefe de este hombre, sentado en una de las mesas delanteras. Captó mi mirada y me hizo una leve seña para indicarme al hombre que estaba sentado a su lado, como diciéndome: «aquí está; ponte a trabajar en él».

Este vendedor, llamado Frank, era, evidentemente, un tipo agradable, uno de esos hombres geniales y relajados, aunque quizá demasiado genial y relajado. Escuchó mi discurso y tuve la sensación de haber obtenido de él una respuesta moderada. Después de la reunión, se acercó a la mesa presidencial, por iniciativa propia, aunque sospecho que quizá fuera alentado por su jefe. Me preguntó si podía hablar un momento conmigo. Nos dirigimos a mi habitación, en el vigésimo piso del hotel, desde el que se dominaba una magnífica panorámica de la Avenida Michigan y el lago Michigan. El sol penetraba a raudales por las ventanas.

«Soy un simple vendedor, que ha venido aquí por mi jefe, un buen tipo que parece estar ladrándole al árbol equivocado, con la esperanza de convertirme en un productor.»

Así fue como inició la conversación.

«Un pensador negativo, ¿eh? —le repliqué—. Autodesprecia-tivo y poniendo el acento en la voluntad de fracasar.» Hablé más para mí mismo, como si hiciera un análisis objetivo (que era lo que estaba haciendo).

«Dígalo todo de nuevo, por favor» —me pidió.

Se lo repetí y añadí: «Reacción mental letárgica, ausencia de factores de motivación. Probablemente, está resentido por cosas sucedidas en su infancia y su esposa no le comprende».

Se enderezó en la silla, sobresaltado. «Creía que no nos co-nocíamos. ¿Quién le dijo todo eso de mí? Me conoce como un libro abierto.»

«Nadie me lo ha dicho. Su jefe me habló de usted, pero cree en usted, aunque sólo el Señor sabe por qué. Yo, en cambio, no veo en usted muchas cosas en las que creer. —Me apresuré a añadir—: Sé que hay en usted algo que nunca se ha mostrado y en lo que valdría la pena creer ciegamente.»

«Es usted un hombre duro. Creía que los ministros eran per-sonas amables» —me dijo.

«Eso depende del tratamiento que se necesite aplicar. Somos personas amables cuando se necesita la amabilidad y duras cuando lo indicado es la dureza. El propósito consiste en ayudar al paciente que, en este caso, es usted.»

«Está bien. Seré franco. Todo lo que me ha dicho es cierto, pero una cosa de la que no he sido culpable es de haber tenido algún lío de faldas. He sido totalmente fiel a mi esposa. No bebo mucho. En realidad, soy un tipo bastante moral. Detesto lo escabroso y el lenguaje subido de tono. Soy más bien un hombre apagado, apático y perezoso y tiene razón con respecto a mis padres y a mi esposa, que siempre están tratando de empujarme.»

Se derrumbó, abatido, en la silla.

«Pues bien, aquí tiene su receta —le dije, escribiendo algo en una hoja de papel de carta del hotel, que incluso firmé, como hacen los médicos con las recetas—. Esto es para usted. Y recuerde que ninguna receta vale dos centavos a menos que se tome tal como se indica.»

El hombre miró el papel y leyó en voz alta: «Practique diariamente el entusiasmo». Me miró, desconcertado. «Pero si yo no tengo ningún entusiasmo. Debo tenerlo antes de practicarlo.»

«¡Oh, no! —exclamé—. Hágalo al revés. Empiece por practicarlo y entonces lo tendrá.»

«La cuestión es ¿cómo empezar? Pensé que quizá deseara usted rezar conmigo.»

«Alto ahí, no vaya tan de prisa. La oración intervendrá a su debido tiempo. ¿Cómo espera ver estimulada su motivación a menos que acuda a la fuente principal de todo dinamismo?»

Así pues, empecé por darle la primera lección.

«Levántese, camine por la habitación y empiece a enumerar las cosas que vea y que le despierten entusiasmo.»

Así lo hizo y finalmente dijo: «No veo nada.»

«Desde luego, está usted lleno de puntos ciegos. ¿Qué son esas dos cosas sobre las que camina?»

«¿Cómo? Pues los pies, claro.»

«Muy bien. Anótelos en primer lugar. Piense, simplemente, en tener dos pies. ¿Cómo se sentiría si sólo tuviera uno o quizá ninguno? No hay nada como dos buenos pies, sobre todo cuando dispone también de las piernas para andar con ellos.»

«Nunca se me había ocurrido pensar en eso» —admitió.

«Sí, ya sé que hay muchas cosas en las que no se le ha ocurrido pensar, pero va a cambiar sus procesos mentales. ¿Qué más ve?» —le pregunté.

«Mis manos, brazos, ojos, nariz, boca, cabeza… Me he adelantado. —En efecto, comprendía con rapidez—. Fíjese en la luz del sol que penetra en la habitación —exclamó y abrió más las cortinas—. Y esa magnífica calle ahí abajo y el lago azul al fondo. Capto la idea. Consiste, simplemente, en empezar a pensar de una forma entusiasta acerca de todo. Se trata de eso, ¿verdad?»

«Así es —le contesté—. Y, a medida que lo practique, esa forma de pensar se integrará en usted como una segunda naturaleza. Es más, experimentará un aumento en la agudeza de su sensibilidad. Percibirá y sentirá con una nueva conciencia fresca. Y, cuando eso suceda, lo sabrá, se dará cuenta porque su mente se llenará con una exquisita sensación de felicidad. Eso significará que está usted al fin vivo y, entonces, ya no se corresponderá con la descripción que ha hecho de sí mismo como una persona apagada, apática y perezosa. El entusiasmo habrá empezado a actuar en usted.»

«¿Qué me dice de la oración?» —me preguntó cuando ya empezaba a prepararme para salir en dirección al aeropuerto.

«Claro, recemos —le dije. El silencio se hizo entre nosotros—. Bueno, empiece a rezar» —le animé.

«Oh, ¿quiere que sea yo el que rece? No tengo esa costumbre.»

«Ningún otro momento mejor que éste para adquirir el hábito» —repliqué, convencido de que él deseaba rezar.

«Señor —dijo con vacilación—, no deseo seguir siendo lo que he sido hasta ahora. Es más, no lo voy a ser. Gracias por todo. Te ruego que me des entusiasmo para mi trabajo, para la vida, para todo. Señor, eres maravilloso. Amén.»

«¿Cómo se le ha ocurrido añadir la última frase?» —le pregunté, curioso.

«Pues no sé. Simplemente, se me ocurrió pensar que el Señor es maravilloso.»

«También lo es usted, hombre. Y, como se suele decir, todavía no ha visto lo mejor, siempre y cuando mantenga su programa de entusiasmo. Estoy convencido de que lo hará.»

Mi propósito no era convertir a aquel hombre en un buen vendedor a partir de una actitud indiferente. Se trataba más bien de ayudar a un hombre medio muerto a recuperar plenamente su vida. Sabía que, a medida que aprendiera a participar vitalmente en la vida, sería mucho más capaz de comunicarse y, por tanto, las ventas se producirían casi de modo natural. Poseía todos los conocimientos necesarios. Sólo le faltaba algo igualmente importante: cómo hacerlo. Pero, a medida que aumentara su entusiasmo, la gente que lo hubiese conocido como indolente, adormilado y medio despierto, quedaría asombrada ante la metamorfosis demostrada por su nueva perspectiva y su mejorada actitud.

Esquilo, el primero de los grandes dramaturgos griegos de la antigüedad, declaró: «La felicidad procede de la salud del alma». La salud del alma implica el tener buena voluntad en lugar de odio, ser desprendido en lugar de egoísta, entusiasmo en lugar de cinismo y fe en lugar de duda.

Practique cada día un entusiasmo gozoso. Practique el aprecio por el mundo de Dios, hasta que lo haga de forma natural. Agradezca diariamente sus bendiciones. Adquiera el hábito de abrigar pensamientos felices. Haga todo lo posible para que los demás sean felices. Ésa es la fórmula para alcanzar la verdadera felicidad y el entusiasmo y que también le dará resultados.

Así pues, constituye un hecho que tanto usted como yo somos en buena medida aquello que practicamos. Si se practica el negativismo, se obtendrán resultados negativos. ¿Por qué iba a ser de otra forma? ¡Se habría convertido así en un experto en el negativismo! Practique el fracaso y puede tener la más completa seguridad de que fracasará. Practique el entusiasmo, incluso en las cosas más comunes y el inmenso poder del entusiasmo obrará maravillas para usted.

Al concluir este capítulo, siento el deber de advertirle que el cambio desde la actitud poco metódica hasta el entusiasmo no se produce necesariamente de una forma fácil o rápida. Hay una palabra, muy poco utilizada en estos tiempos, que haría usted bien en situar en un lugar importante en su vocabulario. Es la palabra «perseverar». Se puede saber algo sobre lo que le sucede a un país por el cambio de énfasis que se da en el uso de las palabras. En los buenos tiempos, cuando hombres que trabajaron duro y se esforzaron por alcanzar sus objetivos convirtieron a Estados Unidos en el magnífico país que es hoy, las palabras más importantes que se utilizaban eran honradez, trabajo, ahorro y perseverancia.

Estas palabras están dejando de ser utilizadas en los últimos años y eso podría ser un síntoma de que las cosas no andan tan bien. Yo estoy a favor de volver a ponerlas en circulación. En cualquier caso, para crear entusiasmo y la clase de personalidad que se necesita para abrigarlo, se necesita perseverar. El resultado final, sin embargo, compensará todos los esfuerzos, por largos y trabajosos que hayan sido. Por ejemplo, está el caso de una mujer que me escribió la siguiente y fascinante carta. Esta carta, escrita en un papel de características femeninas, mostraba rosas rojas impresas sobre un fondo de color rosa pálido. Habitualmente, no tengo en gran consideración esa clase de papel de carta tan adornado. Pero al terminar de leer la carta, tuve que admitir que había muy buenos motivos para el toque de fantasía de las rosas. Me la enviaba una dama de Indiana que acababa de salir de un prolongado período de infelicidad y frustración para arrojarse en brazos de una vida gozosamente animada y transformada. La carta decía:

Hace ocho años mi vida estaba sumida en un estado negativo, por decirlo de un modo suave. Consciente de que tenía que hacer algo, decidí desempolvar la Biblia y dedicar diariamente una hora al rezo y a la meditación. Poco después de eso, encontré casualmente su libro *El poder del pensamiento positivo*. Probé las técnicas que en él se explicaban. Durante dos años completos, estudié, medité, recé y me disciplíné y, aparentemente, no cambió nada.

Obsérvese que dice «dos años completos». Evidentemente, esta mujer demostró perseverancia, ¿no le parece? La gente se decepciona con suma facilidad con un programa que supone realizar un esfuerzo diario, y lo abandona cuando apenas han transcurrido dos semanas. Pero esta mujer lo mantuvo durante dos largos años, a pesar de que no vio resultados.

Entonces, una noche, a hora muy avanzada, cuando ya todo el mundo se había acostado y me encontraba en un momento en el que tenía la sensación de haber hecho todo lo posible por mejorar la situación...

Aquí aparece el momento crítico, cuando el tema está pendiente de un hilo, donde se corre el mayor peligro de perder la esperanza y aceptar la derrota e incluso de perder la fe en Dios y volverse una persona amargada. Cuando a uno ya no se le ocurre nada más y se tiene la sensación de haber hecho todo lo humanamente posible, ¿qué hacer? Pues ése es precisamente el momento de perseverar y seguir perseverando. ¿Qué hizo entonces esta dama?

Caí de rodillas —escribe—y se lo confesé todo a Dios. Recé como nunca antes había rezado. Una hermosa paz se extendió sobre mí y me sentí envuelta en el cálido brillo de una especie de amor. Según entendí más tarde, había alcanzado un punto de total entrega, después de un período de arrepentimiento y lamentación.

Fue entonces cuando vi claramente muchas cosas. Los pasajes de la Escritura con los que me había saturado, adquirieron así un nuevo significado. Todo el mundo me pareció diferente. Era como si viese los árboles por primera vez, las flores y toda su fragancia, como si ahora poseyese una nueva comprensión de la propia vida.

Esa experiencia cambió toda mi vida. Fue tan maravilloso que, al hablar de eso, se me olvida mencionar a veces que la curación física que se produjo fue mucho más importante para mí que la curación del alma. Quedaron eliminadas tres enfermedades físicas, dos de tipo orgánico y una funcional. Uno de los problemas orgánicos había sido tan doloroso que me veía obligada a tomar barbitúricos la mayor parte del tiempo. Pero, en los años transcurridos desde entonces, no ha vuelto a aparecer.

Al día siguiente inicié una limpieza de toda mi vida, pidiendo perdón siempre que pude.

Ahora, me siento realmente alegre, incluso en medio de situaciones desconcertantes y poseo un valor que hasta me asombra. El temor ha desaparecido y estoy segura de que hay un más allá muy hermoso. Dios me permitió experimentar un renacimiento o despertar del alma que sigue creciendo y creciendo. ¡Dios mío! ¡Qué interesante es la vida!

Hago todo lo que puedo por ayudar a otros seres humanos, a personas desgraciadas y veo cómo sus vidas empiezan también a cambiar.

Toda una carta, ¿no le parece? Esta persona encontró algo que lo cambió todo en su vida. Cuando se está en este nivel tan profundo, se encuentra uno en armonía con la bondad de Dios, se disciplina uno y se mantiene así, perseverando realmente, autocondicionándose de tal modo que el poder de Dios inunde su vida.

Es entonces cuando empezará a actuar el magnífico poder del entusiasmo y lo hará para favorecerle. ¿El resultado? En lugar de sentirse empujado de un lado a otro por la vida, será usted quien se haga cargo de su propia vida. Las cosas serán muy diferentes y muy interesantes.

Resumen de «Haga que la magia del entusiasmo trabaje para usted»

1. Entusiasmo es una palabra que significa «estar lleno de Dios». Así que, para tener entusiasmo, llene por completo su mente de Dios.

2. Los golpes de la vida no pueden quebrar a una persona cuyo espíritu se calienta con el fuego del entusiasmo. La persona únicamente se desmoronará cuando se enfríe el entusiasmo.

3. Si está lleno de entusiasmo, renacerá espiritualmente. Esa experiencia le hará cobrar vida. Estudie el texto de la Biblia: «... también nosotros andemos en vida nueva» (Romanos, 6, 4).

4. Recuerde cada día su propia habilidad, su buena mente y afirme que puede hacer algo realmente bueno con su vida.

5. Vacíe su mente de viejos pensamientos muertos y renazca en mente y en espíritu. El renacimiento renueva la personalidad.

6. Esté atento al encanto y el romanticismo de la vida y practique la vivacidad.

7. Para tener entusiasmo practique, simplemente, el ser entusiasta.

8. Puede ser entusiasta afirmando el entusiasmo y pensando, hablando y actuando con entusiasmo.

9. Comience y termine cada día dándole gracias a Dios por todo, incluso en medio del día.

10. Persevere en su búsqueda de Dios. Cuando lo encuentre, el entusiasmo rebosará de su mente.

7

SIÉNTASE SANO
SIN UNA ESCLAVIZADORA
DEPENDENCIA DE PASTILLAS

Le ruego que, a partir del título de este capítulo, no llegue a la conclusión de que estoy en contra de las pastillas y de la medicina. En realidad, yo mismo tomo algunas de vez en cuando. Lo que me preocupa, simplemente, es la dependencia esclavizadora de pastillas, en lugar de apoyarse en esos recursos básicos de la salud y la vitalidad que se encuentran en la forma correcta de pensar y en el poder curativo de la fe. Lo que esperamos hacer en este capítulo es mostrar cómo algunas personas han encontrado salud, vitalidad y una incrementada fortaleza a través de la aplicación de un pensamiento correcto, especialmente del espiritual.

Una de esas personas es un brillante estudiante universitario que, en efecto, había desarrollado una dependencia esclavizadora de las pastillas. Al ser un perfeccionista, se había convertido en víctima de una tensión febril, una enfermedad que parece ir en aumento entre la gente joven. Pero este joven, según indica en su carta, descubrió el secreto de la salud emocional y física. Cuenta tan bien su propia historia, que me limito a citar sus propias palabras:

> Soy un estudiante universitario de primer curso, matriculado en ingeniería química en la Universidad de Illinois. Durante la época en que asistí a la escuela superior, me convertí en un perfeccionista, dedicado a trabajar incansablemente

153

para sacar buenas notas y ahorrar dinero suficiente para continuar mis estudios. Gracias a ello, me gradué como el primero de una clase de trescientos, obtuve el mejor premio en ciencias que se había dado jamás en mi escuela, ahorré dinero suficiente para ir a la universidad, me compré un coche, tenía mucha ropa y gastaba dinero. Además, he estado saliendo con una chica maravillosa, miembro de la misma Iglesia que yo, y por la que estoy realmente loco. Supongo que, a juzgar por las calificaciones habitualmente aplicadas, debería considerarme como una persona muy afortunada. Sin embargo, me faltaba una cosa que era lo que más deseaba: paz interior.

Al llegar aquí, en septiembre, empecé a replicar de inmediato la forma de actuación seguida en la escuela superior. Al finalizar mi primer semestre, había obtenido una nota media de 4,8 (sobre una base de 5,00), pero al regresar a casa, antes de iniciar el siguiente semestre, estaba tan mal de los nervios que apenas si podía contener los temblores. Mi padre insistió en que acudiera a un médico. Así fue como empecé a tomar gran cantidad de pastillas para calmar los nervios, a pesar de lo cual no conseguía calmarme. Finalmente, mi personalidad se derrumbó.

Fue entonces cuando mi madre me dio una serie de los sermones que usted predica y se inició el milagro. Este semestre, al regresar, leí sus sermones con toda la regularidad que pude y la paz interior y la confianza en mí mismo que obtengo de ellos es realmente algo increíble. Mis nervios se calmaron y desde entonces no he vuelto a tomar una pastilla. Tengo en la cómoda un paquete de pastillas, como recordatorio de cómo eran las cosas antes de ponerme en manos de Dios.

Este joven es muy generoso en sus referencias a mis sermones impresos (que, a propósito, puede obtener cualquier lector de este libro. Se publican tres al mes y se envían a unas trescientas cincuenta mil personas en cincuenta estados y más de cien países extranjeros. Si desea recibir los sermones con regularidad no tiene más que escribir a Foundation for Christian Living, Pawling, Nueva York y mencionar la nota leída en este libro).

La experiencia creativa de este estudiante que, debo decir, no siempre se produce con tal aparente rapidez, sugiere, no obstante, la mejora del bienestar que se puede conseguir mediante un procedimiento mental espiritual que llamamos la práctica de la presencia de Jesucristo en la mente. A menudo, del uso estudiado y deliberado de esta técnica espiritual se deriva una renovación y un reacondicionamiento de la mente.

Permítame contarle otro caso. Recientemente, un hombre de negocios me recordó el encuentro que habíamos tenido en un tren hace algunos años, en un momento en que él se encontraba sumido en una aguda crisis y un estado de elevada tensión nerviosa. Recuerda cómo le sugerí que utilizara este procedimiento de «vivir con Jesucristo en su mente», como una forma de corregir la situación en que se encontraba.

Recuerdo muy bien el incidente. Yo cruzaba el vagón-restaurante, para dirigirme hacia un vagón de los últimos del convoy cuando observé a este hombre al que conocía desde hacía mucho tiempo, sentado ante una mesa, tomando café y fumando. «Siéntese —me invitó—. ¿Quiere tomar una taza de café?»

«Desde luego. ¿Cómo está usted?»

«No muy bien —fue su respuesta—. En realidad, me siento bastante inestable.»

Charlamos un rato, terminé mi café y él sugirió que me tomara otro.

«No, con uno tengo suficiente, gracias» —le dije.

«Bueno —gruñó—. Yo al menos necesito tomarte otro.» En el breve espacio de tiempo que estaba con él había tomado dos jarras de café, equivalentes a cuatro tazas. Además, fumaba un cigarrillo detrás de otro. Observé que tenía una expresión agitada en el rostro, las manos temblorosas y los dedos torpes. Le pregunté entonces si le pasaba algo.

«¡Que si me pasa! —repitió—. A usted también le pasaría si hubiera un montón de gente atacándole a hurtadillas, engañándole, tratando de ganarle la delantera y un montón de cosas más.»

Empezó a hablarme de sus problemas (situaciones complicadas y ambiguas) o más bien de su actitud confusa ante los problemas. El agravio principal era que, según él, tenía «derecho» a ser el presidente de su empresa, a pesar de lo cual un hombre procedente del exterior se le había adelantado en ocupar aquel puesto, mientras que él seguía siendo vicepresidente ejecutivo. Esto lo estaba carcomiendo por dentro, royendo su centro de control interno y cuanto más hablaba él, más convencido estaba yo de que aquello constituía un factor importante en la desorganización de su personalidad.

Luego, dijo: «Camarero, por favor, sírvame otro café». Y, a continuación, encendió nerviosamente otro cigarrillo.

«De ese modo no va a encontrar la respuesta —le dije—. Lo único bueno es que no está bebiendo whisky.»

«¿Dónde puedo encontrar entonces la respuesta?» —me preguntó.

Sabía que, básicamente, era un hombre religioso, de modo que le ofrecí una fórmula espiritual que había demostrado ser efectiva en otros casos. Tuve la sensación de que una idea sencilla podría contrarrestar su obsesión destructiva. Le aconsejé, simplemente, que empezara a pensar consciente y consistentemente en Jesucristo. «¿Adónde le lleva de todos modos ese tenso frenesí, excepto a un agudo estado de nervios? —le pregunté—. Para superarlo, practique el vivir mentalmente con Jesucristo durante todo el tiempo que le sea posible. Sature su mente con su presencia.» Observé su mirada de sorpresa.

«Hágalo así, de veras —le animé—. Esta sugerencia no es ninguna tontería. Piense en Jesucristo tantas veces al día como le sea posible. Llene su mente de pensamientos sobre Él. Rece muchas veces al día. Mientras camina o conduce, durante el trabajo, rece pequeñas oraciones. Repita las palabras de Jesucristo, permitiendo que se asienten profundamente en su consciencia. Al convertir al Señor en el sujeto principal de sus pensamientos, la presencia de Cristo se apoderará de usted de una manera realista. Este reacondicionamiento espiritual de sus procesos de pensamiento contribuirá mucho a curar su desmoronamiento potencial, induciéndole un nuevo control y una nueva paz en sus reacciones emocionales.»

Me dio las gracias amablemente, pero, al bajarme del tren en Filadelfia Norte, tuve la sensación de que no estaba del todo convencido. Posteriormente, me dijo que en aquella ocasión creyó hallarse ante otro consejo teórico por parte de otro predicador teórico. ¿Qué posible relación podía tener Jesucristo con los problemas empresariales o con la forma en que una persona se sentía físicamente? Nunca se había oído hablar de eso en la iglesia.

No obstante, su estado nervioso se deterioró progresivamente hasta el punto de que se dio cuenta de que tenía que hacer algo; así pues, decidió experimentar con el método que le había sugerido en el tren. Este incidente ocurrió hace algunos años. Recientemente, el mismo hombre dijo: «Esta técnica de pensamiento cambió toda mi vida. La acepté sólo muy lentamente y no fue fácil ponerla en práctica, pero debo decir honradamente que me convirtió en una persona mucho mejor mental, física y espiritualmente. Me proporcionó control mental y eso condujo a una mejoría de mi estado nervioso y a la mejoría física que de ello se derivó. Recuperé el control sobre mí mismo y eso me ayudó a pensar las cosas de nuevo». La validez de esta experiencia individual vino indicada por la cooperación y el apoyo amistoso incondicional que ofreció a partir de entonces al presidente de su empresa.

Y también le enseñó algunas cosas muy realistas, como por ejemplo: «Comprendí que no estaba preparado para ser presidente de mi empresa y, de hecho, me asombré de que los miembros del consejo de administración me siguieran manteniendo en el segundo puesto». Más tarde, cuando el presidente se jubiló fue promovido al primer puesto, pero para entonces ya estaba preparado.

«Descubrí que el proceso de curación descrito en la Biblia sigue siendo válido —me dijo, añadiendo la siguiente percepción—: Ahora me doy cuenta de que cuando le encontré aquel día en el tren, mis problemas no tenían nada que ver con los problemas empresariales. Yo era el problema. Pero tardé mucho tiempo en aceptar ese hecho.»

El mismo poder curativo está siempre disponible para todos aquellos que lo deseen lo suficiente como para creer, pedir y lanzar la mente a una actitud de fe capaz de satisfacer las condiciones para la curación. Recuerde lo que dijo Jesucristo: «Si puedes creer, al que cree todo le es posible» (Marcos, 9, 23). El proceso de vivir mentalmente con Cristo le permite creer con esa fe extra que se necesita para obtener resultados extraordinarios.

En la actualidad, los discípulos de Cristo no se dan cuenta ni aprecian el tremendo poder que Él les ha dado. Qué patético que tantos de ellos se arrastren por la vida medio despiertos, medio enfermos, actuando por debajo de sus capacidades, derrotados, cansados, nerviosos, desanimados. Esa clase de existencia tan miserable no puede ser lo que Dios nos tenía destinados a usted y a mí. Lea la siguiente y extraordinaria promesa: «He aquí: os doy potestad de hollar serpientes y escorpiones y sobre toda fuerza del enemigo y nada os dañará» (Lucas, 10, 19). ¿Por qué no aprovechamos y vivimos según ese poder?

Quizá nuestro fracaso se deba en parte a la noción de que, en estos tiempos modernos, la curación por la fe no se da como en los tiempos del Nuevo Testamento, a pesar de que constantemente se acumulan las pruebas de que esas curaciones se producen en realidad. No obstante, a algunas personas firmemente convencidas de que Jesucristo curó a los enfermos les resulta difícil creer que ese mismo poder puede actuar ahora, especialmente para ellas. Esas personas suelen decir, tristemente, que la era de los milagros ya ha pasado. Ahora, la curación se logra por medios médicos científicos…, a lo que habitualmente suelen añadir piadosamente «aunque la fe ayuda». Para ellas, la fe únicamente ayuda al médico; su función principal sería la de situar al paciente en un mejor estado mental y, de ese modo, en una forma suave de estimular el proceso curativo.

Pero la curación divina ya es «científica», en la medida en que está condicionada por la ley, que es la ley espiritual, la más elevada de todas. Y las curaciones también ocurren en la actualidad. Considere, por ejemplo, la siguiente carta de una mujer cuyas afirmaciones han sido verificadas y calificadas como auténticas:

Hace unas seis semanas, durante un almuerzo en el edificio de las Naciones Unidas, la señora Peale me invitó a comunicarle la historia de la curación de mi esposo.

Ray nació con una vista muy deficiente. No tenía control muscular del ojo izquierdo. Ese ojo casi no tenía visión, mientras que la del ojo derecho era también deficiente. Llevaba gafas muy pesadas para leer y tenía otro par para uso general, sin las cuales no se sentía seguro, ni siquiera en casa. Además, tenía diminutas verrugas en los ojos, que le salieron durante su adolescencia, que aparecían con mayor frecuencia a medida que pasaban los años y que eran muy dolorosas. Poco antes de su curación, le aparecían dos veces al día. Habíamos estado rezando a Dios durante un año para que lo curara.

Era el último domingo del mes de junio de 1954 y habíamos estado escuchando el programa «Oral Roberts» en la radio. Al concluir su oración, le dije: «Un hombre que acaba de ser curado se quita las gafas». Él se quitó inmediatamente las gafas y, desde entonces, no las ha vuelto a necesitar. Pudo ver sin sus gafas mucho mejor que antes. Las verrugas desaparecieron bruscamente. El proceso curativo continuó durante unos cinco días. En cada uno de esos días hubo una cierta expectación ante las diversas fases de la curación, a medida que ésta se producía. Primero desapareció la visión borrosa; luego, tras una hora y media de movimientos espasmódicos del ojo izquierdo, descubrió que poseía el control muscular de ese ojo; era capaz de ver, tal como eran, las líneas rectas, que siempre había visto en zig-zag; la visión a distancia siguió mejorando.

¿Qué me hizo declarar aquellas palabras cuando le dije a mi esposo que se quitara las gafas porque había sido curado? En aquellos momentos me sentí muy extrañada y no lo comprendí. Ahora, sé que fue a instancias del Espíritu Santo.

Si este testimonio puede servir para algún propósito útil y ayudar a otros a creer en Dios, puede utilizarlo de la manera que le parezca más adecuada. Tenemos tantas benditas promesas: «Por tanto, os digo que todo lo que pidiereis orando, creed que lo recibiréis, y os vendrá» (Marcos, 11, 24). «Confesaos vuestras ofensas unos a otros, y orad unos por otros, para que seáis sanados. La oración eficaz del justo puede mucho» (Santiago, 5, 16). «Si vuestro corazón no nos reprende, confianza tenemos en Dios; y cualquier cosa que pidiéramos la recibiremos de Él...» (1 Juan, 3, 21-22).

Estoy segura de que el Señor está más ansioso de curar que nosotros de ser curados. Quisiera limpiarnos desde dentro hacia fuera. La curación para el cuerpo y el alma fue incluida en el acto redentor de nuestro Señor Jesucristo. ¡Qué maravilloso salvador tenemos!

Naturalmente, también se pueden citar casos de personas que rezaron para ser curadas y no lo obtuvieron. A nivel personal, yo mismo he rezado para obtener curación y no la he conseguido. Pero eso no quiere decir que a otros no se les haya concedido esta gran bendición. Si rezo y no recibo, significa, simplemente, que no estoy rezando correctamente, o que dentro de mí mismo hay barreras que bloquean el poder, aunque también podría significar que recibo un «No» por respuesta. Si fuera éste último el caso, entonces debo cambiar obedientemente mi oración para optar por otra de adaptación a la situación, en cuyo caso se me dará el poder para vivir con mi problema y utilizarlo creativamente.

Quizá algunos de los que han recibido curación se les ha garantizado esta gran experiencia para que se profundice su percepción espiritual y sus almas adquieran dimensiones más grandes. Tomemos, por ejemplo, el caso de mi viejo amigo H. S.

Hace tres años, mientras me hallaba en Suiza, recibí una carta de la hermana de un hombre que había sido mi compañero de clase en la escuela superior. Me decía que a H. S., su hermano, le habían hecho un examen médico y le habían detectado una enfermedad incurable cuyo pronóstico de vida era de unos pocos meses. Me pedía que rezara por su hermano para que se curara, algo que, naturalmente, hice de todo corazón. Transcurrieron las semanas, luego los meses y no volví a tener más noticias.

Unos dos años más tarde, tuve que pronunciar una conferencia en Indiana. Ya fuera del salón de convenciones se me acercó un hombre y me saludó: «Hola, Norman».

Supuse que sería un viejo amigo, pero no pude ubicar su fisonomía. «¿Dónde te he visto por última vez?» —le pregunté.

«Nos vimos por última vez el día en que nos graduamos en la escuela superior» —me contestó. En efecto, era H. S. Se había enterado por el periódico que pronunciaría una conferencia ese día y había acudido desde su hogar, a unos ciento veinte kilómetros de distancia, sólo para saludarme. «Sólo tengo tiempo para hacerte una breve visita —me dijo—. Tengo que regresar pronto. Estoy realmente muy ocupado.»

«Déjame que te mire, H. S. Hace dos años, cuando estaba en Suiza...» —empecé a decir. Pero él me interrumpió para decirme que sabía que su hermana me había escrito. Luego, me contó lo ocurrido.

Poco después de recibir el veredicto de que sufría una enfermedad incurable, había regresado a la clínica para someterse a más pruebas y tuvieron que ayudarlo para salir del coche. Los médicos no le ocultaron que, en su opinión, quizá no pudiera regresar nunca más a su casa. Fue entonces cuando él decidió no seguir luchando y dejarlo todo en manos de Dios: sus temores, su vida, todo. «Dios ha sido bueno conmigo —me dijo—. Quería que todo estuviera bien y, simplemente, le dije que lo amaba» —concluyó con sencillez y, al mismo tiempo, con grandeza.

Luego, una tarde, mientras estaba a solas en su habitación, se sintió repentinamente muy en paz consigo mismo, como si se hallara completamente rodeado por el amor de Dios. Tuvo la extraña sensación de que Dios le había dado una nueva oportunidad. Antes de la cena tomó la decisión de abandonar la clínica y regresar a su casa a la mañana siguiente. Los médicos se mostraron reacios a permitirlo pero, ante su insistencia, le dieron de alta. Condujo él solo todo el trayecto hasta su casa, a más de mil kilómetros de distancia. Ese ejercicio no le afectó lo más mínimo. «Desde entonces, me he sentido bien —afirmó—. Y ya han pasado dos años.»

Instantáneamente, surgió en mi mente la cuestión de si no se trataría, quizá, sólo de una remisión temporal de la enfermedad. Por lo visto, H. S. leyó mis pensamientos, pues se apresuró a decir: «Sí, es posible que sólo sea temporal. Pero ¿acaso la vida no es temporal? Ahora ya no me importa mucho cuánto tiempo viva. He tenido la gloriosa experiencia de sentir la presencia curativa de Dios y ahora sé que estoy a salvo en la vida o en la muerte. Eso es ahora lo único que me importa.»

Seguramente, en la vida humana no hay suerte más grande que el estado mental al que había llegado mi amigo: es una profunda seguridad de que nada puede perturbarnos, ocurra lo que ocurra. En realidad, sólo hay una verdadera seguridad en este mundo: la identificación del alma con la realidad definitiva, Dios, nuestro refugio y fortaleza. Ésa es la única seguridad que podemos dar por cierta. Y H. S. la había encontrado.

La fe también actúa en otro sentido, para infundir salud sin una dependencia esclavizadora de las pastillas. La fe estimula una poderosa determinación, una enorme voluntad de estar sano. Eso proporciona una cualidad de bienestar mayor de lo que pudiera parecer posible en algunas circunstancias.

Muchas personas tienen un concepto inadecuado de la curación, de la fuerza fortalecedora que podemos convocar desde nuestro propio interior gracias a una voluntad poderosamente motivada. De hecho, en la actualidad hasta parece raro poner el énfasis en el poder de la voluntad. En los viejos tiempos oíamos hablar mucho sobre el poder de la voluntad. A la gente joven se le enseñaba a desarrollarlo y no se consideraba fuerte a nadie que fuese incapaz de demostrar fuerza de voluntad. La fuerza de voluntad se consideraba como una señal de virilidad. Ahora, en cambio, se ha vuelto floja en muchos de nosotros, como un músculo no utilizado durante mucho tiempo. No obstante, la disciplina de la fe puede tonificar y dar resistencia de nuevo a la voluntad y una vez que ésta trabaje con eficiencia se tendrá a un aliado muy valioso para crear una buena salud.

Una noche fui a Kingston, en Nueva York, para dar una charla y mi viejo amigo Bob C. acudió a recibirme a la estación de Poughkeepsie. Conocía a Bob C. desde mis tiempos de Syracuse, allá por los años veinte. Había servido en la policía estatal, donde hacía una magnífica carrera profesional cuando, al perseguir a un delincuente, volcó en una motocicleta a alta velocidad y resultó herido gravemente. Aunque se recuperó, le quedó una cierta rigidez. Se hizo cargo de la dirección de un cine. Todo fue bien hasta que una mañana apenas se pudo levantar de la cama. Durante un tiempo, estuvo tan incapacitado que necesitaba ayuda para levantarse por la mañana y poderse mantener en pie. Una vez que lo conseguía, lograba seguir adelante gracias a su fuerza de voluntad, pero no sin grandes dolores.

Un día, su médico le dijo: «Bob, afrontémoslo. Me temo mucho que con el tiempo vas a quedar totalmente incapacitado. Lo siento muchísimo, pero creo que tienes derecho a saber la verdad y no puedo mentirte».

«Muy bien —le dijo Bob—. Tú sigue haciendo todo lo que puedas con tu medicina. Sé que harás todo lo posible y que me estás ayudando mucho, pero voy a dejar este caso en manos de otro médico, el más grande de todos y puedes tener la seguridad de que no me voy a convertir en un inválido. Eso no es para mí.»

Me contó esta historia cuando regresábamos a la estación de Poughkeepsie, después de la conferencia. Todavía lo veo allí de pie, bajo las luces del andén, mientras la nieve caía inclinadamente a través del débil resplandor. Apenas si podía imaginar que este hombre tan fuerte hubiera pasado por una experiencia como la que me describía. «Camina un poco arriba y abajo para que te vea, Bob» —le pedí. Así lo hizo, sin mostrar apenas ningún atisbo de dificultad articular o muscular. «¿Cómo explicas una cosa tan maravillosa?» —le pregunté, extrañado.

«Tuve un buen médico, uno de los mejores. Pero también conté con el mejor médico de todos y, con su ayuda, utilicé algo más, algo que él infundió en mí.»

«¿A qué te refieres?» —le pregunté.

«Me refiero a la fuerza de voluntad —contestó—. Simplemente, no quería convertirme en un inválido. Ni siquiera estaba dispuesto a considerar la idea. El Señor me ayudó a soportar el dolor y a mantener en funcionamiento las viejas articulaciones y músculos.»

«Y ahora ¿sientes algún dolor?»

«Claro, un poco, pero eso forma parte del trato y lo puedo asumir. Tampoco me detiene. Cuando me duelen mucho las articulaciones, me limito a decirles que lo olviden y continúo moviéndolas como se supone que deben moverse.»

El tren que iba en dirección a Nueva York, cubierto de nieve, entró en la estación y me despedí de Bob. Se quedó allí de pie, recto y alto; todo un hombre, pensé, una magnífica mezcla de fe y fuerza de voluntad. Pero de una cosa estoy seguro: no tenía ninguna dependencia esclavizadora de las pastillas. Las tomaba, claro está, pero dependía mucho más del poder que «le había sido infundido, el poder de la voluntad». Y, naturalmente, también poseía el gran poder de la fe.

Muchas personas dependen demasiado de pastillas, antes que de pensamientos vitales, para mejorar su salud. Sin embargo, es un hecho bien conocido que los pensamientos pueden hacer mucho para que una persona se sienta enferma o bien, o medio enferma o medio bien. Los pensamientos adecuados estimulan la salud; los inadecuados fomentan la enfermedad y, en algunos casos, incluso llegan a provocarla. Un médico me dijo en cierta ocasión: «Algunas personas están literalmente introduciendo en sus cuerpos los pensamientos enfermizos que abrigan en sus mentes». Al pedirle que me especificara a qué pensamientos enfermizos se refería, me contestó: «Oh, lo de siempre. El temor es, ciertamente, uno de ellos, como también lo es la culpabilidad. Otro es el pesimismo y el abatimiento. Naturalmente, uno de los peores es el resentimiento. Eso es lo que las pone realmente enfermas. De hecho, si el temor y el resentimiento quedaran eliminados de las mentes de las personas, estoy convencido de que la población hospitalaria se reduciría quizá hasta en un 50 por ciento. En cualquier caso, se reduciría mucho».

Los efectos perniciosos del resentimiento se vuelven comprensibles cuando se considera el significado básico de la palabra misma. Procede de la palabra latina que significa volver a sentir. Supongamos, por ejemplo, que alguien le produce una herida. Siente heridos sus sentimientos. Regresa a casa y le dice a su esposa: «¿Sabes lo que me hizo ése?». Y se lo cuenta. Al hacerlo, vuelve a sentir la herida. Por la noche, quizá se despierte y recuerde de nuevo lo que aquella persona le hizo, de modo que vuelve a sentir lo mismo. Y así sucesivamente: cada vez que se resiente, vuelve a sentir de nuevo la herida.

Una vez que haya repetido este proceso unas pocas veces, el agravio habrá quedado alojado en su inconsciente como un lugar «dolorido», que no se cura. ¿Cómo se va a curar si lo mantiene permanentemente inflamado con el resentimiento? Ahí se queda, como un pensamiento doloroso que afecta sutilmente a su tono de bienestar general. Quizá sea ésa la razón por la que decimos: «Lo que me hizo me dolió».

Con el tiempo, los efectos de ese pensamiento dolorido pueden extenderse también a su cuerpo. El resultado es que quizá se desarrolle en él cualquiera de los numerosos achaques físicos que los médicos reconocen ahora como psicosomáticos, es decir, que tienen su origen en la mente o en los sentimientos. Éste es el alto precio que pagamos por una voluntad enfermiza o por el pensamiento dolorido que llamamos resentimiento. La cura únicamente se encuentra en interrumpir ese tipo de pensamiento.

Lo mejor que se puede hacer es detener el resentimiento con la mayor rapidez posible, antes de que empiece realmente a causar sus efectos perniciosos. Cuando alguien le haga daño, aplique de inmediato el «yodo» espiritual a su herida mental o emocional. Aplique a la herida la generosa actitud de la comprensión y del perdón. Dígase a sí mismo algo parecido a lo siguiente: «Estoy seguro de que no tuvo la intención de hacerlo», o bien: «No es propio de él actuar así», o «Lo dejaré pasar». De este modo, aunque haya sido herido, únicamente lo habrá sido una vez. Evitará así el hurgar en la herida, hasta que la inflamación se haga crónica.

Y si alguien le hace daño, le irrita o le enoja, es bueno empezar a rezar inmediatamente por la persona que le ha ofendido. Eso no es nada fácil, claro, y exige una fuerte autodisciplina, pero esa clase de oraciones elimina el aguijón y suaviza la herida en su mente.

El rencor tiene fama porque indica, literalmente, una persona que no está bien. La gente saludable tiene buena voluntad porque ha aprendido a no volver a hacerse daño a sí misma mediante el resentimiento.

En cierta ocasión ofrecí una charla en una reunión celebrada en una cancha de béisbol, en una ciudad de Pennsylvania.

Meses más tarde, una mujer me dijo que aquella noche, durante la reunión en el parque, se había salvado de un colapso nervioso. Sus palabras exactas fueron: «Cuando el doctor Peale se llevó las manos a la cabeza y dijo: "Eliminad de vuestra mente todos los pensamientos que no sean saludables", algo poderoso le sucedió a mi forma de pensar. Repentinamente, me sentí liberada de mis pensamientos no saludables».

El comentario se refiere a un gesto que utilizo a veces para representar la mano curativa de Dios descansando sobre la cabeza y expulsando los pensamientos negativos y debilitadores. Parece extraño que, en un instante se puedan eliminar los pensamientos acumulados durante años, pero el resultado demostró que se pueden producir esta clase de cambios milagrosos. Pero quizá podamos considerar algo así como milagroso sólo porque todavía no comprendemos las leyes que afectan a los cambios que se dan en los estados mentales y físicos.

Puesto que Dios creó la mente, no cabe la menor duda de que, si así lo deseara, sería capaz de corregir un estado mental en un solo y espectacular acto. El hecho de que tales curaciones no ocurran con frecuencia, no quiere decir que no puedan ocurrir. Tanto en este caso como en otros muchos sobre los que dispongo de pruebas sustanciales, el poder espiritual intensificado revisó instantáneamente las pautas mentales no saludables y produjo condiciones de bienestar.

Habitualmente, el proceso de reacondicionamiento de una pauta de pensamiento para alcanzar una mejor salud es mucho menos rápido, aunque, basándome en los resultados, puedo añadir que no por ello es menos espectacular que el de la mujer que acudió a la reunión celebrada en la cancha de béisbol. En la mayoría de los casos, el cambio de pensamiento exige numerosos altibajos de estimulante progreso y decepcionante retroceso. De hecho, el cambio en la forma de sentir puede llegar a ser bastante notable, como le sucedió a un hombre que conocí en una cena.

Asistí a esa cena en compañía de una docena de miembros de un comité. Uno de los asistentes era, sin duda, uno de los mejores narradores de chistes que haya conocido en mi vida. Nos tuvo permanentemente riendo a todos los demás. Tenía una personalidad alegre y efervescente. Yo también conté algunos de los chistes que sé, pero la respuesta que despertaron distó mucho de arrancar las profundas carcajadas que lograba con los suyos. Al estudiar a este notable narrador, observé que se lanzaba a la narración con todo aquello con lo que pudiera contar. Uno de sus chistes lo había contado yo mismo desde hacía años y no se me había ocurrido utilizarlo, ya que era muy viejo y estaba anticuado; él, sin embargo, nos hizo reír a todos al contarlo. Era la forma que tenía de situarse él mismo en la historia que contaba lo que hacía que ésta nos pareciese tan encantadora.

Mientras escuchaba, fascinado por su atractiva personalidad, observé a un ministro sentado en el extremo más alejado de la mesa. Al captar mi mirada, me hizo un guiño y un movimiento de cabeza, como exclamando: «¡Qué tipo!». Más tarde, el ministro me preguntó: «¿Qué le parece nuestro jovial amigo?».

«Todo un personaje —le contesté—. Es un hombre muy notable. Parece muy vivo hasta en lo más profundo.»

«Desde luego —asintió—, es uno de nuestros mejores ejemplos.»

«¿Ejemplo? ¿Qué quiere uste decir?»

«Debería haberlo conocido hace apenas unos pocos años —me contestó—. Nadie le arrancaba una sonrisa. Parecía llevar sobre sus hombros el peso de todo el mundo. Era muy poco afable y la gente detestaba verlo aparecer, porque inmediatamente empezaba a barbotar su pesimismo.

»Ganó dinero, mucho dinero. De hecho, creó una gran empresa y daba empleo a cientos de personas. Siempre fue muy buen hombre de negocios, pero no le encontraba placer a su actividad y se estaba convirtiendo en un viejo mezquino e irritable mucho antes de lo previsible, si es que eso se puede prever.»

Me pareció imposible que el hombre que tanto acababa de animar la fiesta hubiera podido ser el individuo negativo y desgraciado del que me estaban hablando.

«También se empezó a sentir enfermo, lo que no fue nada extraño teniendo en cuenta todas sus actitudes —siguió diciendo el pastor—. Comenzó a notar un dolor en el pecho y en los brazos, y a veces, se quedaba con la respiración entrecortada. El médico le advirtió que se tomara las cosas con más tranquilidad, que su presión sanguínea no era normal. Se le desarrolló una personalidad hipocondríaca y visitó numerosas consultas de médicos. Le aparecieron otros dolores y achaques y no tardaron en surgir los habituales síntomas psicosomáticos.»

El pastor emitió una risita y continuó su interesante historia.

«Un médico lo envió a un especialista en Chicago y éste finalmente lo comprendió. El especialista lo examinó a fondo, le hizo todas las pruebas y luego le dijo: "Sus dolores no son reales y no proceden de un funcionamiento defectuoso de su corazón, sino de una equivocada forma de pensar. En otras palabras, en su estado físico no se encuentra nada anormal que no pueda estar bien, siempre y cuando logre enderezar su propia forma de pensar. En cierto modo, es como si le hubiesen arrebatado la vida, así que será mejor que empiece a creársela de nuevo".

"¿Qué quiere decir con eso?" —preguntó nuestro amigo.

»El médico lo miró durante un buen rato y le dijo: "Será mejor que se vaya a casa, acuda a la iglesia y establezca una honrada relación con Dios". Lo crea o no, esas fueron exactamente sus palabras. Luego añadió: "Ésa es mi receta. La factura son mil quinientos dólares, por favor".

"¿Mil quinientos dólares? Pero ¿por qué?" —gritó el hombre.

"Por saber qué decirle —le contestó tranquilamente el médico—. Usted también cobra mucho por sus servicios, ¿verdad?"

»El caso es que el hombre regresó a casa e inmediatamente vino a verme —siguió diciendo el pastor—. Estaba como loco y despotricó a gusto contra el especialista, llamándolo de todo. Dijo que recuperaría el valor de sus mil quinientos dólares aunque le costara la vida. Preguntó qué diablos quería decir el médico con aquello de "establecer una honrada relación con Dios". Naturalmente, le expliqué el poderoso efecto que tiene sobre el cuerpo el pensar incorrectamente, lo asesoré y le apliqué un tratamiento espiritual, del tipo que usted mismo propugna en sus libros. Fue un proceso bastante largo, pero él siguió acudiendo a verme y cumplió con mis instrucciones. Había pagado caro por un consejo sencillo y, al principio, lo que más le motivó fue, simplemente, el sacarle provecho al dinero pagado. Pero pronto fue más allá de detestar al especialista, al que ahora considera como un gran hombre. El médico lo había juzgado muy correctamente: sabía que si le cobraba una suma elevada consideraría su consejo como importante y lo trataría seriamente. En cualquier caso, encontró a Dios y Dios lo encontró a él y ya ve cómo es ahora.»

Así pues, es cierto que uno se puede sentir sano, sin una dependencia esclavizadora de las pastillas dirigiendo el pensamiento hacia la idea de ser curado por Dios. Hay un médico en Viena que a este proceso lo llama «logoterapia», para referirse a la curación por Dios y dice que en Europa hay muchas personas enfermas simplemente porque han perdido el significado de la vida. Naturalmente, eso mismo sucede también en Estados Unidos. Las pastillas ocupan su lugar en la medicina y, en ocasiones, es incluso muy importante; pero también es cierto que son muchas las enfermedades que no se curan con pastillas y algunas que únicamente Dios puede curar. En realidad, Dios lleva a cabo la curación incluso en aquellos casos en que se toman pastillas, ya que Él también ha creado el material del que se obtienen las propiedades curativas de las pastillas. La curación por medios científicos naturistas no está divorciada, en el fondo, de la espiritual.

La importancia de la curación de la mente y de las actitudes queda ilustrada repetidas veces en las experiencias de la gente moderna. Amos Parrish, el destacado experto en mercadotecnia, se encontraba en un taxi en Nueva York cuando el taxista mencionó mi libro *El poder del pensamiento positivo*.

«¿Cómo conoce usted ese libro?» —preguntó Parrish.

«Porque me salvó la vida» —fue la contestación del taxista.

«¿Cómo le salvó la vida?»

«Porque salvó la mente de mi esposa y eso, sin lugar a dudas, me salvó la vida a mí, porque sin ella yo estaría acabado. Mi esposa se sentía muy perturbada y confusa. Un psiquiatra de Bellevue me dijo que ya no podían hacer nada por ella. Pero me recomendó que le diera a leer un ejemplar de *El poder del pensamiento positivo*.

»Esa misma tarde fui a Macy y compré un ejemplar. Le leí parte del libro a mi esposa y, finalmente, pareció que empezaba a captar algo de su contenido, así que seguí leyendo. Al cabo de unas pocas semanas fue ella misma la que leyó un poco más. Eso sucedió hace tres años. Ahora, ella ha leído ese libro muchas, muchas veces, quizá veinte o treinta veces. Hay partes que se las sabe de memoria.

»Bueno, el caso es que comprendió bien las grandes ideas que contiene y eso le salvó la mente. En consecuencia, me salvó la vida a mí y creo que también a ella.»

«Le dije al taxista —siguió diciendo Parrish— que venía precisamente a verle. Entonces, con las lágrimas haciéndole temblar la voz, el buen hombre exclamó: "¡Oh, qué maravilloso! Dígale, por favor, lo muy agradecidos que estamos por habernos salvado la vida".»

Naturalmente, por mucho que aprecie la alta consideración en que me tiene el taxista, no fui yo quien «salvó» la vida de su esposa. Personalmente, nunca le he salvado la vida a nadie. No obstante, me siento humildemente agradecido por haber sido utilizado como un instrumento para ayudar a esa mujer. Que el poder curativo de Dios pudiera llegar hasta ella de una forma tan efectiva es una prueba más de que lo espiritual puede transformar lo mental y afectar de una forma vital el estado físico de una persona. Hay una forma de pensamiento que, cuando penetra y se aloja en la consciencia, constituye la fuerza mental y espiritual más poderosa que funciona en el mundo.

Es la fuerza del pensamiento positivo sobre Dios, la convicción de que Dios no sólo es nuestro creador, sino también nuestro recreador. Él fue quien le hizo a usted. Y cuando usted ha utilizado o dirigido mal aquello que Él hizo, es decir, usted mismo, o cuando la vida le ha hecho cosas indeseables, lo cierto es que Dios puede recrearlo de nuevo.

El señor Parrish, con quien compartí estrado en una reunión de vendedores en Memphis, Tennessee, me escribió más tarde para contarme la experiencia que le sucedió mientras estaba en esa ciudad.

«En Memphis celebró usted una reunión de *Guideposts*. Estaba presente una gran cantidad de hombres. Muchos se le acercaron y hablaron con usted. Oímos a uno de ellos que decía: "¡Gracias por salvarme la vida!". Habló usted un momento con él y luego, cuando el hombre se alejó lo seguimos.

»"Le hemos oído decirle al doctor Peale que él le salvó la vida. ¿Qué ha querido decir con eso?" —le preguntamos.

»"Pues sólo eso —nos contestó—. Hace varios años yo era solista en la orquesta de Glen Gray, cuando ésta era una de las mejores del país. Fui perdiendo poco a poco la voz, hasta que desapareció mi capacidad para cantar. Conseguí entonces un trabajo como vendedor. Fue muy duro para mí porque supuso una enorme disminución de mi salario. Finalmente, sufrí un colapso nervioso tan grave que lloraba como un bebé. Lloraba tanto que, en ocasiones, tenía que aparcar y apagar el motor del coche para llorar. No era capaz de afrontar todo lo que me esperaba. En un momento dado, decidí suicidarme.

»"Pero ese mismo día, un amigo me habló de *El poder del pensamiento positivo*. Lo leí varias veces. Capté su gran idea de infinitud. Descubrí así que era capaz de vender tan bien como de cantar. Aquí tiene mi tarjeta. Ahora soy el director de ventas de la empresa donde trabajo. Por eso digo que el doctor Peale me salvó la vida. Y me siento muy agradecido por ello."»

Una vez más, tampoco fui yo o mi libro los que salvaron una vida. En realidad, eso fue obra del Creador, en el acto de la recreación. Lo que les sucedió a estas personas, a la esposa del taxista y al cantante, fue la reactivación de la vida a través del poder de la fe en Dios. Alcanzaron el bienestar a través de una perspectiva espiritual refrescante y nueva. A nivel más profundo, fueron curados por la dinámica curativa y revitalizadora de la fe, que Dios ofrece libremente a cualquier persona que la desea lo suficiente como para pedirla.

Sólo hay que pedirla, pero de corazón. Aquellos que la desean, la alcanzan, siempre y cuando su deseo sea sincero. Tiene que haber para ello un deseo real, una fe real y una disposición sincera, con toda la mente y el corazón, para recibir el poder curativo. Esa definitiva inclinación de la personalidad hacia la fuente de todo poder, esa ruptura integral con el sí mismo, que se ha retirado detrás de sus barreras, es la que establece el contacto vital por el que fluye la fuerza renovadora de la nueva salud.

El proceso aparece claramente descrito en la Biblia: «Inclinad vuestro oído, y venid a mí; oíd, y vivirá vuestra alma» (Isaías, 55, 3). Es como decir: deje que todo su ser se incline en la dirección de Dios. Vuélvase realmente hacia Él. Otro ejemplo fue el momento en que Jesús curó a un hombre con la mano marchita. ¡Qué descripción tan gráfica de una persona a la que le habían abandonado el poder y la vitalidad! («una mano marchita»), siendo la mano el símbolo de la fuerza. Jesús le dijo: «Extiende tu mano. Y él lo hizo así, y su mano fue restaurada» (Lucas, 6, 10). Ése es el secreto: extender la mano, es decir, adelantarse hacia lo que se desea y hacerlo con todo lo que se tiene. Y aunque su personalidad esté «marchita», será restaurada y se le dará nuevo poder para vivir.

Esta misma técnica, afirmada por Isaías, también es importante: «Inclinad vuestro oído, y venid a mí; oíd, y vivirá vuestra alma». Inclinarse y oír; esta fórmula doble señala fuertemente a la personalidad hacia Dios pues significa escuchar realmente, en profundidad, su evangelio, sin permitir que éste rebote superficialmente en el oído. Significa concentrarse tan intensamente que el poder recreativo de Dios pueda penetrar más allá del oído externo y de la atención superficial, hasta llegar a lo más profundo de la consciencia interior. Entonces podrá conectarse con el flujo más profundo de la salud y la energía, que fluye inmensamente de Dios hacia todas las personas verdaderamente comprometidas. Pero para alcanzar ese resultado se requiere de la definitiva inclinación de su personalidad básica. Y la dependencia esclavizadora de las pastillas no es nada necesaria cuando funciona este poderoso proceso curativo y renovador.

Hace poco conocí a un hombre que había estado practicando durante muchos años esta actitud de «inclinarse y acudir al encuentro», con muy buenos resultados, por cierto.

Lo conocí en Irlanda del Norte, un país encantador, donde las brumas, las nieblas y la dorada luz del sol se alternan para suavizar los campos y los valles verdes. Su costa, tan encantadora y romántica, aparece salpicada de escabrosos acantilados, no muy grandes, pero sí escabrosos. Los nombres de las ciudades son muy musicales. Y, lo más delicioso de todo es la gente y uno de ellos es Charlie White.

Lo que me impresionó especialmente de este conocido comerciante de porcelana inglesa fue su vitalidad y entusiasmo. Al principio, creí que Charlie White era un hombre mucho más joven de lo que en realidad es. Al saber su verdadera edad, ochenta y un años, le dije, con verdadero asombro: «¡No puedes tener ochenta y un años! ¡Es increíble!».

«¿Y qué? —replicó riendo—. No me siento viejo. Me siento joven.»

«Desde luego, lo pareces. ¿Cuál es tu secreto? Permíteme saberlo.»

«Simplemente, rechazo los pensamientos viejos.»

Bien pensado, ésa es toda una observación. Pero mi curiosidad no quedó satisfecha.

«Debes de tener un buen médico que te mantenga en tan buena forma física» —le dije.

«No tengo ningún médico... Al menos de la clase a la que te refieres. Bueno, en realidad, tengo tres médicos y entre todos me alejan de la vejez o de la enfermedad y mantienen mi pensamiento sano. ¿Quieres saber quiénes son? El doctor Dieta, el doctor Tranquilidad y el doctor Alegría.»

Pues bien, esos tres médicos son, desde luego, muy buenos. Cualquiera podría beneficiarse de su medicación. También son de una gran ayuda, en su trabajo curativo, para los médicos convencionales.

El doctor Dieta apenas necesita presentación pues todos reconocen la conexión que hay entre una dieta sensata y la vitalidad. Y, a propósito, quisiera referirme a un libro sobre la dieta sensata, de mi hermano el doctor Robert C. Peale, titulado *Viva más tiempo y mejor*. Contiene un sencillo sistema funcional que me ha ayudado, tanto a mí como a muchos otros, de modo que le sugiero su lectura.

El doctor Tranquilidad merece mucha atención, lo mismo que el doctor Alegría. Los médicos nos dicen que una actitud alegre es uno de los factores más importantes para una buena salud. La Biblia dice: «El corazón alegre constituye buen remedio; mas el espíritu triste seca los huesos» (Proverbios, 17, 22).

Pero profundicemos aún más en toda esta cuestión de la curación divina. Un viejo y querido amigo mío tuvo que enfrentarse repentinamente al problema del cáncer. Lo observé con admiración y muchas oraciones, mientras él afrontaba su problema de un modo tan magnífico y, en último término, tan efectivo.

Estoy seguro de que contar la experiencia de mi amigo y perfilar aquí cuál fue su método de ataque contra el problema le ayudará a usted, como me ayudó a mí.

Fue hace más de un año cuando recibí de este amigo la noticia de su enfermedad y su desalentador pronóstico. Él recibió el golpe con el control disciplinado que demuestra un hombre condicionado espiritualmente cuando se presenta una crisis. «Soy consciente —dijo— de que me encuentro ante un nuevo obstáculo, del mismo modo que soy consciente, más que nunca, de la presencia de Dios. Todavía es como si me encontrara al borde de esa conciencia y fuese ahora cuando me doy cuenta realmente de su presencia.»

Compartió inmediata y completamente el problema con su esposa. Juntos, acordaron lo que habrían de hacer.

Luego, él se puso a trabajar activamente y de una forma sistemática, para hacer algo constructivo acerca del problema. No se instaló ni en la autocompasión ni en la depresión. Ciertamente, tampoco abandonó la lucha ni aceptó que aquello fuese el fin. Preparó un fuerte y bien planificado contraataque la enfermedad y, además de una excelente supervisión médica, empleó los poderosos principios espirituales en los que se hallaba tan bien versado, después de una prolongada práctica.

Primero, recabó la colaboración de un equipo de personas en las que sabía que podía confiar, un equipo espiritual con el que pudiera trabajar y del que pudiera obtener apoyo en forma de oraciones, amor, fe y consejo. Ese equipo estaba compuesto por unos pocos amigos espirituales, conocidos desde hacía tiempo; eran personas similares en la fe. Una de las primeras decisiones tomadas por este equipo fue la de evitar que la familia conociera su enfermedad, hasta que ya apareciese indicado cuál sería el resultado de la batalla.

Segundo, decidió utilizar creativamente su enfermedad para convertirla en una demostración espiritual de la gracia y el poder de Dios, en una situación específica y difícil. Eso quedó descrito en un mensaje que me envió después de que el proceso curativo hubiera mostrado progresos considerables: «Me ha empezado a suceder algo maravilloso; más maravilloso incluso que la desintegración y destrucción de las células malignas que me estaban afectando. Y digo "estaban" porque ya no me siento afectado. El surgimiento de un sentido intensificado de la conciencia hace que la presencia de células malignas pierda importancia. El poder de Dios se ocupará de ellas y las eliminará si así lo quiere, para completar el proceso. Mientras tanto, empiezo a sentir una paz y una seguridad como no había sentido jamás hasta ahora». El efecto que tuvo la demostración de este hombre sobre aquellos de nosotros que «estábamos fuera» aumentó inconmensurablemente nuestro propio crecimiento espiritual y nuestra «conciencia».

Tercero, «asumió la autoridad espiritual» sobre las células malignas. Comenzó a «dirigir» las células histológicas para desintegrarlas y permitir que el órgano afectado recuperase el tamaño y la blandura normales. Este insólito procedimiento se basó en la teoría de que la mente controla la materia, incluso dentro del cuerpo, y de que si se ejerce un control firme de la mente y se comprende el funcionamiento del cuerpo, se pueden controlar las condiciones en las que éste funciona, dentro de los límites de ese funcionamiento. Así pues, «ordené a esos tejidos, a través del canal de la mente y de mi sistema nervioso, desde el cerebro, que cedieran el poder al flujo de Dios que me penetraba».

Los fundamentos para esta asunción de autoridad sobre las células malignas, para que éstas se desintegren y permitan la normalización del órgano enfermo, se encuentran en Lucas, 9, 1, donde Jesús dio a sus discípulos «poder y autoridad sobre todos los demonios y para curar enfermedades». Seguramente, cabe calificar al cáncer como un «demonio». ¡Y cómo no vamos a creer que un discípulo capacitado para controlar a los demonios en otros ámbitos de la vida, no tenga también autoridad sobre algo demoníaco que actúa dentro de él! Apenas estamos empezando a darnos cuenta del inmenso poder que Cristo confirió a los verdaderos creyentes, a la persona completamente rendida ante Él. En consecuencia, parece hallarse en lógica armonía con las leyes de Dios y en consonancia con su voluntad que un discípulo suyo de los tiempos modernos pueda tomar y utilizar la autoridad conferida por Cristo a sus discípulos en los tiempos bíblicos. El maestro no impuso limitación temporal alguna a la autoridad así conferida, y tampoco hay constancia alguna de que retirase tal autoridad. Por ello, ese otorgamiento de poder todavía se mantiene en la actualidad.

Nuestro amigo resaltó que rezó en nombre y en el verdadero espíritu de Cristo. Siempre escrupulosamente honrado, reflexionó sobre la cuestión de si no estaría haciendo suposiciones que no tenía derecho a hacer; ¿acaso iba demasiado lejos con su fe y, en la práctica, le estaba aconsejando a Dios acerca de cuáles deberían ser sus decisiones?

Sin embargo, tuvo la sensación de haber establecido una reconciliación sensata y correcta entre las dos ideas: la práctica de la autoridad espiritual, tal como le había sido conferida, al tiempo que la aceptación de la voluntad de Dios. Así, me aseguró: «Acepto la voluntad de Dios y rezo lo mismo que rezó el maestro: "Hágase tu voluntad y no la mía"».

Cuarto, se vació la mente, el corazón y el alma de toda actitud insana, de pensamientos equivocados o de acción errónea que pudieran perturbar su armonía o su relación correcta con el ser humano o con Dios.

Quinto, utilizó el mejor diagnóstico y tratamiento médico disponible.

Sexto, estaba convencido y depositó toda su fe en el tratamiento constante del más grande de todos los médicos, el que tiene su consulta en el Nuevo Testamento. Aplicó meticulosamente esa terapia sobre la base de la fe, guiada por la lectura piadosa de la palabra de Dios.

He incluido aquí una descripción bastante detallada de la forma en que este hombre afrontó su problema, contando, naturalmente, con su permiso, ya que tanto él como yo mismo tenemos la impresión de que puede ser de utilidad para otras personas que se encuentren en crisis similares.

Somos, en general, terriblemente inadecuados en cuanto se refiere a nuestro conocimiento de las leyes curativas divinas y su aplicación a la enfermedad. La experiencia que acabamos de relatar sólo es la de un hombre y no tiene en cuenta la de otras personas, igualmente espirituales, que no obtuvieron la curación, pero en este caso dejamos constancia al menos de los pasos que condujeron a un posible resultado. Así, se sugieren los procedimientos que quizá también sean válidos en la experiencia de otros. Esta experiencia puede tomarse como una especie de demostración de laboratorio espiritual y podría incrementar nuestro conocimiento, que aumenta lentamente, sobre los usos de la fe en el tratamiento de las grandes enfermedades.

Como miembro activo del «equipo espiritual» de mi amigo, he seguido muy de cerca el curso de su enfrentamiento con la enfermedad y me maravillo no sólo ante su enfoque científico-espiritual del problema, sino sobre todo del extraordinario control de mente y espíritu que demostró con tal actitud. Logró con ello la más completa victoria de la que yo haya sido testigo sobre el temor y la depresión que tanto suelen afectar en tales casos.

Me encantó leer en la última carta que he recibido de él que el meticuloso examen médico al que se sometió hace poco ha revelado resultados negativos. La validez del enfoque de mi amigo pareció quedar confirmada por el comentario que hizo el médico después del examen: «Me alegro mucho por usted. Alguien tiene que haber rezado por usted». Otro médico le dijo: «Me pregunto si acaso no estaría equivocado su primer diagnóstico, porque aquí no aparece nada que lo indique». Finalmente, cito el significativo comentario del propio paciente: «Lo mejor de toda la experiencia es nuestra más estrecha relación con Dios».

Así pues, en todas las crisis de la vida hay siempre una respuesta que responde. Y esa respuesta se encuentra en la aplicación de los procedimientos espirituales perfilados por nuestra guía y ayuda.

Resumen de «Siéntase sano sin una esclavizadora dependencia de pastillas»

1. La medicación es, desde luego, importante, pero no llegue por ello a la conclusión de que una pastilla disuelta en su estómago es necesariamente más poderosa que un pensamiento curativo que se disuelva en su mente.

2. A menudo, la paz divina profundamente arraigada en su mente puede tener un efecto más tranquilizador y curativo sobre los nervios y la tensión que la misma medicina. La paz de Dios es, en sí misma, medicinal.

3. Practique el vivir con Cristo en su mente. Sature diariamente su consciencia con pensamientos sobre Él, repita sus palabras, aprendiéndolas de memoria. Piense en Él como su compañero real y constante.

4. Permita que crezca en usted la fe cierta de que Jesucristo está aquí presente, en la actualidad, del mismo modo que lo estuvo en los tiempos bíblicos.

5. Recuerde que la curación del temor a la enfermedad y a la muerte es incluso más importante que la restauración física y que el control de ese temor es vital para la curación.

6. Cultive la fuerza de voluntad, esa enorme fuerza creativa que Dios, el creador, le ha infundido. No permita que se vuelva floja y fortalézcala con el uso y el ejercicio.

7. Recuerde que puede usted sentirse enfermo o bien, según los pensamientos habituales que abrigue en su mente. No vierta en su cuerpo los pensamientos enfermizos de su mente.

8. Salga realmente al encuentro de la bendición de la salud que Dios le ofrece.

9. Destaque, en su propia vida, la extraordinaria infinitud de Dios.

10. No permita nunca que las actitudes enfermizas emponzoñen su pensamiento y que el rencor le ponga enfermo. Recuerde que el rencor es voluntad enferma. Evite «inflamar» su mente con esa dolorosa revisión llamada resentimiento.

8

AFRONTE LOS PROBLEMAS CON ESPERANZA Y MANÉJELOS CREATIVAMENTE

Esa mañana del mes de marzo, una rugiente ventisca afectó a St. Louis. El invierno, supuestamente ya terminado, se desató con toda su furia en una de esas tormentas de principios de la primavera que amontona la nieve hasta la cintura y hace bajar los termómetros en picado.

Tenía la intención de volar a Kansas City y a Wichita, pero todos los vuelos fueron cancelados, así que me dirigí a la Union Station para tomar el tren Missouri Pacific. El taxi prácticamente se deslizó sobre las heladas calles y la nieve, que caía abundantemente, se acumulaba en el parabrisas, dificultando la visión del taxista. «Mala mañana» —gruñó el hombre.

En la estación, el mozo que tomó mis maletas murmuró: «Qué mañana tan mala». Bajo los cobertizos del andén, el viento penetraba y aullaba como un alma perdida. El hielo hacía peligroso el caminar sobre los andenes. El viento, que arrebataba puñados de nieve de los techos, los lanzaba contra nuestras caras y los introducía por el cuello. Todo el mundo parecía malhumorado y no dejaba de comentar que era «una mala mañana». Todos estaban convencidos de ello.

A punto de entrar ya en el vagón, escuché pronunciar mi nombre y me volví para ver a un hombre que se acercaba. Me hizo señas para que esperase. Era un hombre de aspecto corpulento, sin abrigo ni sombrero. Su chaqueta, abierta, revelaba un físico de amplias proporciones. Tenía el rostro rubicundo por el frío y el escaso cabello era agitado por el viento invernal. Una gran sonrisa surcó su rostro cuando me dijo, con una voz seguramente entrenada para llamar a los cerdos en las praderas: «Hola, doctor, ¿qué le parece esto? ¿No es una magnífica mala mañana?».

Después de propinarme un terrible manotazo en la espalda, siguió su camino hasta el vagón delantero, dejando tras de sí la primera sonrisa que había visto aquella mañana. Ya instalado en mi asiento, no dejaba de repetir para mis adentros aquella curiosa frase: «Una magnífica mala mañana». Comprendí que el hombre que la había pronunciado tenía una cierta cualidad animosa. Emanaba vitalidad, vida, optimismo. Decidí ver qué le hacía sentirse así y fui en su búsqueda. Lo encontré entregado a contar a sus compañeros de vagón historias que les hacían reír. Este hombre parecía estar reacondicionando el ambiente para todos.

Finalmente, logré apartarlo de su público e iniciamos la conversación, algo que no resultó nada difícil. A él le encantaba hablar y yo tampoco soy precisamente perezoso para eso. «Dígame algo —le pedí—. Esa frase que dijo antes, lo de "magnífica mala mañana"..., ¿de dónde la ha sacado?».

»¿De dónde cree usted? —replicó con rapidez—. Debería saberlo. La saqué de Dios.»

«Continúe —le animé—. ¿Cómo, por qué, cuándo y dónde?»

«Afirmo haber sido el peor pensador negativo a este lado de las montañas Rocosas. Era el pesimista número uno. Podía contarle con todo detalle lo que iba mal en el país y en el mundo y en todas las personas que lo habitan. Estaba sobrecargado con infinidad de problemas. Me afectaban mucho y me sentía miserablemente mal.»

«¿Qué ocurrió entonces?» —le pregunté. Sabía que me encontraba ante un hombre agudo, de mente bien despierta, que no era precisamente un estúpido. Poseía eso que suele llamarse fuerza de personalidad. Era alguien y, desde luego, era un optimista tenaz.

«Es muy sencillo. No hay ningún misterio. Entré en contacto con la religión y mi vida cambió. Mi hijo, que me ama, a pesar de que soy para él como una especie de vieja manzana ácida, empezó a hablarme del nuevo predicador de la iglesia. Ningún predicador me había vuelto a llamar la atención desde que era un muchacho. En aquellos tiempos conocí a un par de ellos que tenían algo, pero desde entonces ya hace tiempo que dejé de ir a la iglesia. Eso me dejaba frío. Quizá fue por culpa mía, quizá no permití que lo religioso me afectase. No lo sé.

»Pero me di cuenta de que mi hijo, Fred, había quedado convencido con este joven predicador. Parecía como si le estuviera sucediendo algo nuevo; era más feliz y se interesaba más que nunca por todo. Así que, un domingo, me dejé caer por la iglesia. Y resultó que mi hijo tenía razón: este predicador tenía algo. Estaba allí, de pie, hablando, sin toda la demagogia que utilizan los predicadores. Hablaba con palabras sencillas y claras. Yo también sabía muy bien de qué estaba hablando. Pero, aparte de todo eso, aquel hombre demostraba felicidad y paz mental.

»También era un verdadero vendedor, pues al día siguiente me visitó en mi oficina. Se limitó a pasar a saludarme y hablar. Y me gustó. Tanto que, un par de días más tarde, lo llamé y lo invité a almorzar. No dijo una sola palabra sobre religión ni nada de eso. Ahora me doy cuenta de que únicamente se limitó a exponer su mercancía espiritual. Sabía muy bien cómo venderle a un cliente duro de pelar. El caso es que poco a poco me condujo hacia Cristo y antes de que me diera cuenta de lo que pasaba ya había vuelto al reino.»

Dejó de hablar y me miró. La expresión de su rostro casi hizo que me brotaran lágrimas en los ojos, porque, en efecto, aquel hombre estaba en el reino. Y yo mismo me sentí más cerca, por el simple hecho de hallarme cerca de él.

«Bueno —siguió diciendo—, todo aquel viejo pesimismo pasó del mismo modo que se funde la nieve en cuanto empieza a verse expuesta al sol de primavera. Antes de que sucediera todo esto, me sentía agobiado por los problemas. Pero ahora me gusta enfrentarlos. Lo crea o no, me gusta enfrentarme a los problemas que surgen. Y no crea que deja de haber algunos bien duros, pero, de algún modo, conseguimos superarlos mejor que antes.»

De regreso a mi propio asiento, me quedé mirando el paisaje blanco a través de la ventanilla. El sol se esforzaba por penetrar las nubes que, finalmente, se apartaron para dejarle paso. La nieve casi cubría las verjas y cada poste aparecía rematado por un montón de nieve blanca. La deslumbrante luz del sol reflejaba un miríada de diamantes. Hasta el tren parecía rodar a más velocidad a través de las praderas cubiertas de un espeso manto de nieve, ahora bañadas por el sol. En efecto, era «una magnífica mala mañana».

Durante los días siguientes, no pude dejar de pensar cada vez más y más en el poderoso efecto que tiene el optimismo sobre el ser humano. Llevé a cabo un estudio intensivo del mismo para determinar qué es lo que contribuye a crearlo y mediante qué métodos se le puede cultivar. Es más, lo practiqué deliberadamente y descubrí de nuevo que la práctica regular y sistemática del optimismo es importante para fijarlo con firmeza en la consciencia. Mi amigo del tren derivaba su actitud optimista hacia los problemas de un cambio espectacular en su pensamiento, pero, aun así, la práctica diaria de su nueva actitud había contribuido sin lugar a dudas a convertirlo en un experto en la forma revitalizada de pensar y actuar.

El optimismo es pensamiento positivo iluminado. Algunos objetores crónicos a todo aquello que huela a esperanza han descrito el pensamiento positivo como una visión abiertamente brillante de la vida y como una clara desconsideración del dolor y de los problemas de este mundo. Tengo la sensación de que algunas personas han distorsionado, a veces deliberadamente, el énfasis que pongo en esa idea. Otras, simplemente, la han malinterpretado.

El pensador positivo es un realista tenaz y duro ante los hechos. Ve todas las dificultades, absolutamente todas y, lo que es más importante, las ve con claridad..., que es mucho más de lo que se puede decir del pensador negativo medio. Este último suele verlo todo bajo una luz sombríamente descolorida. Pero el pensador positivo, a diferencia del negativo, no permite que las dificultades y los problemas lo depriman y, ciertamente, no deja que lo derroten. Mira con expectación más allá de todas las dificultades reconocidas, en busca de soluciones creativas. En otras palabras, ve algo más que las dificultades, y también trata de ver las soluciones a las mismas.

El pensador positivo posee una percepción de mayor alcance y más penetrante. Es completamente objetivo. Tiene objetivos muy claros. Nunca acepta un no por respuesta. Es, en resumen, indomable, no del tipo de persona que acepta fácilmente la derrota. Sigue luchando, sin dejar de pensar, de rezar, de trabajar y de creer y a uno le sorprende ver cuántas veces logra salir de las situaciones más duras y aparentemente más desesperanzadas, con resultados positivos. Y aunque no sea ése el resultado, tiene al menos la satisfacción de saber que lo ha intentado con todas sus fuerzas, lo que ya es algo muy satisfactorio. Y quizá, sólo quizá, el pensador positivo que no logró alcanzar su objetivo ganó algo mucho más precioso: su propia virilidad, su propia alma.

Por eso decidí escribir este capítulo sobre la esperanza. En realidad, este capítulo es lo que el médico me recetó. Un médico reflexivo me dijo: «Si quiere contribuir a la salud pública, le sugiero que hable y escriba con toda la frecuencia que pueda sobre la necesidad de la esperanza, el optimismo y la expectación. Procure infundir algo de ánimo en la mente de la gente». Me explicó lo importante que es para la curación el tener un espíritu feliz y optimista y llegó hasta el punto de decir que la presencia del pesimismo en un paciente reduce los procesos naturales de curación en un 10 por ciento. Le pregunté cómo podía indicar un porcentaje tan concreto y su respuesta fue un tanto ambigua, pero la idea es que cuando se tiene la mente llena de optimismo, se estimulan las fuerzas recreativas naturales.

Otro médico, al revisar su práctica a lo largo de unos cuarenta años, dijo que muchos pacientes no habrían estado enfermos, viéndose obligados a consultarlo, si se hubiesen limitado a practicar el optimismo, la fe y la alegría. «Aparte de la medicación —dijo—, si consigo animarlos mentalmente durante diez minutos diarios, induciendo en ellos la más pura alegría, es decir, un optimismo sin trabas, logro que se pongan bien y que permanezcan así.» Parece, pues, que el optimismo también es médicamente importante.

Una y otra vez observamos alegría, fe y optimismo en las referencias de la Biblia. «Estas cosas os he hablado —dijo Jesús—, para que mi gozo esté en vosotros, y vuestro gozo sea cumplido» (Juan, 15, 11). Considere, por tanto, el optimismo como una medicina para el cuerpo, la mente y el alma. El optimismo se basa en la fe, la esperanza y la expectación, y en el simple acto de esperar algo hay ya un valor terapéutico. La Biblia lo reconoce así en un pasaje conmovedor: «¿Por qué te abates, oh, alma mía, y por qué te turbas dentro de mí? Espera en Dios; porque aún he de alabarle, salvación mía y Dios mío» (Salmos, 42, 11). Equivale a decir que si se tiene esperanza en Dios y expectación, eso se reflejará en el propio rostro como salud y vitalidad.

Así, el optimista tenaz posee la habilidad para ver posibilidades en todo, incluso en lo más oscuro. Lo cierto, sin embargo, es que la mayoría de nosotros no buscamos posibilidades. Debido a una lamentable inclinación de la naturaleza humana, tendemos a buscar las dificultades, antes que las posibilidades. Y quizá sea ésa la razón por la que las dificultades tienen precedencia en nuestras vidas, por delante de las posibilidades.

En cierta ocasión conocí a un hombre que se consideraba a sí mismo un «posibilitador», dando a entender con ello a alguien que ve posibilidades antes que imposibilidades. «Bien..., bien..., veamos qué posibilidades hay en esta situación», solía decir arrastrando las palabras, mientras que quienes le rodeaban no abrigaban más que puntos de vista desalentadores. Era extraordinario ver la gran cantidad de veces que encontraba esas posibilidades y luego los artistas del pesimismo se preguntaban por qué ellos no las habían visto. La respuesta era que el «posibilitador» andaba siempre buscándolas, mientras que ellos no. Habitualmente, se encuentra aquello que uno anda buscando.

Este posibilitador era un hombre impávido, severo, sabio y civilizado. No se le podía desequilibrar con problemas, por muchos que se le acumularan. Uno casi tenía la impresión de que, en realidad, disfrutaba afrontando problemas de todo tipo, de que la vida para él sería aburrida sin ellos. Nunca parecía experimentar más placer que cuando entraba en acción para enfrentarse a un problema duro. Realmente, disfrutaba haciéndolo. Era todo un hombre, sin exageraciones. Conocerlo fue para mí una de mis mayores experiencias en la vida.

También era sabio y yo sabía de dónde procedía buena parte de su sabiduría: directamente de la Biblia, que conocía de la primera a la última página. Vivía con sus personajes que eran, para él, como personas vivas. Escribía los más insólitos y notables comentarios en las páginas de la Biblia. Junto a la historia del hombre que pecó mucho y que lo pasó mal debido a sus pecados, escribió: «Ja, ja, ¡seguro que recibió lo que merecía!». A pesar de todo, no he conocido a nadie más amable y dispuesto a ayudar a los demás.

Recuerdo que una vez tuve un problema que realmente pudo conmigo. No era capaz de ver un rayo de luz y, créame, me sentí desanimado. Así que, como último recurso, fui a hablar con este posibilitador.

«Muy bien, hijo mío —me dijo—, pongamos ese problema tuyo aquí mismo, sobre la mesa. Caminemos mentalmente a su alrededor, recemos y veamos qué somos capaces de captar.» Luego, caminó realmente alrededor de la mesa, adelantando un dedo, como si tanteara el problema por todos sus lados. Tenía artritis en los dedos y la articulación del índice derecho aparecía notablemente inflamada. El dedo estaba curvado, a pesar de lo cual era capaz de señalar de forma más recta con aquel dedo curvado que la mayoría de la gente con un dedo recto. «Nunca he visto un problema que no tenga al menos un punto débil en alguna parte. Sólo se trata de ir probando» —murmuró.

Y, en efecto, encontró el punto «débil» y empezó a darle vueltas y más vueltas, como haría un perro con un hueso. Finalmente, lanzó una risita: «Aquí lo tienes, hijo mío. Creo que hemos encontrado el punto débil de tu problema. Ahora sólo tienes que descomponerlo y ver qué podemos hacer con eso». ¡Y él pudo hacer mucho!

A pesar de que las respuestas nunca se le ocurrían fácilmente, lo importante era que tarde o temprano se le ocurrían. Y, créame, aprendí mucho de mi viejo amigo, el posibilitador. Lo principal que aprendí es que siempre hay posibilidades allí donde no parece haberlas. Eso es lo que significa ser un optimista tenaz: que uno sigue y sigue probando.

A veces, siento pena por los jóvenes que tienen que vivir en estos deslucidos tiempos. Yo crecí en una época en la que era tradicional creer en el ilimitado progreso de Estados Unidos. Había en todo el mundo una esperanza en el futuro llena de dinamismo. Estábamos convencidos de que el futuro se extendía ante nosotros. Ahora, parece como si a la gente joven se la forme en la idea de que el mundo está perfectamente mal y de que somos afortunados si logramos sobrevivir. Ésa es la actitud tenebrosamente sofisticada de numerosas personas consideradas como eruditas. Ésa es, al menos, la noción que me han transmitido algunos lúgubres intelectuales. Para ser un erudito parece apropiado poner cara agriada y mostrar una actitud mental distanciada.

Un día, en San Francisco, mientras caminaba por la calle California, en Nob Hill, me encontré con un intelectual. ¿Que cómo supe que era un intelectual? Fue él mismo quien me lo dijo. Si no me lo hubiera dicho, yo no habría tenido ni la menor idea. Pero vestía como se supone que debía vestir un intelectual: con un jersey negro, tres botones de la camisa abiertos, para dejar al descubierto lo que supuestamente era un pecho varonil, pero que en realidad a mí me pareció un tanto raquítico. No se había planchado los pantalones desde hacía bastante tiempo y, en cuanto a los zapatos, originalmente blancos, parecían deliberadamente gastados, por lo que llegué a la conclusión de que probablemente era un *beatnik* y vivía en un garaje. Tenía esa expresión abatida y aburrida y me saludó, con un tono de voz que desmentía sus palabras: «Me alegro de conocerlo».

Le pedí al Señor que me perdonara y le contesté que yo también me alegraba de conocerlo. «Es usted el tipo superfeliz que va por todo el país hablando de ese brillante y fortuito pensamiento positivo, ¿verdad?» —me preguntó groseramente.

«Pues tiene usted razón en algunas de sus suposiciones —le contesté—, pero está equivocado en otras. Recorro todo el país y hablo sobre el pensamiento positivo, que es brillante, cierto, aunque no fortuito. Además, es para hombres y... —añadí, quizá con algo más de malicia de lo que hubiera debido—, es posible que sea ésa la razón por la que algunas personas no lo comprenden.

La supuesta expresión erudita superpreocupada se hizo más profunda cuando me preguntó: «Pero ¿acaso no sabe que el mundo está lleno de problemas?».

«Sé muy bien que está lleno de problemas y también soy muy consciente de cuáles son esos problemas. ¿O me cree acaso un ingenuo? Podría contarle algo sobre problemas de los que jamás ha oído hablar en su doloroso alejamiento del mundo. Reconozco los problemas. Pero, gracias a Dios, el mundo también está lleno de superación y resolución de problemas.»

No encontró réplica a mis palabras y siguió su camino por la calle, sacudiendo la cabeza, que casi pude oír traquetear a lo largo de la manzana.

Ese hombre había adoptado la forma iracunda y aburrida de ver la vida que, por lo visto, es el estilo predominante entre los confundidos. No me cabe la menor duda de que sería un tipo amable si pudiera desembarazarse de esa actitud colérica y dispéptica hacia el mundo. Pues claro que la vida está llena de problemas, pero tome buena nota de que también está llena de superación y resolución de problemas. Y si no los superásemos y los resolviésemos, ¿dónde nos dejaría eso?

En esta vida no hay nada más satisfactorio que superar un problema y nada es tan interesante como enfrentarse a un problema duro y resolverlo. Y eso es algo que se puede hacer, incluso de una forma placentera, cuando la mente se encuentra condicionada para trabajar con optimismo y fe, y mejor aún si a eso se le añade la expectación.

Se puede condicionar la mente para que adquiera la cualidad del optimista tenaz, empleando para ello las técnicas creativas, científicas y espirituales descritas en este libro.

Para que el optimismo sea efectivo, un elemento importante consiste en alcanzar un estado de armonía. El individuo que está en armonía consigo mismo y con los demás es efectivo en ese sentido. Cuando no se está en esa clase de armonía, se es inefectivo. A medida que se reducen las tensiones o, mejor aún, que se eliminan, empezará a aparecer la eficiencia armoniosa, que se pondrá de manifiesto en las propias enseñanzas y actuaciones.

En cierta ocasión hablé en una convención de fabricantes de maquinaria, uno de los cuales me dijo que uno de los factores fundamentales para que una máquina fuese efectiva es la medida en que se eliminan las tensiones, lo que permite que las partes componentes de la máquina funcionen armoniosamente. «Cuando todas las partes de la máquina funcionan armoniosamente —añadió—, parece cantar de alegría. Entonces, su cociente de eficiencia es elevado.»

Si eso es cierto de una máquina, con mucha mayor razón podría decirse de un ser humano. Cuando uno se siente agitado por los conflictos, las tensiones y la confusión, la personalidad, que está diseñada para funcionar como una unidad de cuerpo, mente y espíritu, no puede funcionar con eficiencia. Se requiere entonces corregir el estado de ausencia de armonía.

El entrenador de un gran equipo de béisbol e instructor de tenis, me comentó que siempre resaltaba la importancia de la alegría y de la armonía en los campeonatos. Tenía una alumna que era, técnicamente, una de las mejores jugadoras de tenis que hubiese entrenado, pero sólo desde el punto de vista de la técnica. No había en ella un flujo armonioso más profundo y, a pesar de su perfección técnica, el trabajo que realizaba no lograba estar a la altura de su elevado potencial de juego. Un día, él se detuvo ante la red y le preguntó por sorpresa: «¿Conoces el vals del Danubio Azul? ¿Lo suficiente para tararearlo conmigo?». Ella lo miró sorprendida, pero contestó que lo conocía. «Muy bien —asintió él—. Entonces, cuando juguemos al tenis quiero que sincronices tus golpes con la armonía del Danubio Azul.»

A ella le pareció un procedimiento de lo más extraño, pero lo aceptó y en cuanto empezó a jugar al compás de la música observó todavía más extrañada cómo los golpes aumentaban su elegancia, simetría y armonía. Una vez terminado el entrenamiento, se le acercó, con el rostro arrebolado: «Jamás había sentido como hoy la alegría y el poder de este juego. Creo que, por primera vez en mi vida, capté el ritmo». Posteriormente, se convirtió en una tenista estrella, gracias a que desarrolló el verdadero flujo de la armonía.

El juego de la vida no es, en realidad, muy diferente. Cuando se participa en el juego, se lucha por el trabajo o por la vida, está uno bajo tensión y, en consecuencia, se crea resistencia, simplemente porque no se está en armonía. Entonces, el optimismo disminuye casi de forma natural. Pero cuando se tiene la mente llena de alegría, cuando le gusta lo que hace (ya sea vender verduras, escribir libros, educar a los hijos, practicar el derecho o la medicina), cuando realmente le gusta y se siente lleno de felicidad por hacerlo, entonces se está en armonía y hay un flujo hacia su pensamiento, hacia su vida y su trabajo, que hace que todo sea verdaderamente gozoso. ¿El resultado? Se es entonces mucho más efectivo. Así pues, empiece a desarrollar tanto armonía interior como exterior, porque si no está en contacto consigo mismo o con los demás, no estará, como suele decirse, «en el meollo».

Soy consciente de que el énfasis que pongo en el optimismo, por tenaz que sea uno, resulta difícil de asumir para algunas personas. Parece irritar incluso a algunos de los más críticos ya que, básicamente, detestan ver que algo pueda salir bien; les molesta. Cabría imaginar que se sentirían felices por ello, pero no, en lugar de eso actúan como resentidos ante cualquier señal de esperanza. Después de todo, si las cosas no fueran tan mal no tendrían nada de lo que entristecerse y quejarse.

Probablemente, la razón que explica una reacción tan hostil por parte de algunos ante el éxito es un reconocimiento inconsciente de que ellos mismos no lo están haciendo muy bien; de ello se desprende, con toda lógica, que no desean que a nadie le vayan bien las cosas, ni siquiera a la sociedad. Naturalmente, ellos lo niegan y ocultan su voluntad neurótica de fracasar tras una barrera de gran humanitarismo, palabras de preocupación social expresadas en lo que suponen es una forma erudita de hablar. En realidad, cuanto más erudita e intelectual es la expresión de un negativismo tenebroso, tanto más podemos estar seguros de que ese pesimismo surge de una frustración interior y de un sentido de fracaso profundamente sentidos. No se necesita ser psicólogo para observar ese hecho transparentemente claro que afecta a algunos de los pesimistas más ultraacadémicamente condicionados.

La poco saludable mezcolanza de pensamiento agriado actúa siguiendo el estilo de lo que el doctor Henry M. Wriston, ex rector de la Universidad Brown, llama «autoflagelación». «Actualmente, nos hallamos en un estado de ánimo autoflagelante —escribió en un artículo publicado en la revista Think—. Nos gusta golpearnos. Estoy harto de eso. Nuestro lema parece ser: cualquier cosa que puedas hacer mal, nosotros podemos hacerla peor. Esta es la primera democracia continental del mundo y a juzgar por las actuales críticas casi se diría que fue un rotundo fracaso. Diantres, no, no lo es.»

¡Qué razón tiene el doctor Wriston! Naturalmente, no todo es dulce y claro, no todo es un lecho de rosas. ¿Quién dijo que lo fuese? Pero tampoco está todo necesariamente mal. Las cosas están en alguna parte entre esos dos extremos, pero es mucho mejor creer en el progreso y rezar y trabajar por eso, si no queremos hundirnos y caer tan bajo como esperan que caigamos algunos de los más sombríos agoreros. No se darían, sin embargo, por satisfechos, independientemente de lo profundamente que nos hundamos. Sus propias naturalezas sádicas seguirían exigiéndonos la autoflagelación. Los intelectuales autoflageladores son los verdaderos santos fundamentales de nuestro tiempo, aunque les fastidia que se les compare con cualquier cosa relacionada con la religión, de la que afirman haberse emancipado por completo. En realidad, nunca se han emancipado de nada, sobre todo de sí mismos, empujados permanentemente de un lado a otro por la persistente, irritante e interminable búsqueda de sí mismos que jamás logran.

Es una generación bien curiosa, que continuamente se plantea preguntas y nunca halla respuestas. Está, simplemente, llena de gente entristecida, que no hace sino buscarse a sí misma, sin encontrarse nunca. Así, al no conseguir organizarse, se refugian en la desorganización como último recurso. Les crece la barba y el pesimismo y se quedan sentados donde están, con miradas tristes, en tabernas oscurecidas, bebiendo cerveza con una profunda actitud de aburrimiento. Actúan con tal dureza que uno sabe que no son duros. Por debajo de la mayoría de las barbas de los jóvenes aburridos, tristes y enojados veo oculta una expresión infantil alrededor de la boca. Y así van año tras año, tratando de encontrarse dolorosamente a sí mismos, haciendo preguntas continuas, buscando respuestas que no encuentran.

¿Ha observado alguna vez la actitud arrogantemente autoconsciente de los barbudos? Cualquiera que se haya visto afectado por un complejo de inferioridad, como me ha sucedido a mí, que se siente incómodo a pesar de sí mismo y desesperadamente anticuado, tampoco se puede ocultar detrás de las barbas. Ésa podría ser la razón por la que algunos se la dejan.

Pero afrontémoslo, no se puede ocultar un complejo de inferioridad tras una pelambrera en la cara. Y ahora, por favor, no llegue a la conclusión de que este libro es una gran cruzada contra las barbas. En algunos hombres, verdaderos hombres adultos, la barba, bien mantenida es incluso impresionante. Pero la cuestión es que hay que ser un hombre para llevar bien la barba. Sólo un hombre que se ha encontrado a sí mismo tiene lo que hay que tener para llevar bien la barba.

Naturalmente, no todos aquellos que dudan del optimismo pertenecen a la variedad *beatnik*. No son pocas las personas y académicos trabajadores, normales y reflexivos seriamente preocupados por muchos temas, para quienes la esperanza parece poco realista e incluso superficial. Todos mis respetos para ellos y sus preocupaciones. Pero el optimista tenaz tiene la actitud más sana, ya que ve directamente todos los males, a pesar de lo cual sigue creyendo que es posible obtener mejores resultados de los que parecen probables por el momento.

Hace poco, en un avión, me encontré con un hombre que, en un lenguaje corriente, expresó lo que se podría calificar como una visión sombría de la vida. Mientras me obsequiaba con sus ideas, no pude dejar de pensar en Schopenhauer: «El optimismo forma una figura lamentable en este teatro de pecado, sufrimiento y muerte».

Podría decirse que al enfoque de esa persona le faltaba algo de lo que antes se llamaba elegancia. Salpicado de agresividad que rayaba en la hostilidad hacia todo el mundo y utilizando palabras teológicas que apenas se pueden pronunciar de una manera teológica, deseaba saber «de dónde dem...» había yo sacado todo aquello sobre el pensamiento positivo. ¿Es que no me daba cuenta del terrible embrollo en el que estaba metido el mundo? ¿Qué quería decir, entonces, con aquello del pensamiento positivo? Y así, hasta el infinito.

Cuando finalmente terminó de hablar, porque se quedó sin palabras (tras haber indicado con su fácil recurso a la torpe blasfemia su gran escasez de vocabulario descriptivo), afirmé que no había hallado mi filosofía en el infierno, como él parecía creer y que la contrapondría a su «jugoso» pesimismo en cualquier momento y en cualquier parte. ¿Qué le parecía eso?

Quedamos así empatados, sin habernos convencido el uno al otro y nos sonreímos mutuamente. Le dije entonces que, como pensador positivo, tenía más aguante que él como pensador negativo, ya que los pensadores positivos miran las cosas de frente, examinan concienzudamente la otra cara de la moneda, pero no se dejan amilanar por ello. No gimen y abandonan, sino que empiezan a hacer cosas, con la ayuda de Dios, para contribuir a solucionar los problemas del mundo. Le pregunté por qué no seguía él ese mismo camino, en lugar de limitarse a hablar mucho, sin hacer nada.

Le sugerí que echásemos un vistazo juntos a esos duros problemas y le leí algo de un editorial publicado en *The Church Herald*, de mi propia confesión, la Iglesia Reformada de Estados Unidos. En mi opinión, ese artículo era una verdadera declaración cristiana que afrontaba los hechos y no se dejaba amilanar ni asustar por ellos. La verdadera mente cristiana es probablemente la más tenaz del mundo. Ve las cosas exactamente como son, pero no se detiene ahí. También ve las cosas tal y como pueden llegar a ser con la gracia de Dios y nuestra inteligencia.

Permítame citar de la declaración que le leí a mi compañero de viaje, abrumado por los problemas:

Hay muchas señales de que asistimos al desvanecimiento de la influencia del cristianismo en nuestro continente. La filosofía predominante en la educación superior es el naturalismo, que es tan ateo como el comunismo. La Biblia está desapareciendo lenta y forzadamente de las escuelas públicas. Nuestro índice de criminalidad es consistentemente elevado. Las morales subcristianas nos vociferan desde casi todos los quioscos de prensa. La mayoría de los *bestsellers*, tanto en libros como en revistas, no transmiten una moral y un mensaje cristianos e incluso son anticristianos. A juzgar por los programas de televisión o por la vida que representan, no cabría imaginar que más del 50 por ciento de la población de Estados Unidos está afiliada a una u otra Iglesia cristiana. El materialismo, es decir, el culto de las cosas al tiempo que profesamos creer en Dios, parece estar en ascenso en todas partes. Los niveles morales se deslizan poco a poco hacia los que predominaban antes de que Jesucristo llegara a este mundo. Buena parte de nuestra vida se desarrolló como si Él jamás hubiera vivido, muerto o resucitado.

Los ciudadanos de Estados Unidos gastan más dinero en licor que en educación. Cada vez es mayor el número de nuestros hijos que trabajan en bares, en comparación con aquellos que se dedican a ser ministros del evangelio. Grandes masas de los llamados cristianos raras veces acuden a los servicios religiosos, si es que van alguna vez y viven prácticamente sin Dios. Muchos de ellos parecen más interesados por el atractivo sexual que por la santidad. A la fornicación se le llama diversión y el placer pasa por el nombre de amor. No es nada extraño que proliferen los hogares rotos y la delincuencia juvenil. En palabras de Jeremías: «Porque dos males ha hecho mi pueblo: me dejaron a mí, fuente de agua viva, y cavaron para sí cisternas, cisternas rotas que no retienen agua» (Jeremías, 2, 13). Ha llegado el tiempo del que ya hablara Jesús cuando dijo: «y por haberse multiplicado la maldad, el amor de muchos se enfriará» (Mateo, 24, 12).

Confesamos que Jesucristo es el Señor, pero su voluntad dista mucho de dominar en este mundo que está en rebelión contra Dios. Su evangelio, calumniado y rechazado desde el principio, se enfrenta probablemente a una variedad de oposición sutil, atrincherada y demoníaca mucho más importante que la que jamás tuvo que afrontar en toda su historia. Lo más ominoso y diabólico de todo es el comunismo ateo, con su tiránico dominio sobre unos novecientos millones de personas, es decir, más de un tercio de la población mundial, logrado en apenas una corta generación.

Este cuadro puede parecer del más puro pesimismo, pero esos son hechos que no se pueden discutir. Es mucho mejor ver las cosas tal como son, en su verdadera perspectiva, pues nada hay más peligroso que la ilusión. Pero aun cuando sólo quedáramos 300 de los nuestros, sería mejor saberlo, ya que eso puede ayudarnos a eliminar nuestra confianza en los trucos publicitarios y a depositar más nuestra confianza únicamente en Dios, a depender no de los hombres y sus métodos, sino del Señor y su evangelio. Seguramente, Jesús también diría de nuestra situación actual: «Lo que es imposible para los hombres, es posible para Dios».

Si los nuestros son, en cierto modo, tiempos de decadencia y derrota, también lo son de oportunidad. Por poderosos que parezcan actualmente el comunismo y ciertas religiones paganas, Dios sigue siendo más fuerte que Satán. «He aquí que no se ha acortado la mano de Jehová para salvar, ni se ha agravado su oído para oír» (Isaías, 59, 1). Es posible que no veamos hoy la victoria, pero podemos trabajar y luchar, rezar y tener esperanza, porque creemos en Jesucristo.

Así concluía este editorial que, ciertamente, venía al caso.

Mientras cruzábamos el cielo a una velocidad de 800 kilómetros por hora y teniendo en cuenta lo anterior, mi compañero de asiento comentó: «Bueno, si la Iglesia cuenta con unos pocos y tenaces hombres llenos de fe, como los que describe ese editorial, bien podría ser que yo estuviera completamente equivocado. Está bien... Estaría dispuesto a aceptar la idea de que hay una respuesta a la confusión en que nos hallamos.» (A pesar de eso, no abandonó su actitud.) «Procuremos, entonces, sacarle partido a este horrible mundo.» Ahora empezaba a hablar con cierto buen ánimo. Si continúa trabajando con esta clase de pensamientos, terminará por descubrir que la fe optimista e irreductible en Dios produce resultados creativos, independientemente de lo difíciles que estén las cosas.

El hecho indiscutible de que la vida sea dura y esté plagada de problemas no disminuye el valor de la perspectiva esperanzadora ni del enfoque creativo. Si todo fuese brillante y fortuito, la alegría intensa ante la mejora sería menor porque, entre otras cosas, sería más habitual. Es en el agudo contraste entre de la alegría con el dolor donde se encuentran las más profundas satisfacciones de la vida. En consecuencia, al promover la actitud de que podemos afrontar los problemas, no cerramos los ojos ante el dolor y el problema sino que, antes al contrario, propugnamos la búsqueda de la creatividad dentro de la pauta de dificultad. Y, de hecho, apenas sería posible hacer otra cosa, puesto que es allí donde tenemos que encontrarla.

En la actualidad parece existir la extraña idea de que la presencia de problemas duros y reales excluye por completo la esperanza, de que las actitudes pesimistas están justificadas simplemente porque tenemos problemas.

De hecho, esa misma idea aparece expresada en no pocos cientos de cartas que me llegan de mis lectores. Naturalmente, me doy cuenta de que los problemas pueden ser y a menudo son extremadamente desagradables y fastidiosos y que no hacen sino aumentar la dificultad de vivir. De eso no cabe la menor duda. Pero de su existencia y exigente presencia no debería desprenderse que tengamos que disminuir nuestro nivel de optimismo. De hecho, su ausencia indicaría que se ha llegado al punto definitivo del pesimismo, ya que la inexistencia de problemas significaría que no hay vida. Y únicamente con la vida es posible el logro creativo.

Permítame ilustrar este punto. Hace poco, caminaba por la Quinta Avenida cuando me encontré con un amigo llamado George. En seguida me di cuenta de que no se le podría describir como una persona efervescentemente feliz. Mostraba la expresión más desconsolada y angustiada, lo que despertó mi simpatía natural, de modo que le pregunté: «¿Cómo estás, George?».

Si se piensa bien, ésta es una pregunta que solemos hacer rutinariamente. George, en cambio, se la tomó en serio y procedió a ilustrarme con meticuloso detalle sobre el tema de lo mal que se sentía. Quince minutos más tarde seguía hablando del tema, a pesar de que yo ya estaba realmente convencido de que se hallaba en un estado mental de abatimiento, acompañado de malos sentimientos.

«Bueno, George —le dije con simpatía—, siento mucho que veas tu situación de una forma tan sombría y de que te sientas tan mal. (Y, a propósito, esa forma de ver las cosas y ese resultado en los sentimientos van tan juntos como los hermanos siameses.) Me gustaría serte de alguna ayuda. Espero que sepas que estoy a tu lado y que haría cualquier cosa por ti.»

«Si pudieras librarme de este lío de problemas que me está haciendo la vida imposible. Todo son problemas y más problemas. Eso es lo único que tengo y ya estoy harto. Estoy hasta el gorro de tantos problemas. —Levantó las manos en un gesto de inutilidad y desesperación—. Te diré una cosa, Norman —gruñó—. Si me ayudas a librarme de todos estos problemas te daré mil dólares en efectivo para tu trabajo.» Bueno, no soy de los que rechazan una oferta como esa, así que traté de cooperar con George.

«Muy bien, George —le dije—. Creo que puedo ayudarte, al menos con un pensamiento. El otro día estuve en un lugar, no muy lejos de aquí, donde había por lo menos cien mil personas y ni una sola de ellas tenía un problema.»

«¡Uau! Eso es para mí —exclamó George, que mostró el primer atisbo de optimismo que le había detectado—. Seguro que eso me conviene. ¿Dónde está ese lugar? ¡Diríjeme hacia él!»

«Pues si de veras quieres saberlo —le contesté—, es el cementerio Woodlawn, en el Bronx. Allí no hay problemas..., ninguno, en absoluto. Pero el único problema estriba en que todos los que están allí están muertos. Así que no te lamentes tanto por tener todos esos problemas puesto que en realidad son un signo de vida y demuestran que no estás muerto.»

Y eso es exactamente lo que son los problemas: la indicación de participación, que indica, en sí misma, vitalidad y existencia. De ello se desprende que la persona que tiene cincuenta problemas está dos veces más viva que aquella otra que sólo tiene veinticinco. Y, si por una extraña casualidad, no tuviera usted ningún problema, haría bien en ponerse inmediatamente de rodillas y preguntarle al Señor: «Dios mío, ¿qué ocurre? ¿Es que ya no confías en mí? Te ruego que me des algunos problemas».

Así que... alégrese, en efecto, he dicho alégrese de tener problemas. Siéntase agradecido por tenerlos, ya que su existencia implica que Dios confía en su habilidad para manejar esos mismos problemas que le ha confiado. Adopte esta actitud ante los problemas y eso, por sí solo, tenderá a eliminar la depresión que se le pueda haber desarrollado como consecuencia de una reacción negativa ante ellos. Y a medida que desarrolle el hábito de pensar en términos esperanzadores acerca de sus problemas, verá cómo las cosas le van mucho mejor con ellos.

Eso también aumentará su gozo de la vida, ya que una de las pocas y grandes satisfacciones de esta vida es la de manejar bien los problemas y resolverlos con eficiencia. Ese fructífero manejo suele incrementar igualmente su fe, mediante la ayuda y la guía de Dios, en tener lo que se necesita para afrontar cualquier cosa que se le presente.

Qué idea tan extraña y triste es el concepto tan extendido en los últimos años de que el progreso del humanitarismo se consigue aliviando los problemas de la gente, en lugar de lograr que la propia gente confíe lo suficiente en sí misma como para manejar sus problemas. Esa bondad de corazón suena bien cuando se expresa en el púlpito o la menciona un político que se presenta a unas elecciones, pero la sencilla verdad es que a la gente no se la ayuda o se la ama verdaderamente a menos que se la induzca a encontrar fortaleza y conocimientos para hacer por sí mismos lo que tienen que hacer. Naturalmente, una vez que eso demuestre ser imposible, deben ser atendidos por los demás, pero sólo en tal caso.

Entre los superbondadosos sigue persistiendo la idea de que los problemas son cosas terribles de las que el mundo debería desembarazarse. El método para hacerlo es, claro está, mediante la legislación idealista aprobada en Washington. Uno se pregunta si los políticos, que siempre son mucho menos ingenuos y más cínicamente conscientes de la principal oportunidad que supone su profesión, no habrán descubierto en este mecanismo un magnífico instrumento para conseguir votos, y conseguir votos es, claro está, su principal propósito en la vida.

Los hombres fuertes, creativos, capaces de hacer cosas, no tienen ningún problema; en realidad, les gustan los problemas. Saben que éstos son para la mente como el ejercicio para los músculos, a los que endurecen y fortalecen. Los problemas nos hacen mejores para afrontar la vida.

Uno de los hombres que más he admirado fue el famoso Charles F. *Jefe* Kettering, el genio científico de la General Motors. Creó el proceso de pintura Duco para automóviles y otros muchos artilugios modernos. Fue uno de los pensadores más estimulantes que haya conocido.

Durante una cena en Cleveland para celebrar el 150 aniversario del ingreso de Ohio como estado de la Unión, se invitó a hablar a una serie de nativos de Ohio. En el programa estábamos Branch Rickey, el doctor Milliken, Bob Hope, yo mismo y otros.

El presentador se apartó del programa establecido y llamó al estrado al *Jefe* Kettering, sentado entre el público. Se adelantó y pronunció un discurso de dos frases que siempre guardaré en mi memoria como una verdadera pieza maestra. Refiriéndose al énfasis que poníamos en la historia, motivo por el cual celebrábamos la cena, Kettering dijo: «No me interesa el pasado. Únicamente me interesa el futuro, pues es ahí donde espero pasar el resto de mi vida». Y, tras decir estas palabras, regresó a su asiento en medio de una estruendosa ovación.

A sus ayudantes en la General Motors, Kettering les decía con frecuencia: «Los problemas son el precio del progreso. No me traigáis más que problemas. Las buenas noticias me debilitan». ¡Qué filosofía! Traedme problemas, porque me fortalecen. Los problemas, vistos como oportunidades, fortalecen a los hombres.

La gran cuestión, pues, no es si tenemos problemas, si algunos de ellos son extremadamente difíciles o si todos ellos no hacen sino aumentar las complicaciones de la vida. La gran cuestión que se nos plantea es la actitud que adoptamos ante los problemas. La forma de pensar en el problema es mucho más importante que el problema en sí. Menninger dice: «Las actitudes son más importantes que los hechos». Claro que un hecho siempre será un hecho. Algunos dicen eso como algo definitivo: ése es el gran hecho puro y duro. ¿Qué podemos hacer al respecto? Es entonces cuando abandonan la lucha.

Pero el optimista tenaz adopta una actitud positiva hacia el hecho. Lo ve de forma realista, tal como es, pero también ve algo más. Lo ve como un desafío a su inteligencia, a su ingenio y su fe. Reza y pide percepción y guía para enfrentarse al hecho puro y duro. Sigue pensando, rezando y creyendo. Sabe que hay una respuesta y, finalmente, la encuentra. Quizá cambia el hecho o, simplemente, lo rodea o aprende a vivir con él. Pero, en cualquier caso, su actitud hacia ese hecho demuestra ser mucho más importante que el hecho mismo.

Practique la esperanza hasta que la domine. Luego, siga practicándola, para mantenerla siempre en buen funcionamiento. No necesita aceptar un hecho como definitivo, en ningún momento. Con ayuda de Dios, podrá manejar cualquier problema que se le presente.

9

RECE Y ÁBRASE CAMINO
A TRAVÉS DE LA DIFICULTAD

¡Estaba fuera de sí misma! Jamás había visto a una mujer tan enojada. Bramaba, literalmente, lanzando una invectiva tras otra, en un acceso de violencia emocional como nunca había visto. Había venido para hablar conmigo, o más bien para despotricar conmigo. Apenas pude pronunciar alguna que otra palabra suelta.

Acababa de descubrir que su esposo tenía una relación con otra mujer. No dejaba de repetir, una y otra vez, que ella y su esposo llevaban casados desde hacía veinte años. Él no podía hacerle esto. Ella había confiado en él, creía que todo iba bien entre ellos, ¡y ahora se encontraba con esto! No encontraba palabras suficientemente fuertes como para expresar lo que pensaba de él. Al parecer, tenía dos caras, era un fariseo y un embustero de la peor calaña.

Naturalmente, no podía disculpar la conducta del esposo, pero la actitud de esta mujer era tan rencorosa y mojigata que, en realidad, explicaba buena parte de lo ocurrido y yo no podía dejar de sentir una cierta simpatía por el hombre.

Pensé que tarde o temprano se le acabarían las palabras, así que me limité a escucharla con comprensión y serenidad, pero cuando inició una segunda ronda de nuevas invectivas, traté de hacerla callar. En el asesoramiento, he observado en la gente encolerizada una tendencia a repetirse indefinidamente. Escuchar una historia una sola vez es más que suficiente. Pero, por mucho que lo intenté, no pude contener el flujo de vituperios de esta mujer.

Así pues, recé para encontrar alguna guía. No soy lo bastante astuto como para saber cómo manejar esta clase de casos por mi propia cuenta, así que solicité guía y la encontré. Se me ocurrió un método espectacular, que demostró ser muy efectivo.

La interrumpí y le dije: «Mire, así no vamos a ninguna parte. Le sugiero que nos olvidemos completamente del problema durante un rato. Déjelo en mis manos». Me levanté, junté las manos formando un hueco y las extendí hacia ella, diciéndole: «Ahora ya me he hecho cargo de su problema». Después, me dirigí hacia la puerta, la abrí e hice el gesto de arrojar algo hacia la estancia contigua, volviendo a cerrar la puerta. «Ahora, su problema está ahí afuera. Dejémoslo ahí y empecemos a pensar en Dios, en lugar de en el problema. —Ella empezó a decir algo, pero la interrumpí—: Por favor, usted ya ha dicho lo que tenía que decir. Manténgase absolutamente en silencio y lo mismo haré yo. Simplemente, quédese ahí sentada y piense en Dios hasta que yo le diga que deje de hacerlo. Yo haré lo mismo.»

Se quedó tan sorprendida ante este procedimiento tan inesperado que, en efecto, permaneció absolutamente quieta. Yo casi no esperaba que pudiese hacerlo, pero más tarde descubriría que ella poseía mucha más autodisciplina de lo que parecía a primera vista. Después de tres minutos de silencio, tomé la Biblia y leí unos pocos pasajes elegidos con la intención de resaltar la presencia del Señor. Elegí otros por su poder para tranquilizar la mente y permitir la actividad mental racional.

Luego, le dije: «Ahora ya puede hablar. ¿Qué pensamientos se le han ocurrido durante este período de silencio?».

Ella vaciló un momento, pero cuando habló sus palabras sonaron serenas y controladas. La vehemencia del momento había desaparecido. Ahora habló lenta e inteligentemente. Había dejado de ser una víctima de la emoción y ya era capaz de pensar un poco. Lo que dijo fue una especie de soliloquio, que tuve el honor de escuchar. Y digo el honor porque quien hablaba era toda una persona.

«Bueno, a pesar de todo, Harry es un buen hombre. Tengo que pensar en toda su bondad y su paciencia. No es el verdadero Harry el que se ha visto involucrado en este jaleo. —Hizo una pausa y finalmente se atrevió a decirlo—: Quizá el fallo sea mío más que suyo. Tengo que haberle fallado. Posiblemente, no pensaba.»

Qué razón tenía. Más de una mujer se ahorraría esta clase de situaciones si pensara no únicamente en sí misma, sino en su esposo.

Pero, por mucho que respete el poder de la oración como inductora del pensamiento, no estaba preparado para la siguiente afirmación que hizo. Que le resultó difícil decirla fue algo evidente, pero el hecho de que consiguiera expresarla demostró que había logrado una importante comprensión de la vida.

«Esa pobre mujer, fíjese en toda la pena y el dolor que está provocando sobre sí misma y su familia. Espero ser capaz de rezar para que se encuentre a sí misma.» No fue, sin embargo, una blandengue, pues de repente se levantó y dijo: «Ahora ya estoy bien. Sé lo que debo hacer y me siento capaz de manejar la situación». Al verla marchar, yo también tuve la sensación de que sabía qué hacer, pues había experimentado una de las más sutiles de todas las habilidades humanas: la de rezar y abrirse paso a través de la dificultad. Ella misma era la que tenía que resolver su problema, con la ayuda de Dios. Y se había dado cuenta de eso.

Desde entonces, he utilizado esta técnica en muchos otros problemas y ha demostrado ser muy efectiva en la mayoría de ellos. La utilización de este método concreto supone varios factores: el primero consiste en vaciar por completo todo el contenido emocional que se lleva dentro. No cabe la menor duda de que esta mujer lo había hecho así. Afortunadamente, pude detener su vaciado emocional justo en el preciso momento e impedir que siguiera aumentando su intensidad. Ésa es la razón que explica el fracaso en muchos casos similares: se vacían las emociones por completo, pero se rellenan de inmediato. Se establece así un círculo vicioso que, como consecuencia, no tiene un final constructivo.

Un segundo factor es que ella exorcizó o vació sus emociones ante otra persona. Pude escucharla con respeto, con estima por su personalidad, que en ese momento se sentía profundamente herida y rechazada. Al demostrarle mi estima, la ayudé a restaurar su ego.

Un tercer factor, que tiene una gran importancia, es que al insistir en disponer de un tiempo de silencio, rompimos la tensión, introdujimos con ello otro círculo e inyectamos una nueva posibilidad, la de hallar una guía que estuviese más allá de sí misma. Cuando aquella mujer acudió a mi despacho, no estaba en el estado de ánimo más adecuado para que eso fuera posible. Pero allí se creó un nuevo estado de ánimo en el que no sólo pudieran reanudarse los procesos del pensamiento, sino que además se pudiera hacer desde un nivel de percepción superior. Al desembarazarse temporalmente del problema, soslayándolo y dirigiéndose hacia un curso de pensamiento espiritual, su mente se vio liberada de una tensión inútil y, de ese modo, se pudo relajar. A partir de ese momento, pudo producir ideas constructivas. De este modo, se recuperó, no sólo ella, sino también su capacidad para manejar el problema.

Otra persona para la que este método resultó muy efectivo dirige una gran empresa. Me dijo que en cierta ocasión se vio enfrentado con un problema tan preocupante que forcejeó con él día y noche. Se hallaba tan incrustado en su mente, que no podía dormir. Se puso tenso, irritable y nervioso. Cuanto más se esforzaba con el problema, más complejo y desesperanzado le parecía. En realidad, al esforzarse mentalmente lo que estaba haciendo era alejar de sí mismo la respuesta y la solución.

Un día, mientras deambulaba angustiado de un lado a otro de su despacho, se detuvo por casualidad frente a la foto de su madre. Ella había sido una sencilla mujer del campo a la que él no sólo había amado sino reverenciado y admirado por su aguda inteligencia práctica. Mientras contemplaba el rostro de su madre, recordó algo que le había oído decir muchas veces cuando se encontraba ante circunstancias familiares desconcertantes: «Dejemos descansar el problema en paz y pensemos en Dios».

Ese pensamiento pareció ser un mensaje dirigido directamente a él en su situación actual. Así pues, limpió la mesa de documentos, los metió todos en un cajón y lo cerró. Luego, se dijo a sí mismo: «Ahora, todo está despejado. Me alejaré de este problema durante un tiempo». De otro cajón de la mesa, sacó su Biblia, se instaló cómodamente en la silla y empezó a leer el Libro de los Salmos. Y allí, lo crea o no, permaneció sentado durante media hora, leyendo tranquilamente la Biblia. Buscó algunos de los pasajes que conocía mejor y leyó las grandes palabras en voz alta. Finalmente, cerró la Biblia y se quedó sentado, en silencio, pensando en Dios. Pensó en la bondad divina, en la providencia de Dios, en la inmensidad de su mente, en su gran amor. Luego, le ofreció en silencio una oración de agradecimiento.

Una sensación de calma impregnó todos sus pensamientos. Su mente se tranquilizó y notaba el cuerpo descansado. Estaba relajado, como una goma elástica que hubiese recuperado su forma natural, después de haber estado en tensión.

Regresó al trabajo sintiéndose considerablemente refrescado y estimulado. Y, de pronto, le asaltó la idea de bajar a la calle e ir a ver a determinada persona. Por lo que él podía imaginar, no encontraba conexión alguna entre su problema y el hombre cuyo nombre se le ocurrió de repente. Pero pensó que, puesto que ese nombre le había surgido en su mente después de una oración, quizá fuese mejor ir a verlo.

Eso fue lo que hizo y, durante el transcurso de la conversación, ese otro hombre hizo un comentario aparentemente irrelevante que puso en marcha, a su vez, un pensamiento que surgió de improviso en la mente de nuestro amigo, con la fuerza de una repentina improvisación. Vio entonces, claramente indicado, el primer paso hacia una solución de su problema. Todo lo que ocurrió posteriormente le demostró que había recibido una verdadera respuesta.

Como consecuencia de esta experiencia, ahora sigue el mismo procedimiento cada vez que tiene cualquier problema que le suponga una dificultad sustancial. Aleja la atención del problema durante el tiempo suficiente como para concentrar sus facultades en Dios. Luego, regresa al problema, pero ya con la mente tranquila y relajada y con la capacidad para trabajar al máximo de su eficiencia. El resultado de este método es que la mente emite percepciones muy sanas. A él le parece un método válido para afrontar toda clase de problemas y asegura que funciona siempre.

La técnica de tranquilizarse y alejarse mentalmente de los problemas, para estar en presencia de Dios es tan importante que va en contra de todo sentido común el dejar de lado este método de afrontar los problemas. Algunas personas, por lo demás inteligentes, piensan estúpidamente en Dios como una especie de remoto ser religioso que únicamente está conectado con las iglesias. No es ese el gran Dios que conocemos. Algunas iglesias han rodeado a Dios con tal clase de pompa y ceremonia que llega a parecer un ser apagado e irreal. Naturalmente, Dios es mucho más grande y fascinante que todo eso, como para poder restringirlo y reducirlo a una clase de blasfemia, por muy piadosa que parezca ser.

Antes se suponía que únicamente los pastores y quizá algunos laicos religiosos animaban a la gente a encontrar sus respuestas en Dios, pero ahora parece que los médicos también empiezan a hacer lo mismo. Por ejemplo, un hombre me contó que durante unos días notó una disminución de su nivel de energía. Llegó a la conclusión de que se estaba esforzando demasiado, de modo que «desconectó» para pasar unas vacaciones de dos semanas en Florida. No obstante, al regresar «a la vieja carrera de ratas», como él mismo dijo, se sentía tan cansado como antes. «Todo el tiempo y el dinero gastados en Florida no sirvieron de nada» —me confió. Era de la clase de hombre que se resiste a ir al médico, como no fuese como último recurso. Finalmente, se decidió a consultar con un médico, que lo examinó meticulosamente y lo sometió a una batería de pruebas. El médico le dijo que sufría de dos cosas, una de las cuales era un bajo nivel de azúcar.

«¿Qué podemos hacer al respecto?» —preguntó el paciente, con la satisfactoria esperanza de que quizá se le recetara tomar más dulces, algo que le complacía, puesto que le gustaban mucho. Pero, en lugar de eso, y ante su sorpresa, se le aconsejó que todos los días comiera una «hamburguesa» para almorzar, hasta recuperar la energía.

«¿Cuál es la otra cosa de la que sufro, doctor?» —preguntó después. El médico, ya entrado en años y muy avezado, miró durante largo rato a este líder empresarial y urbano. Reflexivamente, como si hablara más consigo mismo que con el paciente, dijo: «Me pregunto..., sólo me pregunto si tiene lo que se necesita».

«¿Qué quiere decir con eso de... si tengo lo que se necesita?» —preguntó el hombre un tanto exasperado.

«Bueno —dijo el médico—, por lo que puedo apreciar anda bajo en dos cosas: una es el nivel de azúcar y la otra es la inspiración religiosa. Así que, si me permite decirlo así, a la hamburguesa añada algo más de Dios. Dios y hamburguesa —repitió con una sonrisita—. Una para aumentar el nivel espiritual y la otra para aumentar el nivel de azúcar.»

Y esto explica cómo intervine yo en el caso. El paciente me consultó acerca de la sugerencia del médico para que le «diera una inyección de Dios». Una receta bien curiosa.

En cualquier caso, este paciente «que nunca había tenido contacto con la religión», empezó a acudir a la iglesia con regularidad pero, lo que es más importante, empezó a aplicar seriamente en sí mismo las técnicas espirituales. El resultado fue que mostró una clara mejoría en su estado nervioso y en su nivel de energía. «Mi nueva energía —dijo—, procede de la vitalidad espiritual recibida cuando rendí mi vida ante Dios. Una vez que aprendí a vivir con Dios, en lugar de limitarme a tratar de seguir adelante, empecé a vivir realmente.» Esta es, claro está, otra forma de decir que aprendió a rezar y abrirse paso a través de las dificultades.

Pero no sólo es la energía física la que flaquea. La vitalidad creativa y la fuerza mental también se estancan a veces. La mente, que en otros tiempos fue capaz de tener ideas y percepciones dinámicas, puede convertirse en un pozo seco, del que no sale nada constructivo. Cuando una persona se encuentra en tales circunstancias, el mejor remedio es la oración, que ha demostrado su capacidad como poderosa fuerza reactivadora que estimula y renueva la mente.

Por ejemplo, en cierta ocasión me encontré con un hombre en la calle y caminamos juntos varias manzanas. Me di cuenta de que aquel hombre se sentía profunda y vibrantemente feliz.

«Quisiera decirle que el programa de pensamiento positivo que propugna está funcionando realmente. No tiene ni idea de lo que la oración positiva ha significado para mí. Es algo muy interesante, créame.»

Al parecer, este hombre había pasado por una época bastante difícil. Todo parecía salirle mal, especialmente en los negocios. Seguía «dándose de cabezadas contra muros de piedra y paredes», según su propia expresión. El empeoramiento de la situación lo dejaba cada vez más frustrado y desanimado. Lo que más le fastidiaba era que ya no se le ocurrían ideas constructivas. Su mente estaba «como un pozo seco».

Cuando se hallaba en esta situación, leyó por casualidad, en uno de los artículos que publico en los periódicos, algo sobre la técnica espiritual y práctica que describo como «tomar a Dios como socio», una frase que le resultó completamente nueva, pero que simplemente significa poner su vida en manos de Dios y dejar que Él la dirija. En ese artículo, afirmaba que esta sencilla práctica ha activado nuevo poder, estimulado el pensamiento y mejorado el rendimiento en muchos de quienes la han aplicado. A mi amigo le pareció interesante el artículo y decidió poner en práctica el pensamiento básico espiritual que en él se describía. Pensó que ya lo había intentado todo, de modo que «lo probaría».

Así que, sentado en su despacho, rezó algo similar a lo siguiente: «Señor, tendré que admitir que no parezco ser capaz de manejar mi situación. Parece que tampoco se me ocurren ya buenas ideas. Detesto admitirlo, pero creo que estoy acabado. Este negocio ya no funciona bien. Te pido humildemente que seas mi socio principal. No tengo nada que ofrecerte, excepto yo mismo. Te ruego que me cambies y arregles este lío en el que estoy metido, y también el lío personal en que me encuentro. Realmente, no comprendo cómo se puede hacer y quizá deba decirte también con franqueza, Señor, que tengo mis dudas al respecto, pues todo esto es nuevo para mí. Pero estoy dispuesto a hacer cualquier cosa que me digas y a aceptar sinceramente esta asociación. De otro modo, estoy en un mal camino».

«¿Dijo de veras todo eso en su oración?» —le pregunté.

«Sí, eso fue lo que dije, casi palabra por palabra. Pero no fui irreverente.»

«Pues, si quiere saberlo, es toda una oración. ¿Qué sucedió después?»

«Bueno —siguió diciendo—, después de rezar, me quedé sentado en mi sillón y no ocurrió nada. No sé exactamente qué esperaba, pero tuve la ligera sensación de haber sido abandonado en la estacada. Y entonces pensé para mis adentros: "Bueno, esto no es más que una de esas cosas que se hacen". Pero entonces me di cuenta de que me sentía verdaderamente tranquilo y a gusto. Decidí salir y dar un paseo. No sé por qué; me pareció quizá que era lo que tenía que hacer. Caminé casi un kilómetro y medio y entonces me di media vuelta, pensando que sería mejor regresar a la oficina.

»Y, en el camino de regreso, al llegar a la esquina de la Avenida Madison con la Calle 48, me detuve de repente y me quedé quieto en la acera. En mi mente brotó una idea que no se me había ocurrido antes, una idea para solucionar mi principal problema. No sé de dónde surgió. Pareció como si cayera del cielo. Pero ahora sé muy bien de dónde vino.

»Continué poniéndome cada día en manos de Dios. Oh, es cierto que tuve algunos días difíciles..., incluso muchos. Pero por primera vez noté que estaba progresando día tras día y, quizá lo más importante de todo, que me sentía muy diferente. Resulta un tanto curioso, pero lo cierto es que cuando empecé a sentirme diferente, todo se volvió diferente. Así que supongo que las cosas le salen a uno tal y como uno es. ¿Qué le parece?

»Y voy a decirle lo que estoy haciendo ahora —siguió diciendo, sin esperar mi contestación—. Cada noche, antes de dormir, me dedico a buscar en el Nuevo Testamento todas las cosas que Jesús nos dijo que hiciéramos. Y luego trato de hacerlas realmente. Por ejemplo, decidí dejar de odiar a los demás. Jesús dijo que hiciésemos las paces con aquellas personas con las que nos hayamos peleado; eso es lo que he estado haciendo. Jesús dice que tengamos fe: también lo estoy haciendo o, al menos, lo intento. Lo único que sé es que nunca me había sentido tan feliz en toda mi vida y nunca me había parecido todo tan interesante.»

Seguro que este hombre había encontrado algo. De eso no tenía la menor duda. Era evidente que estaba realmente vivo y que tenía un espíritu animoso. Lo conocía desde hacía años y quedé asombrado ante el cambio observado en él. Había descubierto que la oración no es un ejercicio visionario, piadoso y místico destinado a los santos y a los ultradevotos. Descubrió que puede ser un método práctico para volver a estimular la mente que ha perdido su habilidad creativa. Y, sobre todo, descubrió que rezar así es una fuerza renovadora de la energía.

En este capítulo ya hemos sugerido varios métodos para rezar y abrirse paso a través de la dificultad: 1. Alejarse deliberadamente del problema y concentrarse en Dios. Ese fue el método utilizado en el caso de la mujer iracunda, cuyo esposo tenía una relación con otra mujer y el del hombre de negocios que se esforzaba por resolver un asunto que lo tenía desconcertado. 2. La singular receta dada por el médico al hombre de negocios que sufría una disminución de su nivel de energía. 3. Y, finalmente, el método utilizado por el hombre que «tomó a Dios como socio».

Quisiera sugerir ahora lo que llamo el método de «escribirlo y ponerlo en la Biblia». Este procedimiento se basa en el principio de que muchas oraciones son ambiguas y les falta un concepto claramente definido del problema que se plantea. Uno tiene que saber cuál es el problema y ser capaz de perfilarlo con claridad y con todos sus detalles básicos, para obtener así los mejores resultados. Una solución que difícilmente se puede esperar si no se sabe realmente cuál es el problema, del mismo modo que se puede llegar a otro destino diferente al pretendido cuando no se sabe bien adónde ir. En otras palabras, se tiene que saber de qué se trata y adónde se quiere llegar.

En ocasiones, se ve en las oficinas una críptica directriz que dice: «Escríbalo o póngalo en un memorándum». Esta directriz está diseñada para eliminar la conversación incesante, la descripción confusa, el concepto indefinido. Uno de los primeros principios de toda oración es el de saber con exactitud lo que se quiere decir y cuál es el objetivo exacto que se persigue. Uno tiene que ser capaz de afirmar el problema de una forma clara y sucinta. Si tiene que utilizar muchas palabras, ese mismo hecho demuestra que no está muy seguro de saber lo que hay en su mente. Un hombre que reflexiona sobre su problema y lo expresa de modo que él mismo lo vea con claridad ha posibilitado con ello el recibir esas respuestas claras que le están esperando en la mente de Dios. Únicamente la claridad puede obtener claridad.

Así pues, escriba su oración con las menos palabras posibles. Elija cada palabra de tal manera que transmita el máximo de significado. Reduzca el mensaje a una extensión telegráfica. Eso contribuirá a clarificar su problema.

Yo diseñé tarjetas que fueron colocadas en los bancos de la iglesia colegiata Marble. Hasta el momento se han utilizado miles de esas tarjetas. Hasta el color de las mismas se eligió cuidadosamente, por si tenía algún efecto posible sobre la actitud de quien las utilizara. Son de color dorado para simbolizar esperanza y expectación y dice lo siguiente:

MI(S) PROBLEMA(S)

Para obtener una respuesta ante un problema, es bueno escribirlo. Eso lo hace específico y se es más capaz de pensar y rezar hasta superarlo.

Escriba su problema en esta tarjeta. Coloque la tarjeta en su Biblia personal. Rece diariamente y esté dispuesto a aceptar la respuesta de Dios.

Finalmente, anote el día en que se le ocurra la respuesta y archive la tarjeta con una nota de agradecimiento.

La razón por la que se sugiere que la tarjeta se coloque en la Biblia personal es para identificar el problema con la fuente del libro de la sabiduría, animándole así a explorar la guía que éste ofrece. Simbólicamente, es como si dejara realmente el problema en manos de Dios.

La sugerencia de archivar la tarjeta después de obtenida la respuesta, tanto si ésta es afirmativa como negativa, se basa en el valor que tiene el compilar una historia de su relación con Dios y el extraordinario efecto que tiene en su vida. Un archivo de esta clase de tarjetas contribuirá mucho a aumentar la intensidad de su fe, al documentar las muchas formas en que ha sido guiado y apoyado espiritualmente. Demostrará, de forma concluyente, que la oración, utilizada adecuadamente, no es una reacción azarosa o fortuita ante la desesperación o la crisis, sino el funcionamiento racional de la ley divina en los asuntos humanos.

Podría contar muchas historias de cómo ha funcionado esta tarjeta en las vidas de la gente, pero quizá una de las más interesantes sea la experiencia de mi propia esposa, Ruth. Cada uno tenemos nuestra propia Biblia en la mesita de noche, que leemos cada noche y también por la mañana. Una noche observé que nuestras Biblias estaban cambiadas de sitio, de modo que la de Ruth estaba sobre mi mesita. Al tomarla, de ella sobresalió una tarjeta de problema. Me di cuenta de que la tarjeta era un asunto privado de ella, pero mi curiosidad pudo más y la leí, casi esperando verme incluido en ella como un gran problema.

Ruth había anotado tres problemas en la tarjeta, expresados de forma muy clara y sucinta. También había indicado la fecha en que lo hizo: el 1 de enero de 1960. Después del primer problema, había escrito: «La respuesta fue afirmativa, el... de 1960». Tras el segundo problema anotó: «Recibida una negativa como respuesta el... de 1960». No aparecía ninguna anotación tras el tercer problema, lo que indicaba que todavía no había recibido ninguna respuesta. Añadí mis oraciones a las suyas y volví a guardar la tarjeta en la Biblia.

Muchas semanas y, de hecho, varios meses más tarde, ella recibió su respuesta al tercer problema planteado. Fue afirmativa. Me mostró la tarjeta el día en que recibió la respuesta y luego escribió: «Recibida una magnífica respuesta afirmativa hoy, 18 de diciembre de 1960, once meses y dieciocho días después de haber anotado aquí el problema. Gracias, querido Señor».

Luego, archivó la tarjeta y ahora ya han aparecido otros problemas. Naturalmente, de eso se trata: los problemas siempre siguen apareciendo. Pero puesto que eso nos da la oportunidad de trabajar y alcanzar más victorias y obtener más experiencias de la bondad de Dios, deberíamos sentirnos contentos y agradecidos por los problemas que surjan. Siga anotando sus problemas. Mientras mantenga vivo el pensamiento, rece y crea, seguirán surgiendo buenas respuestas y usted crecerá con ellas y la vida será más significativa y satisfactoria.

Al rezar y abrirse paso entre las dificultades, también es importante reducir el elemento de egoísmo que pueda haber en ellas y resaltar los intereses de todos aquellos que aparezcan involucrados en el problema. No quiero decir con ello que esté equivocado sentir un interés propio, que es muy legítimo y normal. Menciono esto únicamente porque muchas personas que escriben o hablan sobre la oración adoptan una actitud superpiadosa y nos dicen que, al rezar, no deberíamos pensar en nosotros mismos. Eso es una tontería y no hace sino ocultar el hecho de que cada uno de nosotros está involucrado en la naturaleza misma de la vida y eso no sólo es un desprecio extremado, sino que no es posible que sea así y, aunque lo fuera, debería ser indeseable. No estamos aquí para apartarnos de la vida, sino para vivirla en un equilibrio correcto. En consecuencia, para mantener tal equilibrio hay que evitar el poner demasiado énfasis o muy poco en uno mismo. Al lograr el equilibrio adecuado entre el propio interés y el de los demás, se activa el poder espiritual que pone en marcha la obtención de resultados prácticos.

Una ilustración de ello es la experiencia de H. F., un popular personaje televisivo del sudoeste de Estados Unidos. Fui invitado a su programa, en una entrevista no preparada y libre en la que la conversación versó sobre varias cuestiones. H. F. sabe muy bien cómo alcanzar un alto nivel de interés entre su público, razón por la que su programa es divertido y encantador. Finalmente, abordamos el tema de la oración. H. F. dijo: «Quizá no entiendo la oración tan bien como debiera, pues algunas veces las cosas salen bien y otras no. ¿Por qué sucede eso?».

«Como sabe, toda oración puede obtener tres posibles respuestas: sí, no y espere.»

«Bien —replicó él con una sonrisa—, la mayoría de las respuestas que he obtenido deben de haber sido de las de esperar. Ahora mismo, tengo un problema.»

El programa se emitía en directo, justo delante de la enorme audiencia de espectadores que nos estaban viendo en sus televisores. H. F. siguió diciendo: «Tengo en el norte una casa que debo vender. Necesito el dinero, pero no sé qué hacer. Cada día le pido al Señor que me ayude a venderla a un precio satisfactorio, pero no sucede nada. ¿Qué ocurre? ¿Qué puedo hacer al respecto?».

«Quizá el problema con su oración sea que piensa únicamente en sí mismo y en el dinero que pueda obtener por la casa —le contesté—. Al Todopoderoso, en cambio, aunque le interesa usted, también está interesado en todos los demás. ¿Por qué no trata de interesar también a otros? Quizá eso le permita sintonizar con Dios.»

«¿Qué quiere decir?» —me preguntó, sin comprender.

«Récele a Dios algo así como: "Señor, en el norte tengo una bonita casa que ahora está vacía. Quizá conozcas a una familia, o a una pareja joven que ande buscando precisamente una casa así, que le gustaría mi casa y que se sentiría feliz de vivir en ella. Si mi casa satisface sus necesidades, te ruego que nos pongas en contacto y permite que yo satisfaga sus necesidades en condiciones que sean razonables y que estén al alcance de sus medios. Ayúdalos y ayúdame, a cada uno de nosotros de acuerdo con nuestras necesidades. Acepto tu guía y te doy las gracias por ello."»

Poco después de este incidente, recibí una carta de H. F. en la que me decía:

Querido doctor Peale:

Estoy seguro de que recordará nuestra entrevista cuando estuvo usted en Houston. Pensé que le interesaría saber que cinco días después de que hablásemos sobre la oración y el pensamiento positivo en relación con la venta de mi casa, ésta se vendió a una familia que necesitaba precisamente esa clase de casa..., que fue la sugerencia que hizo usted en su oración.

Éste es un caso de un problema resuelto en el que un hombre empezó por pensar en el otro y en sí mismo en igualdad de condiciones. Quizá usted, yo mismo y todos nosotros pensamos demasiado e incluso rezamos excesivamente en términos de bienestar personal.

En ocasiones, uno tiene que pensar en sí mismo y sin tapujos, pues puede usted haber tocado fondo o hallarse en tal estado extremo de necesidad que usted o sus seres queridos tienen que recibir ayuda. Lo único que se puede hacer en tal caso es aceptarlo y dejar todo el problema en manos del Señor. Déjelo descansar en sus manos, con la más completa confianza. Una vez que su oración en petición de ayuda haya sido contestada, naturalmente querrá compartir alegremente con otros para que siga circulando el flujo de las bendiciones.

En mi columna periodística diaria, que se publica en unos doscientos periódicos, escribo a veces sobre el poder de la oración y les pido a mis lectores que me cuenten sus propias experiencias. Como seguramente ya habrá supuesto, he recibido algunas historias fascinantes de demostraciones del poder de la oración en situaciones reales.

Una de ellas fue la del señor Bean Robinson, de El Paso, Texas. Quedé impresionado por el membrete de su carta, que dice: «Buenos caballos, buenos ranchos, buen ganado, buena gente. Los conocemos a todos, desde Ft. Worth hasta California, desde Chihuahua a Canadá».

El señor Robinson ilustra la verdad según la cual la voluntad de Dios le dirá qué hacer y cuándo hacerlo y que tiene que escuchar y hacer lo que Dios le diga. Pero lea su carta, porque es verdaderamente interesante:

Querido doctor Peale:

El lunes 4 de julio publicó usted en *El Paso Times* un artículo sobre la oración. Dijo que le gustaría que sus amigos le escribieran y le contaran sus experiencias, para poder ayudarnos así unos a otros. Para mí, la oración es como tomar el teléfono y llamar directamente a Dios. Ahora bien, para que Dios me ayude, yo tengo que ser capaz de comprender lo que me dice. Lo importante aquí es saber cuál es la voluntad de Dios para mí. Creo que la oración perfecta sería: «Dios mío, concédeme visión y comprensión para saber lo que quieres que haga y fe, fortaleza y valor para hacerlo». Voy a contarle ahora una experiencia personal y quisiera que observara cómo salvé la vida gracias a que pude comprender lo que Dios me estaba diciendo y gracias a que hice lo que me decía.

Estaba en Montana, dirigiendo un gran rancho. La primera nieve de la temporada había caído en noviembre. Fue ligera y cubrió el terreno parcialmente. Luego se fundió, dejando charcos de unos cuatro a seis metros cuadrados. Esos charcos se helaron. Esa mañana, salimos de la casa del rancho al amanecer. Al ir a ensillar mi caballo se me embarraron los pies. Llevaba puestos un par de protectores sobre las botas. Al poner los pies en los estribos, observé que resultaba difícil sacarlos. Estábamos arreando ganado de unos grandes pastos. El aire era frío y cortante y el recubrimiento de las botas se congeló en los estribos, dejándolo todo como si estuviese rodeado de cemento, impidiéndome bajar los pies de los estribos.

Hacia las once de la mañana, los charcos congelados del suelo se habían licuado un poco en su parte superior, pero continuaban helados y duros por debajo de esa capa de quizá un centímetro. Eso los convertía exactamente en placas de cristal recubiertas por un centímetro de manteca. Yo montaba un buen caballo vaquero y rodeé un pequeño hato de vacas para acercarlas a la manada principal. Mi caballo se metió entonces en uno de aquellos charcos helados y, al efectuar un giro brusco, las patas le cedieron. Inmediatamente después de que eso ocurriera, sólo sé que me encontré debajo del caballo, con las botas congeladas sobre los estribos. No tenía la menor oportunidad de separarme de los estribos y el caballo se puso en pie y empezó a correr y a lanzarme coces hacia la cabeza. No veía ninguna forma de salir de aquella situación. Entonces, simplemente, miré hacia el cielo y dije: «Dios mío, ayúdame». Repetí mi petición y luego escuché con toda mi atención. Se me ocurrió una idea, que atribuí a lo que Dios me estaba diciendo: «Todavía tienes en las manos las riendas del caballo». Me fijé y observé que así era, en efecto. El siguiente pensamiento que acudió a mi mente fue: «Tira de la cabeza del caballo hacia ti y háblale para que se tranquilice». Así lo hice. El caballo se quedó quieto. El siguiente pensamiento fue que un vaquero estaba como a unos cuatrocientos metros de distancia, pero no se había dado cuenta de lo que me ocurría. «Llama al vaquero.» Así lo hice y cuando éste se me acercó, le dije que fuera con cuidado y que no asustara al caballo. Descabalgó de su montura y le pedí que desensillara mi caballo. Así lo hizo y quedé libre.

Como se habrá dado cuenta, en este rescate se dieron varios pasos. No creí que tuviera posibilidad de salir bien librado. Y, sin embargo, no sufrí ninguna herida. No creí que hubiese una forma de escapar, pero Dios me dirigió paso a paso. No me sentí asustado en ningún momento. Simplemente, me quedé a la espera, escuchando a Dios. ¿Era la vida o la muerte? Fuera lo que fuese, se cumplió la voluntad de Dios.

Puesto que usted es un predicador y no un vaquero, quizá no pueda comprender del todo la situación en que me encontré, pero estoy seguro de que conoce a algún buen jinete y si lo analiza con él, sé que comprenderá muy bien mi situación.

La pregunta que me planteo ahora es: ¿podemos esperar siempre instrucciones tan claras como las que recibí? Yo diría que no. Pero lo que sí podemos hacer siempre es hablar con Dios sobre nuestros problemas, confiar en él y tratar de encontrar cuál es su voluntad para nosotros.

¡De qué forma tan misteriosa les ocurren cosas a la gente que son sencillas en su confianza y que tienen fe y amor en sus corazones! Durante una visita a Tierra Santa, conocí a S. James Mattar, un árabe cristiano que vive en Jerusalén. En otros tiempos fue un funcionario del Barclays Bank en la parte de Jerusalén que ahora está en Israel. Como les sucedió a muchos otros, el señor Mattar perdió su trabajo, su hogar y sus posesiones en las hostilidades que se desataron en esa zona.

Él y su esposa, con sus jóvenes hijos, escaparon al otro lado de la frontera, hacia Betania, en Jordania. Llegaron sin haber sufrido daño alguno, pero prácticamente sin un céntimo. Siguieron tiempos muy difíciles; hubo un momento en que Mattar sólo disponía de dos chelines, sin perspectivas de conseguir más dinero, ni forma alguna de proveer de comida a su familia.

Pero este hombre poseía una fe inquebrantable en Dios. Reunió a su esposa y a sus hijos y pidió humildemente la bendición de Dios sobre cada uno de ellos. Luego, rezó pidiendo guía. Mientras rezaba tuvo la clara impresión de que debía tomar unas cestas vacías y acudir al mercado, acompañado por Samuel, su hijo mayor.

Camino del mercado, Samuel dijo: «Pero papá, no tenemos dinero con que comprar nada». Mattar se limitó a decirle: «Esto es lo que el Señor me ha dicho que haga».

Ya en el mercado, se sentaron y esperaron lo que pudiera suceder. Al cabo de un buen rato, un hombre se les acercó, cruzando a través de la multitud, y saludó a Mattar con las siguientes palabras: «¡Cuánto me alegro de verte, viejo amigo! Últimamente he pensado mucho en ti y he tratado de localizarte». Se trataba de un antiguo empleado del Barclays Bank y un amigo de los viejos tiempos.

Los dos hombres se pusieron a charlar, pero Mattar no le dijo nada sobre la difícil situación en que se encontraba. Finalmente, el otro hombre, de una forma vacilante y embarazosa, sacó del bolsillo un billete de cinco libras y le dijo: «¿Sería presuntuoso por mi parte pensar que quizá estés teniendo dificultades? Te ruego que aceptes esto, en honor de nuestra amistad». Mattar se sintió tan abrumado que apenas si pudo darle las gracias.

Después de que se hubiese marchado aquel amigo, enviado seguramente por Dios, Samuel le preguntó: «Papá, ¿sabías que ese hombre iba a pasar por aquí?».

«No, Sammy, no lo sabía —contestó Mattar—. Estamos en manos de Dios y él es bueno. Acabas de ver una demostración de su providencia.»

Las provisiones adquiridas con aquellas cinco libras permitieron a la familia Mattar sobrevivir hasta que les llegó ayuda a través de las Naciones Unidas. Más tarde, el señor Mattar encontró medios de automantenerse. Ahora es el cuidador de la Tumba del Jardín de los Olivos que, según se cree, es la tumba que perteneció a José de Arimatea y en la que yació el cuerpo de Jesús. Es un amigo espiritualmente inspirador. Y su vida y la de su esposa están dedicadas a ayudar a otras gentes, en el nombre de Cristo.

Al reflexionar sobre la experiencia del señor Mattar, me impresiona el darme cuenta de que si no hubiese tenido fe suficiente como para actuar según la guía que se le dio en su oración, no habría recibido la ayuda que tan desesperadamente necesitaba.

El resultado de la oración, sin embargo, no siempre es tan espectacular y tan real. Una carta recibida recientemente de uno de mis lectores describe cómo la oración pronunciada en momentos de gran dificultad produjo la dirección y la guía que solucionó el problema. La carta dice:

Me sentía como si me encontrase en un bosque denso y oscuro. Desesperado, repetía una y otra vez la oración del Señor, una docena de veces al día. No se produjo de inmediato ningún acontecimiento espectacular. Poco a poco, sin embargo, empecé a observar que podía ver lo que iba a suceder un paso antes de que sucediera. Después de haber dado ese paso, ocurría algo que me permitía ver otro paso.

Se apoderó de mí la sensación de que allí estaba actuando algún tipo de poder. Entonces, empecé a pensar en serio en Dios. Comprendí que, en momentos de crisis, siempre sucedía algo que salvaba la jornada. No se trataba de nada planeado por mí, sino de alguna otra circunstancia inesperada e improvisada. Y me di cuenta así de que las cosas difíciles que habían sucedido en mi vida habían actuado, en último término, en mi propio beneficio...

Para la persona que tiene la fe y el valor para afrontar las dificultades, dar un paso tras otro y dejar los problemas del mañana y las decisiones en manos de Dios, las circunstancias se desarrollan a menudo de formas extrañamente beneficiosas. La fe no nos consigue necesariamente todo aquello que deseamos, pero sí hace posible alcanzar buenos resultados que, de otro modo, podrían no suceder. Apenas podemos dudar de que configura los acontecimientos que nos ocurren.

La experiencia del señor Mattar demuestra que algunas de las más grandes respuestas a la oración surgen cuando no se puede hacer nada por uno mismo y cuando se acepta humildemente ese hecho. Entonces se es realmente capaz de arrojarse confiadamente en manos de Dios. «Cuando estaba en angustia, tú me hiciste ensanchar» (Salmo, 4, 1). Esa situación en la que uno se siente acorralado parece crear el tipo de circunstancia en la que se demuestra la providencia de Dios, a menudo de formas muy notables.

Soy consciente, claro está, de que algunos no comparten la misma confianza que yo tengo en la oración, al menos en la medida descrita en este capítulo. Ello bien podría deberse a que las personas que dudan no suelen rezar. Una cosa es segura: nunca se obtendrán resultados de la oración si nunca se reza. ¿Cómo podría ser de otro modo? Y también es posible que, a pesar de rezar, al menos de vez en cuando, únicamente se haga en momentos de crisis o de una forma superficial o formal.

También podría suceder que su esfuerzo por rezar sea sincero y honrado, a pesar de lo cual no se alcanzan resultados. En tal caso, el problema podría ser causado por el aislamiento espiritual; es decir, cabe la posibilidad de que su personalidad esté aislada respecto del poder y la bondad de Dios debido al resentimiento, los malos pensamientos y obras, el pensamiento negativo o cualesquiera otras manifestaciones no espirituales. En tal caso, su oración no puede llegar a Dios, por la sencilla razón de que en ningún momento logra salir de usted mismo. No puede escapar del aislamiento autoimpuesto, ya que en ningún momento despega del suelo, por así decirlo. Es más, el poder de Dios que suele fluir hacia usted, se ve bloqueado y rechazado no porque usted no lo desee, pues lo desea, y mucho, sino porque no puede llegar a su personalidad debido a los aislamientos mentales que usted mismo ha creado. Una vez eliminados tales pensamientos y acciones, el poder fluirá de inmediato. Entonces, las cosas cambiarán porque usted ha cambiado.

Resumen de «Rece y ábrase camino a través de la dificultad»

1. Rompa la tensión cambiando por completo sus pensamientos, alejándolos del problema y pensando únicamente en Dios. Una vez que vuelva a pensar en el problema, su percepción se habrá agudizado y su comprensión se habrá profundizado.
2. Practique el reservarse diariamente un momento de tranquilidad en el que escuchar intensamente las directrices de Dios; escuche más profundamente que sus propios pensamientos.

3. Acepte a Dios como socio en cada empresa que emprenda.
4. Aplique el pensamiento espiritual analítico a cada problema que se le presente.
5. Adopte el método de escribir el problema y dejarlo en la Biblia y hágalo utilizando el menor número posible de palabras. La sencillez exige claridad metal y de ésta es de donde proceden las respuestas claras.
6. Al rezar pídale al Señor instrucciones acerca de qué hacer y cómo hacerlo. Luego, crea en lo que él le diga y hágalo.
7. Mantenga bien limpios sus «puntos de contacto» mentales y espirituales, de modo que Dios pueda actuar a través de su mente.

10

CÓMO ALCANZAR EL ÉXITO Y SER FELIZ SIN QUE HAYA NADA DE MALO EN ELLO

«Supongo que estoy hecho un lío o algo así. ¿Cree que necesito enderezar las cosas?»

Esta pregunta me la hizo un hombre de veinticuatro años, que había abandonado la universidad hacía tres años para lanzarse lleno de entusiasmo a la promoción de ventas. Las cosas le iban muy bien, incluso excepcionalmente bien.

«¿Está hecho un lío? —repetí—. No me lo esperaba. Por lo que he oído decir sobre usted y su rendimiento no está precisamente hecho un lío, al menos a juzgar por sus resultados. Me dicen que es un vendedor nato, que su nivel de producción va a llegar pronto a lo más alto si continúa tal y como ha empezado. No intente hacerme creer que está hecho un lío, porque no es usted de esos.»

«Bueno, lo que sucede es que me pregunto si acaso no me estaré equivocando al desear ser una persona de éxito y creativa, feliz con mi trabajo y contento conmigo mismo.» Su actitud era medio humorística, medio jovial, pero percibí cierta molestia detrás de ésta.

«No le comprendo —admití—. ¿Qué es lo que le preocupa?»

«Me refiero a lo siguiente y créame cuando le digo que me siento más preocupado por el efecto que esto pueda tener sobre otros jóvenes, antes que sobre mí mismo. Mire, participo activamente tanto en la iglesia como en la empresa. Supongo que estoy hecho de esta madera. Cuando me decido a hacer algo, lo hago con todas mis ganas. Me gusta dar todo lo que tengo. Creo en la participación máxima. De ese modo, saco el mejor partido posible.

»En la universidad acudí a un par de conferencias para jóvenes y lo que escuché en ellas me convenció. Parecían ser verdaderas reuniones espirituales y decidí ser un cristiano totalmente entregado, que tiene verdaderamente la intención de vivir de acuerdo con su religión en todos los aspectos de la vida, tanto personal, como social o laboralmente. Esto es lo que he estado haciendo y quizá eso explique, al menos en parte, por qué he tenido tanto éxito y soy feliz.»

«Pero ¿qué ha sucedido?» —le pregunté, al darme cuenta de que en alguna parte del pensamiento de ese joven eficiente anidaba un resentimiento.

«El caso es que en nuestra iglesia tenemos a un nuevo pastor. Es un erudito y casi se podría decir que un intelectual. Debería escuchar usted sus sermones. Sus palabras parecen navegar justo por encima de las cabezas de quienes las escuchan, como un globo. Yo escucho bastante bien esos sermones, pues hace no mucho que abandoné el ambiente universitario, donde se suelen escuchar muchas y muy doctas conferencias. Estoy seguro de que ese nuevo pastor es un buen tipo, a pesar de lo cual no acabo de creerme todo lo que dice. Si se le hiciera caso, acabaría uno por pensar que el éxito es algo sucio, que no se puede ser un buen cristiano y tener éxito al mismo tiempo. Y hasta tiene una visión un tanto lúgubre de la felicidad; pregunta si alguien tiene derecho a lo que llama sombríamente "el derecho a ser feliz en un mundo como el nuestro". Vaya, parece que se cuenta entre los amargados. En cuanto a los hombres de negocios, bueno, los considera como un puñado de estafadores, republicanos o algo así. Resulta difícil imaginar qué es peor.»

«Bueno —le dije—, parece que andan sueltas por ahí un montón de ideas lúgubres, a juzgar por un artículo del *Reader's Digest* sobre "Cómo 29 empresas se metieron en problemas".»

«Aun así —siguió diciendo él—, tengo que admitir que siento una gran admiración por este reverendo, ya que tiene una mente bastante buena, si al menos pudiera vivir en este mundo. Pero sus argumentos, y eso es lo que son sus sermones, me han inculcado un cierto sentido de la culpabilidad o algo así. Si quiero complacerle, supongo que lo único que puedo hacer es fallar en mi trabajo y, sencillamente, ser desgraciado. Quizá sea mejor que me convierta en un *beatnik* o en un socialista de media cepa. Por lo visto, haría mejor en quedarme sentado y aburrido, viviendo en un garaje, dejándome crecer el pelo y barbotando una mezcolanza de existencialismo o algo así. ¡Eso no son más que tonterías!» —concluyó despreciativamente.

«Escuche —le dije—, tiene usted tanto derecho a interpretar el cristianismo como su pastor. Él no es la única autoridad. Estúdielo por sí mismo. Deje que adopte una actitud negativa y amargada si así le place. Estamos en un país libre. También usted tiene derecho a obtener fortaleza, alegría, valor, amor, buena voluntad y satisfacción creativa de su fe; en otras palabras, tiene derecho al éxito y a la felicidad.»

Naturalmente, sé muy bien cómo reaccionó ante las ideas de su joven pastor, ya que ese mismo tipo de ministro es el que me ha venido criticando desde hace años, habitualmente con odiosa violencia, por el simple hecho de enseñar a la gente a pensar positivamente y hacer algo creativo por sí mismos. Se sienten tan irritados ante el tema del éxito que me he preguntado si muchos de esos críticos no estarán sencillamente celosos de aquellos que hacen algo con sus vidas y sus talentos. Un verdadero cristiano, de los que tienen amor a Dios y aman a la gente en sus corazones, se regocija cuando otros obtienen victorias y alcanzan resultados positivos sobre la adversidad y la dificultad.

«Pero me saca de quicio» —exclamó el joven.

«Oh, vamos, no permita que le haga eso. No merece la pena tanto gasto de energía por su parte. En cualquier caso, probablemente es un tipo mucho mejor de lo que piensa. Escúchelo con respeto cuando hable en la iglesia y luego hágale escucharlo a usted con el mismo respeto cuando le hable fuera de la iglesia. Nuestra religión nos enseña a pensar y dejar pensar a los demás, así que deje que piense lo que quiera. Ése es su derecho. Y usted también puede pensar lo que quiera, también tiene ese derecho. Luego, continúe haciendo un buen trabajo y siendo feliz haciéndolo.

»No tiene sólo el derecho, sino incluso el deber de ser feliz y de alcanzar éxito y me importa un comino todo aquel que le diga que no lo tiene. Y hacerlo así no supone la más mínima inconsistencia con el cristianismo. Si este mundo hubiera sido diseñado para producir fracasos desgraciados y aburridos, entonces no fue hecho por el Dios creativo en el que creo. Me parece recordar que el propio Jesucristo dijo: "Estas cosas os he hablado, para que mi gozo esté en vosotros y vuestro gozo sea cumplido"» (Juan, 15, 11).

Tuve la sensación de que era mi deber asegurarme de que el concepto que tenía este joven sobre el éxito concordara con su fe pues, evidentemete, si contrariaba sus principios religiosos, bien podría encontrarse sumido en un verdadero conflicto. Así pues, le pedí que me definiera el éxito. «¿Consiste en ganar un montón de dinero, pertenecer a un sofisticado club campestre, ir de un lado a otro conduciendo un coche deportivo?» —le pregunté.

«No tengo precisamente ese concepto del éxito —me contestó—. La idea del poder, el dinero y el éxito ha desaparecido. Ahora somos modernos y también tenemos una idea moderna del éxito.»

Me agradó su forma de ver las cosas y expresé la opinión de que algunos de los fracasos más patéticos que había conocido eran precisamente personas muy ricas. Poseían dinero, pero eso era todo. O, más exactamente, el dinero les poseía a ellos. Más allá de la capacidad para comprar lo que quisieran, eran completos inútiles como personas y como ciudadanos. Quizá si esas personas concretas no hubiesen tenido prácticamente ningún dinero habrían podido tener mucho éxito y ser muy felices.

Naturalmente, también he conocido a algunas personas que tenían muy poco y que eran igualmente unos fracasados, que no poseían ni la virilidad ni el carácter para hacer nada que mereciese la pena con lo poco de que disponían. Lo importante es lo que se hace con lo que se es, con lo que se tiene o no se tiene; eso es lo que determina, en buena medida, el fracaso o el éxito.

En realidad, esos fracasados ricos y pobres tienen muchas cosas en común. El fracasado rico nunca abandona su abundancia, mientras que el fracasado pobre nunca abandona su limitación. Ninguno de los dos contribuye con lo mejor que tiene para entregar, es decir, consigo mismo. Ni el fracasado rico ni el pobre se preocupan por otra cosa que no sean ellos mismos, el uno abrazando sus riquezas, y el otro su pobreza. A ninguno de los dos le importa el mundo y sus problemas.

En resumen, ambos son sumamente egoístas. Eso no quiere decir que todos los ricos sean malos y que todos los pobres no sean buenos. Ése es un hecho que el hombre sabio aprende a medida que madura, si bien es cierto que algunas personas no maduran nunca.

La idea «moderna» del éxito sostenida por nuestro joven amigo me intrigó. «Tener éxito como persona —dijo el joven— significa estar integrado y controlado dentro de uno mismo, así como en tu relación con el grupo. Tener éxito significa estar organizado, ser tranquilo, tener seguridad, ser filosófico, urbano, seguro y valeroso. (Todo eso y nada menos.) Es ser extrovertido, estar dispuesto a ayudar, preocuparse y ser constructivo (y todos los adjetivos se aplican aquí). Tener éxito significa dar de uno mismo y de lo que se posee para fines sociales. En resumen, se podría decir que tener éxito consiste en lograr que todas aquellas personas y cosas con las que se entra en contacto sean un poco mejor. Si no se hacen esas cosas, si no se son, no se tiene éxito, de eso estoy seguro.»

«Pero ¿qué supone entonces convertirse en vicepresidente de la empresa o incluso en el presidente, obtener un gran salario y un trozo del pastel? ¿No supone eso haber tenido éxito y ser feliz?» —le pregunté.

«Claro, eso está bien, siempre y cuando se haya tenido éxito igualmente como persona. Y hay otra cuestión: si se hace algo, aumenta también la propia responsabilidad acerca del uso responsable que se haga de ello. El fracasado rico cree toscamente que su dinero sólo sirve para allanarle el camino en la vida, para aumentar su propia comodidad y seguridad. Pero el rico que alcanza el éxito es una persona responsable, que administra su dinero con un sentido de la obligación social, e incluso de la oportunidad social; además, se ve a sí mismo como un administrador de la riqueza, toda la cual pertenece en realidad a Dios. No es más que el agente divino, dedicado a manejar creativamente el dinero. Entonces, ¿de dónde saca el pastor toda esa verborrea piadosa sobre que nadie puede ganar y tener dinero y seguir siendo un buen cristiano? Si quiere saber mi opinión, eso es una estupidez.»

«Tiene usted que sacarse a ese ministro de la cabeza —le dije a mi joven amigo—. Si permite que las personas le apabullen así, tampoco podrá tener éxito como persona. Lo que está haciendo es ir creando en su interior un resentimiento de primer orden ante esta clase de reservas teológicas. Será mejor que empiece a pensar en él como un ser humano, que tiene sus propios problemas. Yo diría, por ejemplo, que su pensamiento está un tanto desorganizado. No me cabe la menor duda de que se hizo ministro impulsado por una verdadera motivación espiritual. Luego, se matriculó en un seminario donde imaginó que profundizaría en la comprensión espiritual, pero donde probablemente contuvieron sus impulsos religiosos y reprendieron su forma de pensar, haciéndole cambiar. De hecho, hasta es posible que lo hayan apartado de la religión como tal, para dirigirlo hacia una sociología de orientación piadosa. El resultado de todo eso es, a menudo, una confusión y retorcimiento de las mentes de la gente común que, de otro modo, adoptaría un punto de vista nada complicado y muy corriente acerca de la vida y de la sociedad.

»Recuerdo que el filósofo Santayana dijo algo así como que la persona que le hace seguir un camino equivocado a tu mente, te provoca una agresión tan real como si te hubiese dado un buen puñetazo en la nariz. Así que hará usted mejor en empezar a amar a su pastor y tratar de enderezarle la mente. Bien podría ser que una de las funciones principales de los laicos consista en contribuir a modificar las distorsiones resultantes de una cierta educación teológica, y digo «cierta» porque no todas las escuelas de teología reducen de ese modo la religión. Pero, como han demostrado varios casos, se necesitan quizá de cinco a diez años de trabajo entre la gente sencilla para que algunos pastores jóvenes recuperen el sentido de la perspectiva y el equilibrio que hayan podido perder en el seminario.

»Pero acepte el hecho de que este proceso de modificación no está diseñado para obligar al pastor a pensar como usted o para inducirle a aceptar sus puntos de vista. Es posible, sólo posible, que usted, como hombre de negocios, tampoco lo sepa todo. La tarea consistiría en llevarlo a él y en situarse usted en ese lugar donde ambos puedan convivir en una actitud de autoestima, para encontrar juntos respuestas funcionales a los problemas de la vida.»

«Eso me convence —dijo el joven—. Está bien, seguiré teniendo tanto éxito como Dios quiera que tenga —sonrió—. También tendré el valor de ser feliz, sin dejarme arrastrar por ningún sentido de culpabilidad. Y también trabajaré en ese asunto de amar a mi pastor» —añadió con rapidez.

Me alegró su decisión y el saber que seguía alcanzando el éxito y era feliz, pues durante los últimos años he animado a mis lectores para que siguieran ese mismo camino, ¿y por qué no?

He resaltado que una de las más grandes ayudas para el éxito y la felicidad es una lectura y estudio serio de la Biblia, que arraigue profundamente sus verdades en la consciencia. Algunos profesores y predicadores me han dejado como un trapo por lo que, con su forma superior de decir las cosas, llaman mi «uso» de la religión.

¿Y qué? La religión ha sido diseñada para que la utilicemos como ayuda para vivir esta vida con un cierto grado de éxito. Y cuanto más completamente identifiquemos la religión con la vida contemporánea, tanto mejor será el mundo en el que vivimos y tanto mejor será también la gente que viva en él. Dejemos, pues, que los críticos desvaríen y desprecien el esfuerzo por ayudar a la gente a relacionar la palabra de Dios con sus problemas cotidianos. Esos críticos me dejan completamente frío. Yo seguiré aportando mi pequeña contribución en ayudar a la gente a que sus vidas sean tan completas y satisfactorias, y estén tan guiadas por Dios como sea posible en este duro mundo.

Es asombroso darse cuenta de que algunos ministros no tienen, aparentemente, una fe tan grande y vital como para afrontar el mundo real de los hombres y, en consecuencia, no son capaces de afrontar sus problemas, por lo que se refugian en los protegidos claustros de la religión, con tal de evitar el verse manchados por lo que llaman «un sistema económico injusto y nada ético».

William Cohea habla de tres de esos hombres. «Recientemente, mientras hablaba en el seminario de la Unión Teológica —dice—, se atacó mi tesis sobre el ministerio de la laicidad en el mundo. Los atacantes fueron tres hombres que acababan de abandonar el mundo industrial y que habían acudido al seminario.

»El más iracundo de los tres (me pregunto, a propósito, si acaso no estarán siempre enojados) era un hombre que había trabajado en el mundo industrial durante dieciocho años. Afirmó enfáticamente que mientras estuvo en la industria siempre había tratado de atender las necesidades de sus semejantes. "De hecho, mi despacho era un centro de asesoramiento." No obstante, después de dieciocho años, decidió que amaba tanto al Señor que tenía que hacerse clérigo.

»"¿Por qué clérigo?" —le pregunté.

»"Porque es aquí donde uno puede servir realmente a Cristo" —me contestó.

»Pero ¿es que no servía usted a Cristo en su trabajo, como laico?"

»"Sí y no —contestó—. Debe usted comprender que no se puede ser un verdadero cristiano en el mundo industrial. El conflicto fue demasiado grande para mí. Lo único que se encuentra en ese mundo es compromiso, compromiso y conflicto. Así pues, decidí que el único lugar donde realmente se puede servir a Cristo es como clérigo. Por eso estoy aquí, en el seminario y ya tengo una iglesia."

»"Y ahora dígame una cosa —le pregunté—. ¿Qué les dice a los hombres que, procedentes del mundo industrial acuden a usted y están llenos de compromisos y conflictos?"

»Los entiendo y soy capaz de hablar su mismo lenguaje. Hace poco uno de ellos me dijo que era maravilloso tener a un clérigo que conocía su mismo lenguaje."

»En efecto —asentí—, ¿y qué les dice que hagan si quieren dedicarse plenamente a Cristo? ¿Les aconseja que abandonen el mundo de la industria y se hagan clérigos?"»

No hubo respuesta. No podía haberla. Aquellos hombres se engañaban a sí mismos. Simplemente, no podían asumir la responsabilidad de vivir en el mundo, de modo que lo abandonaban, en busca de un puerto seguro y protegido.

Pues bien, algunos de nosotros, que poseemos lo que se necesita para vivir en el mundo real y que seguimos todavía a Cristo y comprometemos nuestras vidas con Dios, creemos que se puede utilizar la Biblia como un instrumento práctico para alcanzar el éxito, tal como lo hemos definido y, junto a él, también la felicidad.

Como presidente del Comité Horatio Alger de las Escuelas Estadounidenses y Asociación de Universidades, he tenido durante muchos años el privilegio de entregar anualmente el premio Horatio Alger a una docena de los mejores empresarios y profesionales, elegidos para recibir este honor mediante votación de los estudiantes de Estados Unidos. Esos hombres son una demostración viva de la oportunidad que supone una economía de libre empresa; son hombres que, a partir de inicios modestos, han creado grandes empresas y contribuido a llevar el estilo de vida de nuestro país a niveles más altos para todo nuestro pueblo. Esos hombres son verdaderos optimistas tenaces.

Uno de los pertenecientes a este grupo es Alfred C. Fuller, que en otro tiempo fuera un torpe muchacho campesino de Nueva Escocia y que construyó la inmensa Fuller Brush Company, que ingresa anualmente más de cien millones de dólares. El señor Fuller, una personalidad simpática, a quien sus conocidos llaman Papá Fuller, fue encantadoramente descrito por Hartzell Spence en *Un pie en la puerta*, un libro fascinante.

Fuller, que afirma haber sido un muchacho torpe cuando llegó a Boston en busca de trabajo, dice que aquella torpeza suya le hizo perder varios puestos de trabajo y que no se la pudo quitar de encima durante un tiempo. Pero, como todo el mundo sabe, finalmente se convirtió en un empresario industrial muy sabio y competente. ¿Cómo lo hizo? Mediante el estudio de la Biblia, asegura él. De hecho, estableció su fábrica en Hartford, Connecticut, por la sencilla razón de que la vieja Biblia familiar de Fuller, allá en Nueva Escocia, había sido impresa en esa misma ciudad.

Veamos lo que dice el señor Fuller acerca del uso de la Biblia, según su experiencia empresarial:

Al mirar hacia atrás, lo que más me impresiona es la inmensa aplicación que he hecho de las verdades contenidas en la Biblia a lo largo de mi vida cotidiana. Mi deficiente escolarización formal no fue, al final, un obstáculo, sino quizá un valor añadido. Gracias a la falta de educación, tuve que depender de la Biblia que adopté como mi libro de texto para todo tipo de problemas. Sólo fallé cuando me desvié de sus enseñanzas o intenté interpretar el mensaje erróneamente para acomodarme a mis propios deseos.

Aquel que no vive diariamente según su guía comete una tontería, pues rechaza la mayor fuente de beneficio personal que existe en el mundo. La Biblia es el mejor libro práctico que se haya compilado jamás y abarca todo lo fundamental que cualquiera necesite saber.

Fuller no tenía ningún conocimiento sobre contabilidad de costos, política de precios e incluso contabilidad y, según su propia valoración, era deficiente en técnicas de dirección, incluido el trato con la gente. Se dio cuenta, humildemente, de que le faltaban todas esas cualidades, tan esenciales para el éxito. La experiencia con sus empleados más importantes le hizo darse cuenta de que había llegado el momento de desarrollar una filosofía definitiva como empresario. Cuenta el método empleado de la siguiente forma:

Como siempre me suele suceder en momentos en que necesito consejo infalible sobre cuestiones que están más allá de mi comprensión, estudié mi Biblia para encontrar ilustración. Finalmente, hallé el siguiente pasaje de Lucas: «Cuando fueres convidado por alguno a bodas, no te sientes en el primer lugar, no sea que otro más distinguido que tú esté convidado por él, y viniendo el que te convidó a ti y a él, te diga: Da lugar a éste, y entonces comiences con vergüenza a ocupar el último lugar. Mas cuando fueres convidado, ve y siéntate en el último lugar, para que cuando venga el que te convidó te diga: Amigo, sube más arriba; entonces tendrás gloria delante de los que se sientan contigo a la mesa» (Lucas, 14, 8-10).

En sus propias habilidades, mis tres trabajadores merecían ocupar puestos más altos que yo mismo. Comprendí que crear una empresa era, esencialmente, una cuestión de mano de obra que poseyera las habilidades que a mí me faltaban. Así pues, ¿cómo recompensarles y cuál debería ser mi actitud hacia ellos? El libro de Mateos me proporcionó la sugerencia: «Mas el que fue sembrado en buena tierra, éste es el que oye y entiende la palabra, y da fruto, y produce a ciento, a sesenta, y a treinta por uno» (Mateos, 13, 23).

A partir de estos pasajes, llegué a la conclusión de que no era sana la elevación personal a expensas de mis colaboradores. Tenía que permanecer como estaba y encontrar, entre quienes me rodeaban, el surtido que diera fruto y recompensar a cada hombre según su contribución. El simple hecho de que yo fuese el propietario de la empresa no quería decir que fuese mejor que ningún otro. Estábamos todos juntos en esto y juntos nos elevaríamos o caeríamos. Si lograba recordar esto, sabía que yo también crecería en estatura y en habilidad para contribuir.

A la hora de manejar con éxito la vida y sus problemas, es importante adquirir un conocimiento práctico básico y por básico me refiero a una connotación más profunda que la información técnica. Ese conocimiento en profundidad se puede describir mediante una palabra muy antigua y bastante caída en el olvido: sabiduría. Cuando se posee sabiduría y una comprensión sutil de la vida y de sus principios fundamentales, puede uno desarrollarse hasta convertirse en una persona meticulosamente entendida en lo que hace, en alguien que posee conocimiento, sagacidad, percepciones y habilidades. Y la persona sabia posee otra cualidad a la que los estadounidenses solían dar un gran valor, conocida como «sentido común». Esa cualidad fue la que en realidad hizo de la economía estadounidense lo que es, al representar, como representa, la habilidad para tomar las necesidades humanas básicas y aplicarles el estudio y la investigación hasta desarrollar métodos y procesos constantemente mejorados. El sentido común yanqui estimuló los éxitos espectaculares que produjo Estados Unidos y contribuyó en buena medida a la felicidad y el bienestar de gran número de personas. Eso no quiere decir que no crease igualmente tensiones, injusticias, desigualdades y una enorme cantidad de problemas. Pero hay que recordar que algo inherente al sistema son no sólo sus debilidades, sino también su propia capacidad para la corrección y la renovación.

Este sentido común, tan importante para el éxito y la felicidad, lleva consigo una característica concomitante, cuya mención suena sin duda desagradable para algunos oídos modernos.

De hecho, algunos de nuestros muchachos más astutos la descartan como «rancia», el singular término utilizado para referirse a las actitudes humanas que a ellos les son ajenas. Me refiero a esa cualidad práctica que estimula y mantiene el impulso. En lenguaje sencillo eso se llama trabajo duro, tener el valor de mantenerlo, sin permitir que nada se interponga en el camino de alcanzar el objetivo propuesto y, además, divertirse mucho en el proceso.

Cierto que esta motivación del impulso ha producido también unos pocos colapsos nerviosos y neuróticos, pero también ha permitido el desarrollo de innumerables personas felices y con éxito, que es la razón por la que la propugnamos. Sé con seguridad que el trabajo duro te hace feliz porque he trabajado duro durante toda mi vida y me siento feliz. Empecé a trabajar cuando todavía era un muchacho por la sencilla razón de que tuve que hacerlo para poder comer y puedo asegurar que mi apetito no era precisamente pequeño. Tengo que admitir que ha habido unas pocas ocasiones en las que me sentí harto con el programa de trabajo constante, seguido por más trabajo. Así pues, traté de haraganear un poco, pero nunca pude soportarlo por mucho tiempo. Eso de ser un haragán, sencillamente, no me hacía feliz. Tiene que haber un tornillo suelto en el hombre que se dedica, simplemente, a ser un *playboy*. Aunque, ciertamente, hay personas a las que les encanta la inocua clase de vida en la que se regodean, nunca he conocido personalmente a ninguna a la que se pueda considerar honradamente como una persona feliz. Esas personas frustran el sentido de la creatividad que les ha dado Dios y uno tiene que desarrollar ese sentido para ser feliz o para alcanzar éxito.

Hay mucha gente dispuesta a asegurarle que, en la actualidad, el trabajo duro no le conducirá a ninguna parte, como sucedía en los viejos tiempos. He oído con frecuencia esa melancólica melodía entonada por personas débiles, hasta el punto de que yo mismo estuve cerca de creérmela aunque, afortunadamente, no del todo. Ahora, ya no creo en ella en lo más mínimo.

Y una de las razones de mi convicción es John M. ¿Quién es John M.? Bueno, en mi opinión es uno de los estadounidenses más exquisitos y realistas que he conocido.

Fue en Sorrento, Italia, donde conocí a John. A mi esposa y a mí nos encanta la fascinante costa que se extiende más allá de Ravello y Amalfi, hasta Sorrento, por encima de la ensoñadora bahía de Nápoles. Pero había un habitante de esa ciudad que hizo algo más que soñar, aunque también tenía sus propios sueños bien guardados en su corazón.

En la plaza de Sorrento hay una tienda que cautivó por completo a mi esposa. Creo que llegué a pensar que la iba a comprar entera. «Eres como un bebé en el bosque, a merced de estos avispados vendedores —le dije—. Pueden venderte cualquier cosa.» Personalmente, yo ni siquiera habría entrado en la tienda. «No quiero nada de lo que tienen. Además, soy perro viejo cuando viajo y no podrían venderme nada que no quiera.»

«Lo sé, querido. Tampoco intentarían venderte nada, porque se dan cuenta en seguida de que eres demasiado listo para ellos. Pero entra y, al menos, protégete del sol.» Me indujo dulcemente a entrar y me condujo al departamento de lencería, donde pronto empecé a firmar cheques de viaje en pago por sus compras.

Entonces se me acercó un agradable muchacho italiano que me ofreció una refrescante Coca Cola. Parecía muy interesado en Estados Unidos y en mí, personalmente, y mantuvimos una deliciosa conversación. Poco después ya estaba en el departamento de mobiliario, escuchando una encantadora descripción de cómo se hacían las hermosas piezas allí expuestas. Fue todo tan encantador y agradable que una hora después había comprado animadamente todo un conjunto de muebles que había que enviar por barco a Estados Unidos.

«Muchacho, eres todo un vendedor —le dije admirado a John M.—. Como dicen en Estados Unidos, podrías venderle el puente de Brooklyn a cualquiera. Realmente, harías carrera en Estados Unidos.»

«Allí es donde quiero ir —dijo—. Estoy casado con una estadounidense y los dos queremos ir a vivir a Estados Unidos. Nunca he estado allí. Mi esposa vino aquí de visita, pero se quedó cuando me conoció.»

«La convenciste, ¿verdad? —le pregunté con una sonrisa—. ¿Qué te impide ir a Estados Unidos?» —le pregunté.

Mencionó algunas de las dificultades. «Sólo tienes que decidirte —le dije y, dejándome arrastrar por mi entusiasmo, añadí—, y cuando lo hagas házmelo saber y te conseguiré un trabajo.» Luego, le expliqué someramente las técnicas del pensamiento positivo y le dije que le enviaría por vía aérea un ejemplar de *El poder del pensamiento positivo*.

¿Llegó a leer el libro? No sólo eso sino que aproximadamente un mes antes de Navidades, mi secretaria me dijo: «Hay un joven que quiere verle. Dice que es un amigo suyo, de Italia».

«Un amigo de Italia..., ¿qué quiere?»

«Dice que desea ese trabajo que usted le prometió.»

«Yo no le prometí trabajo a nadie. —Llevo una vida muy ajetreada y, la verdad, se me había olvidado por completo el incidente de Sorrento—. ¿Cómo se llama ese joven?»

«John M.», me contestó.

Evidentemente, allí estaba John, tan real como la vida misma.

«¿Cómo llegaste hasta aquí?» —le pregunté.

«Con la ayuda de Dios y el pensamiento positivo, ¿de qué otra forma cree?» —fue su concluyente respuesta.

Así pues, dependía de mí el cumplir con mi promesa de encontrarle un trabajo a John. Escribí cartas a los jefes de media docena de las principales tiendas de Nueva York, mostrando en cada una de ellas que se habían enviado copias a las otras cinco. A algunos de esos hombres los conocía personalmente y a otros no, pero les dije algo parecido a lo siguiente: «En Sorrento, Italia, descubrí a uno de los mejores vendedores natos que haya conocido. Ahora está aquí, en Nueva York, dispuesto a trabajar para la empresa que tenga la buena fortuna de contratarlo. La primera que se decida a hacerlo, será la que se lo lleve». Antes de que terminara la semana John había sido contratado por una importante tienda de ropa de caballero.

«Voy a trabajar duro y entregar todo lo que tengo —me aseguró John—. Voy a salir adelante y a formar parte de este maravilloso país.»

En sus ojos relucía el amor que sentía por Estados Unidos, el país de las oportunidades ilimitadas. En su interior ardía ese algo tan fascinante que solemos llamar el sueño americano. Aunque él no podía definirlo, seguía la mejor tradición de Horatio Alger: mirando desde el suelo hacia lo alto, el cielo es el límite y nada es demasiado bueno para ser cierto para el hombre dispuesto a trabajar para conseguirlo.

Vacilé. ¿Debería ilustrarlo sobre la cínica idea de que en la actualidad es «rancio» soñar así, de que únicamente los «idiotas» trabajan duro, de que un hombre que trata de realizar un buen trabajo no está a la vanguardia de los otros empleados? ¿Debía decirle cómo algunos jefes de personal penalizan al hombre que desea trabajar duro y hacer un mejor trabajo? ¿Debería hablarle de esos ladrones «respetables» que roban el tiempo que les pagan sus empresarios, además de sus mercancías? ¿Debería hablarle de los farsantes que dirigen empresas, perfectamente dispuestos a permitir que un hombre se queme, para luego negarle el ascenso que tan merecidamente se ha ganado? No, no sería yo quien le dijera eso.

Mi trabajo no consiste en desilusionar a nadie, sino más bien en tratar de animar a la gente a ser fieles a sus más altos ideales y a creer en ellos, pues los ideales son duros y buenos. Cuando un hombre cree en sus ideales, no se deja amilanar ni siquiera por esa clase de situaciones tan asquerosamente sórdidas y fraudulentas. Un hombre así puede aprender lo que sucede a su alrededor, y seguir viviendo por encima de eso. Y, gracias a Dios, en Estados Unidos todavía es posible vivir por encima de esa clase de deshechos. Y el hombre capaz de vivir y de mantenerse por encima de ellos es el que termina por ascender, por ocupar los puestos más altos y en ellos se queda. Y eso fue exactamente lo que hizo John.

Terminó la temporada de Navidad y las tiendas despidieron a los empleados extra..., a todos menos a John. El director dijo: «El único puesto de trabajo que tengo es en la venta de sombreros. Hay una vacante en ese departamento, pero la venta de sombreros no está muy boyante ahora mismo. Se impone el estilo de llevar la cabeza al descubierto y adoptar actitudes de compañerismo».

«La verdad es que nunca he llevado sombrero —dijo John—, pero lo que quiero ser es precisamente vendedor de sombreros. ¿Cuándo empiezo?»

La primera venta se la hizo John a sí mismo. Si iba a vender sombreros, tenía que saberlo todo sobre sombreros. Se convenció tanto de llevar sombreros, que no tardó mucho tiempo en venderle uno a casi todo hombre al que conocía. Imaginó formas de conseguir que acudieran al departamento de sombreros y lo siguieran haciendo.

Naturalmente, un joven como John no tardó en llamar la atención. Era diferente y las personas diferentes no pueden evitar el llamar la atención. ¿Y qué había en él de diferente? Sencillamente, trabajaba. No haraganeaba y era feliz. Irradiaba algo.

Era entusiasta. Creía en los sombreros. Le encantaba venderlos. Definitivamente, trató de vender sombreros, no un sombrero, sino dos o tres para diferentes atuendos, como hacen las mujeres. No era como el empleado de la ferretería que atendió a un cliente que deseaba una brocha para pintar. ¿Qué cree que hizo ese empleado? Vendió la brocha que se le pedía, pero únicamente la brocha. Pero ¿intentó acaso venderle otra brocha extra para los acabados, o algo de pintura o de aguarrás? Nada de eso. El cliente salió de la tienda llevándose exactamente lo que había pedido, ¿no?

Ese mismo cliente que dijo que el mismo y triste proceso se había repetido en tres tiendas distintas. Naturalmente, esos empleados no eran verdaderos vendedores. Sólo eran receptores de órdenes. No es nada extraño que ninguno de ellos llegara a ninguna parte y, sin duda alguna, tendrán mucho que decir acerca de la falta de oportunidades en Estados Unidos que, según ellos, ya no se encuentran. Probablemente, a la hora de votar lo hacen por los candidatos de la izquierda que denostan contra el sistema de la libre empresa, políticos muy elocuentes que, como esos mismos empleados, acusan al sistema y no a sus propias dificultades.

Oí hablar de alguien que hizo una prueba en varias tiendas de artículos para hombres. Entró en cada una de ellas y le dijo a un empleado: «La compañía aérea en la que he viajado me ha perdido el equipaje y no tengo absolutamente nada más que lo que llevo puesto. Quisiera comprar una camisa». ¿Intentó el empleado venderle siquiera calcetines, corbatas, pijamas, ropa interior y todas las demás prendas de ropa habitualmente necesarias? ¿Qué le parece? Lo crea o no, lo cierto es que ninguno de los empleados lo intentó hasta que llegó a la quinta tienda, donde volvió a repetir el experimento. Allí, el supuesto cliente encontró por fin a un verdadero vendedor, un empleado que estaba lo bastante despierto y que era algo más que un simple robot dedicado a servir pedidos. Ese empleado le vendió al cliente todo lo que necesitaba y, además, una maleta para llevarlo.

Así pues, John llamó la atención del fabricante de sombreros. El resultado es que en la actualidad se ha convertido en el director nacional de ventas de una gran organización.

¿Quién dijo que Estados Unidos no es el país de las oportunidades? Desde luego que lo es para todo aquel que posea la capacidad para aprovechar las oportunidades, algo que todo hombre posee siempre que sea consciente de ello. John es un hombre feliz y con éxito. También es un hombre bondadoso, un sincero católico romano, un buen padre, un gran estadounidense y mi querido amigo. Es un verdadero optimista tenaz. Me inspira para ser yo mismo un mejor vendedor. Y, en cierto sentido, yo también soy un vendedor, que trata de comunicarse y obtener aceptación para las ideas, unas ideas que tienen capacidad para cambiar la vida de las personas. Soy un vendedor de la más grande de todas las ideas: la fe, una fe capaz de elevar a un hombre hacia un mundo completamente nuevo y maravilloso de experiencias. Y, francamente, espero que usted lo acepte así.

Sé que algunos de los que lean este libro quisieran adquirir y poseer el espíritu y las actitudes que en él se describen, pero quizá hayan perdido la fe en sí mismos. Es posible que el viejo entusiasmo de otros tiempos haya tocado fondo. ¿Qué hacer entonces? Simplemente, ocúpese de recuperarlo, ésa es la respuesta. ¿Y cómo se hace eso? Bueno, ¿quién le infundió la vida, para empezar? Dios, naturalmente y Él es quien puede reavivarla de nuevo. Así que si se siente deprimido, abatido o, simplemente, desilusionado, el primer paso de su revitalización consiste en volver a resaltar la presencia de Dios en su vida. Así de sencillo.

«Bueno —puede usted decir—, pero ¿cómo se hace eso? A mí me parece algo bastante complicado y ambiguo.»

Permítame indicarle una técnica que he utilizado yo mismo, pues no crea que he dejado de tener igualmente problemas por perder la fe en mí mismo, acompañados por la disminución del entusiasmo que ello implica. Eso nos afecta a todos en uno u otro momento.

Mi método consiste en quedarme a solas y sentarme tranquilamente hasta alcanzar un estado bastante relajado de mente y cuerpo. Entonces, imagino que Dios, el creador, me toca realmente, como si me recreara. En ese momento, «siento» conscientemente que una nueva vida pasa a través de mí, desde Dios hasta mi cuerpo y mi mente. Imagino que mi espíritu está siendo renovado en ese mismo instante, no después, sino en ese momento. Imagino que se establece un contacto eléctrico vital. Entonces, lentamente, pronuncio en voz alta la siguiente afirmación: «En Él vivo, me muevo y soy», tomada de Hechos, 17, 28. Los tres elementos dinámicos en ese texto de las Escrituras son: identificación (vivo en Él), energía (me muevo), realización (soy). El resultado de este procedimiento es que experimento una verdadera renovación, sensorial, mental y espiritual. Es algo que funciona realmente.

Entonces, recuerdo que dentro de mí están todas las cualidades, habilidades, pensamientos e impulsos necesarios para llevar una vida satisfactoria y de éxito. Pronuncio en voz alta las siguientes palabras dinámicas, que producen y transmiten poder: «El reino de Dios está entre nosotros» (Lucas, 17, 21). Para personalizarlo, utilizo la primera persona. Nunca olvidaré la primera vez que comprendí perfectamente todo el significado de esas palabras. La forma en que me lo imaginaba era que un rey era siempre rico y poderoso. Disponía de todo lo que necesitaba para que la vida fuese buena. Dios es el rey más grande de todos; lo tiene todo en sus manos. En consecuencia, dispone de todas las riquezas del reino de Dios; su poder, paz, alegría y riqueza también están esencialmente en mí mismo, como su hijo, a quien él mismo ha creado. Él puso todo eso en mí, y en usted, para nuestro uso.

De repente, como en un destello, me vi en posesión de todas esas «riquezas», en forma de fortaleza, valor, paz, capacidad, mientras que poco antes creía que no disponía de nada de todo eso. Supe entonces que sólo tenía que aprovecharlas, como dones de Dios, que Él había colocado en mí porque sabía que yo las necesitaría para vivir una vida plena y completa. Y cuando uno las utiliza realmente y vive de acuerdo con ellas, con seguridad y alegría, puede estar seguro de que dispondrá de ellas en abundancia y de que podrá seguir utilizándolas porque ese suministro nunca se agota.

Pruebe y véalo por sí mismo. Dios, que lo creó a usted, le infundió también la capacidad para vivir con éxito y para ser feliz.

Si nunca ha experimentado esta clase de vida, quizá necesite ser recreado. Y, para hacer eso, necesita a Dios. Pero Él lo hará. Entonces recibirá usted la percepción y el conocimiento espiritual para superar uno de los factores que más contribuyen a derrotarnos: la tendencia autodestructora.

Un viejo amigo mío, Fred H., descubrió que esto es muy cierto. Había pasado por un período difícil consigo mismo y con la vida, pero descubrió su respuesta. El problema de Fred era que, de forma inconsciente, había fomentado su propia autodestructividad. Y, como he dicho, todos tenemos, trágicamente, la capacidad para la autodestructividad. En nosotros está lo bueno y lo malo, el cielo y el infierno, el reino de Dios y el reino del demonio. La cuestión es cuál de los dos llega a lo más alto y permanece allí o, como dijo Shakespeare en ocho significativas palabras: «Ser o no ser, ésa es la cuestión».

Todos tenemos que afrontar el problema psicológico y espiritual de los opuestos: debilidad o fortaleza, temor o fe, pensamiento positivo o pensamiento negativo. Así, mientras que en nosotros existe la tendencia hacia la destrucción, también existe el impulso creativo. La técnica para superar la autodestructividad consiste en resaltar lo contrario, es decir, el factor creativo que hay en nosotros.

Es importante darse cuenta de que las personas no son principalmente destruidas por otras personas, o por las condiciones o las situaciones, y ni siquiera por la sociedad o el gobierno. Básicamente, las personas son destruidas por su propia compleja y frustrante tendencia hacia la autodestrucción. Y lo único que las puede salvar de eso es la tendencia creativa que Dios ha puesto en cada ser humano.

Fred H. lo descubrió así y lo vi esforzarse con esa idea durante años, ayudándole en lo que pude. Pero Fred encontró su propia respuesta renovadora y, en último análisis, lo único que realmente responde a sus problemas es su propia respuesta. Pero dejemos que sea el propio Fred el que cuente su historia, que escribió en la siguiente carta:

Querido Norman:

En este mismo mes de marzo de hace treinta y dos años, nos casaste a S. y a mí. Durante los dieciocho años siguientes viví una vida sensible comparativamente normal. Mi puesto, superior a la media, en una empresa de servicios públicos, me permitió ganarme una vida cómoda para mí y mi familia.

Luego, en 1946, me sentí inenarrablemente insatisfecho y creé mis propias razones para abandonar mi trabajo. Me convertí en un animador profesional en la peor época para hacer algo así en toda la historia de la industria del espectáculo. Después de dos años tratando de salir adelante en ese precario campo, teniendo que emprender largos viajes fuera del hogar, recuperé el buen sentido y también me encontré con un mundo de desesperación. Empecé a depender del alcohol para ahogar el asco que sentía hacia mí mismo.

En un esfuerzo por enderezarme, intenté arreglar las cosas para reingresar en la empresa de servicios públicos. Tú y otros escribisteis cartas de apoyo en mi nombre. Ese esfuerzo fracasó.

Por aquel entonces tenía 44 años y me resultaba cada vez más difícil encontrar un empleo que me permitiera ganarme la vida. Me convertí en un vendedor puerta a puerta y me ganaba la vida de una forma un tanto espasmódica. No obstante, me sentía constantemente lleno de odio contra mí mismo y avergonzado por el acto autoimpuesto que había conducido a mi familia y a mis hijos adoptivos a un estado muy bajo de inseguridad.

Cada vez que solicitaba un trabajo a tiempo completo, en una empresa bien establecida, nadie se creía que un hombre responsable de más de cuarenta años hubiese abandonado una empresa de servicios públicos para dedicarse a hacer lo que yo había hecho. Por aquel entonces, me sentía totalmente rechazado y aplastado.

Mi esposa había aceptado un trabajo como enfermera de noche y, además de sus obligaciones, trató de dirigir nuestro hogar y de cuidar de nuestros hijos. Mis ingresos se fueron reduciendo más y más. No obstante, había dejado de beber y decidido que, pasara lo que pasase, afrontaría la vida en estado sobrio.

Cada mañana, cuando mi esposa llegaba a casa y antes de que yo pudiera iniciar las llamadas y visitas para buscar trabajo, reservábamos quince minutos para rezar juntos, leer la Biblia y pedirle a Dios que nos dirigiese. Escribíamos los pensamientos e ideas que se nos ocurrían. Todavía conservo esas notas y te puedo asegurar que constituyen una de mis más preciadas posesiones.

Una de esas mañanas, tuve necesidad de tomar nuestro viejo coche para llevarlo a un taller de reparaciones. En lugar de acudir al taller donde lo habían mantenido durante muchos años, me pareció muy claro que debía ir a otro taller, situado en una parte muy diferente de la ciudad. Conocía a su propietario, pero no lo había visto desde hacía veinte años. ¡Y eso fue lo que hice! Al regresar a por el coche, al final del día, observé que junto al mío había aparcado un elegante coche de marca extranjera. Mientras lo admiraba, llegó su propietario. Nos presentamos, intercambiamos algunas cortesías y el hombre se marchó en su coche. Por el propietario del taller supe que aquel hombre era propietario de una emisora de radio, que había tenido graves problemas financieros, pero que había luchado hasta volver a situarse en la cima.

Transcurrieron varios días y no volví a pensar en el incidente del taller. Entonces, una mañana, mientras S. y yo rezábamos, el rostro de aquel hombre y toda la experiencia surgieron de pronto en mi mente. En ese momento, decidí buscarlo, contarle mi historia y ofrecerle mis servicios. Y eso fue lo que hice. Al llegar a la emisora de radio, él estaba esperando un coche que lo llevaría al aeropuerto. Le ofrecí llevarlo en el mío. Así lo hicimos. Durante el trayecto, me dijo que no había vacantes. Le dije, y recuerdo cada palabra: «Deseo desesperadamente entrar a trabajar en este negocio. Mi experiencia en diversos campos se presta muy bien para este tipo de empresa y le aseguro que seré un valor añadido para usted». El hombre me miró intensamente y me dijo: «Acuda a la emisora con toda la frecuencia que desee, permanezca en ella tantas horas como quiera, pídales a mis chicos que le enseñen a manejar las cuerdas, aprenda los controles y aprenda a leer noticias. Al cabo de dos semanas, si es bueno haciendo su trabajo, le incluiré en la nómina y le pagaré cincuenta dólares semanales, además de una comisión sobre ventas». Acepté. Eso fue en enero de 1956. Al cabo de un mes me había convertido en el presentador de noticias número dos y al final del segundo mes me ofrecieron el puesto de director. En marzo de este año se iniciará mi cuarto año aquí, como director y me acaban de nombrar presidente de la empresa. Norman, te aseguro que cada día doy gracias a Dios muchas veces por haberme conducido hasta aquí. En estos tres cortos y magníficos años he podido recobrar mis pérdidas y ahora gano un bonito salario y recibo un porcentaje sobre ciertos beneficios.

De la persona taciturna y abatida que era, que contemplaba cada día la idea del suicidio, me he convertido ahora en una persona activa y alerta. He sido aceptado en el club

Rotario y mi trabajo me ha permitido convertirme en miembro de una hermandad periodística.

Jugamos al golf en el club campestre local y S. y yo, a la edad de 56 años, nos hemos hecho socios de un club de patinaje y estamos aprendiendo a patinar. Lo hacemos tres veces a la semana y nos estamos divirtiendo más que los niños. También intento mantenerme por delante de mi hijo en álgebra y, después de veinticinco años, he vuelto a tocar el banjo de cinco cuerdas, para relajarme.

Si esta narración le ayuda a alguien, tienes completa libertad para usarla como te parezca más oportuno. Pero, por favor, oculta los nombres y los lugares... No quiero más gloria de la que ya me ha proporcionado mi propia experiencia. Eso me ha demostrado que todavía ocurren milagros. Yo soy uno de ellos, por la gracia de Dios.

Fred superó su tendencia hacia la autodestrucción a través de la guía y la recreación espiritual de Dios. Aprendió a depender del reino de Dios que estuvo durante todo el tiempo en su propio interior. Ahora es un hombre feliz y de éxito.

Cada mañana, al iniciar la jornada, pronuncie para sus adentros las siguientes y poderosas palabras: el reino de Dios está en mí; con la ayuda de Dios puedo solucionar cualquier problema que me surja. Una vez que tenga la más completa seguridad de que eso es precisamente lo que puede hacer y si adopta siempre una actitud de humildad, trabaja duro y reza, además de ser siempre un optimista tenaz, vivirá una vida feliz y con éxito, y ¿qué hay de malo en eso?

Resumen de «Cómo alcanzar éxito y ser feliz sin que haya nada de malo en ello»

1. No tenga ningún sentido de culpabilidad por ser feliz y tener éxito, siempre y cuando actúe honradamente y con un sentido de la responsabilidad social.
2. Haga suya la idea moderna del éxito, que consiste en tener éxito como persona.
3. Lea y estudie la Biblia como una guía práctica para vivir con éxito.
4. No descarte la importancia del trabajo duro y tenga el valor de mantenerlo, junto con un objetivo claro y la capacidad para divertirse en el proceso. Si no se divierte, algo anda mal en lo que está haciendo.
5. Utilice su cabeza. Sin eso no llegará a ninguna parte.
6. Mantenga el entusiasmo y el amor por lo que hace.
7. Procure estar relajado. No se tense por ningún motivo, pues únicamente de ese modo tendrá acceso a su propio poder creativo. El hombre relajado es un hombre poderoso.
8. Procure encontrar momentos de soledad con regularidad y practique el «sentir» a Dios, su creador, recreándolo.
9. Visualice el reino de Dios dentro de usted. Véase a sí mismo como el poseedor potencial de toda la abundancia de Dios.
10. Elimine, y esto es muy importante, elimine su capacidad para la autodestrucción.

11

EL OPTIMISTA TENAZ
QUE MIRA HACIA LA IGLESIA

Durante el transcurso de un almuerzo, unos cuantos de nosotros lo estábamos pasando muy bien. Siempre a la búsqueda de hombres a los que reclutar para la vida espiritual y al encontrarnos a pocos días de Pascua, dije con bastante alegría: «Bueno, supongo que vendrán ustedes a la iglesia el próximo domingo». Uno de los presentes dijo que cada domingo iba a la iglesia; otros dos dijeron que iban la mayoría de las veces. El resto eran más o menos de los que sólo iban por Pascua.

Entonces se produjo una reacción bastante asombrosa y, según se demostró más tarde, patética. Debo advertirle que lo que sigue quizá le perturbe, como me perturbó a mí. Espero que no sea representativo. Estoy seguro de que se trata de un caso extremo, pero quiero presentárselo sin barnices, tal como yo mismo lo experimenté.

Uno de los presentes se mostró enojado, verdaderamente enojado. Sus ojos relampaguearon y su rostro enrojeció cuando aulló: «Demonios, no. Yo no estaré allí ni el domingo ni nunca. ¡Puede estar seguro de que no acudiré a la iglesia!».

Asombrados, todos nos quedamos sin palabras y cayó sobre nosotros un silencio embarazoso. Tras un momento, me arriesgué a preguntar: «¿Podría decirnos qué le induce a hablar así?».

«A ninguno de los presentes le interesaría saberlo —contestó el hombre—, pero si quiere puedo hablar personalmente con usted más tarde.» Eso dio por terminada la conversación, lo que nos dejó a todos con una sensación desagradable.

Así que, naturalmente, me entrevisté más tarde con aquel hombre y, permítame decirlo desde el principio, no se ahorró palabras. Fue una conversación bastante dura, créame.

«Por lo que a mí respecta, la Iglesia y todos sus ministros pueden irse al infierno —dijo—. ¿Y por qué no? Después de todo, allí es adonde nos conducen a todos los demás.»

Fue muy amargo.

No demostré reacción alguna ante este asombroso comentario y lo dejé que siguiera hablando. En toda mi experiencia, difícilmente he escuchado tanto resentimiento expresado hacia las iglesias y los clérigos, en general. Lo que sucedió fue lo siguiente.

Este hombre había trabajado duro y, según expresó él mismo, «utilicé la cabeza en mi negocio y salí adelante y gané un buen montón de pasta». Luego, él y su esposa decidieron trasladarse a una zona residencial, fuera de la ciudad. «Disponía del dinero, de modo que lo teníamos todo: tres coches, socios del club campestre, la casa. Antes de eso había estado muy ocupado como para participar en la vida social, pero ahora, después de haber alcanzado un alto puesto en la empresa, tenía que establecer unos cuantos contactos con los peces grandes. ¡Los peces grandes! —espetó con desprecio—. Todos me ponían enfermo. Podría vomitar cada vez que pienso en esos majaderos. Preferiría no tener nada y vivir en un tercer piso de la Tercera Avenida, como hicimos en otros tiempos y disfrutar de algo de paz mental y felicidad.»

«Continúe —lo animé—, indíqueme los hechos, sin la filosofía. ¿Por qué esa animadversión contra las iglesias y los clérigos?»

«Está bien —gruñó—. Usted lo ha pedido, así que se lo contaré todo directamente. Es porque me dejaron que me hundiera directamente en el infierno y nadie intentó impedírmelo.

»Las cosas ocurrieron así: los vecinos empezaron a invitarnos a cócteles. Eran reuniones tranquilas y la gente parecía agradable. De hecho, algunos de ellos lo eran. Luego, nos acostumbramos a las fiestas y llegó un momento en que me di cuenta de que estábamos bebiendo demasiado. Una noche, encontré a mi esposa con el brazo alrededor del cuello de un tipo, completamente borracha. La llevé a casa y la acosté en la cama.

«Yo también estaba un poco bebido, pero lo bastante sobrio como para reflexionar... ¿Qué otra cosa habría estado haciendo ella con los hombres? Las sospechas aparecieron en mi mente y me di cuenta de que yo tampoco era muy ardiente cuando se trataba de moralidad. Sin embargo, no estaba dispuesto a tolerar una esposa de segunda mano.

»Al día siguiente, durante el desayuno, Mary me dijo de pronto: "Jack, cariño, ¿qué nos sucede? Yo no disfruto esta forma de vida que llevamos. No es divertida. Salgamos de este lugar antes de que sea demasiado tarde".

»"Yo siento lo mismo, Mary —repliqué y luego, como un estúpido, añadí—: Pero hemos invertido demasiado dinero aquí y tengo que relacionarme con los peces gordos. Pero te propongo una cosa: volvamos a ir a la iglesia y quizá conozcamos a gente agradable. Eso nos mantendrá equilibrados y el predicador nos ayudará a vivir de acuerdo con nuestros estándares morales."

»Así pues, empezamos a ir a unas pocas iglesias, para ver cual de ellas nos gustaba más. A mí no me gustó ninguna en particular. Los predicadores hablaban como un puñado de profesores pedantes y todos y cada uno de ellos parecía más bien un piojoso socialista. A mí no podían engañarme, pues puedo oler a un charlatán a una milla de distancia. Y en ninguna ocasión oí decir absolutamente nada sobre pecado, que era de lo que yo quería oír hablar porque estaba y todavía estoy lleno de ellos, hasta las cejas. Pero eso no es todo. La gente agradable de la iglesia empezó a invitarnos y, lo crea usted o no, doctor Peale, resultó que sus fiestas no eran muy diferentes a las de quienes no iban a la iglesia.»

Me miró con una expresión de dolor, casi de angustia.

«Norman —siguió diciendo—. Estoy en el infierno. Mary y yo nos hemos separado. No pude soportar una fiesta de intercambio de parejas. Cada vez que lo pienso, me dan ganas de vomitar. Ella era demasiado buena para eso, pero ahora ha recorrido todo el camino hasta el infierno, como yo. Por el amor de Dios, Norman, ¿por qué la iglesia no nos ayudó antes de que nos hundiéramos? —Casi estaba a punto de ponerse a llorar—. La iglesia nos falló. Nos abandonaron a nuestra suerte. Nos dejaron pensar que el pecado ya no importa. Al diablo con todos ellos.»

Permanecí sentado, sumido en la tristeza. Naturalmente, él no estaba siendo razonable. Estaba lleno de autocompasión y con frecuencia perdía el hilo de su pensamiento, ya que le echaba la culpa de la descomposición de su vida a todo el mundo, menos a sí mismo.

Era evidente que se sentía profundamente herido y, como médico espiritual, era mi deber limpiarle las heridas, reconfigurar su pensamiento, ayudarle a encontrar el perdón de Dios, enseñarle a perdonarse a sí mismo y ayudarle a reconstruir su vida sobre una sana base espiritual y moral. Tenía que mostrarle que el tipo de vida realmente feliz es la vida cristiana, pues fue Jesús quien dijo: «Yo he venido para que tengan vida, y para que la tengan en abundancia» (Juan, 10, 10).

En realidad, resulta que esta generación, considerada como muy sofisticada, no es en absoluto sofisticada. Ser sofisticado significa saber moverse por el mundo, ser mundano. Lamentablemente, en demasiados casos, los habitantes de las zonas residenciales urbanas, lo que se ha dado en llamar suburbios o, como dicen algunos «disturbios», no saben cómo arreglárselas, pues son muchos de ellos los que han resultado heridos como Mary y Jack, y no podían ser muy mundanos para haber permitido que sus vidas se descompusieran de ese modo. El cristianismo realmente lleno de Dios y centrado en Cristo, con el énfasis que pone en el pecado y en la fe, está lleno de una tremenda alegría de experiencia espiritual que podría dar a estos confundidos habitantes de los suburbios una vida llena de entusiasmo como jamás supieron que pudiera existir.

El viejo y pesado énfasis puesto en el pecado, entreverado de temor, la estrechez de algunos clérigos de los tiempos pasados pueden haber estimulado en parte la rebelión contra la moralidad, que ahora alcanza su punto más bajo en forma de frustración, delincuencia, desmoronamiento nervioso, matrimonios rotos y colapso de la personalidad. Pero hay una respuesta y ésta se encuentra en aquellas iglesias que enseñan un sano sistema moral, un evangelio capaz de cambiar la vida y un programa social cristiano. Las iglesias que saben cómo comunicar esta enseñanza a la mente moderna, haciéndolo de una manera convincente, serán la salvación de los hombres y de la sociedad, tanto en esta generación, como lo fueron en el pasado. Gracias a Dios, en los suburbios contamos con muchas iglesias de este tipo, a pesar de que Jack no pudiera encontrar ninguna.

Un noche en la que me lamentaba por el declive de la religión hecha a la medida del hombre, honrada, redentora y bondadosa, mi hija Elizabeth, de dieciocho años, estudiante universitaria que visita con frecuencia a sus amigas en una cercana zona residencial suburbana, me dijo: «Papá, no sabes lo que está sucediendo. Te puedo asegurar que el predicador de la iglesia a la que voy cuando visito a mis amigos, no juega con ellos, sino que se dirige directamente a ellos y lo aceptan». Y lo que me dijo era verdad. No sólo lo aceptaban, sino que les encantaba. Es más, lo respetaban y este ministro, así como otros, ha construido una verdadera iglesia de gente entregada, en el corazón mismo de las zonas residenciales, lo que no hace sino demostrar todo lo que se puede hacer.

Así pues, la iglesia no es ni mucho menos tan eficiente ni tan defectuosa, como tampoco lo son los ministros, tal como expuso Jack en su desesperación. Los ministros son, evidentemente, hombres y en ocasiones se han visto atraídos por la cultura materialista y pagana en la que viven. Un amigo mío, un joven sinceramente espiritual, se instaló en una zona residencial suburbana del medio oeste y fue invitado a unirse a una iglesia informalmente llamada la iglesia de los ejecutivos. El joven le dijo al pastor, evidentemente de inclinaciones sociales: «He escuchado varios de sus sermones, pero, la verdad, todavía no sé en qué cree. Es uno de los oradores más completos que he escuchado, pero ¿cuál es su postura en cuanto al compromiso personal con Cristo o con el evangelio de Cristo para el mundo?».

El pastor le explicó: «El tipo de personas ejecutivas que acuden a esta iglesia no aceptarían tanto cristianismo. Uno los tiene que ir atrayendo con suavidad, si no quieres que te abandonen. El campo de golf es una competición dura».

«Pues yo no comulgo con eso —le dijo mi amigo—. Por debajo de toda esa pose estirada, son personas reales y si se les ofrece lo real, la mayoría de ellos lo aceptarán.»

Este joven puso en marcha un grupo en su propio hogar, con la intención de discutir la respuesta de Cristo a la vida personal y social y para considerar el significado del compromiso personal. Hubo tanta gente que quiso participar, que el grupo original se tuvo que descomponer en varios. El propio pastor participó en uno de ellos y experimentó un nuevo renacimiento de vida espiritual. Ahora ya no tiene miedo de los llamados peces gordos, unos hombres que ahora le escuchan realmente. ¿Y por qué no? La gente siempre estará dispuesta a escuchar a un hombre que tenga algo que decir, el valor de decirlo y la guía adecuada para decirlo correctamente.

Si la Iglesia no se presenta con un evangelio vital para el individuo y para la sociedad, los hombres encontrarán sus respuestas fuera de la Iglesia, como hizo Ed M., jefe de una gran empresa en una ciudad del sur de Estados Unidos. Acudió a verme con su prometida, para hablar sobre su próximo matrimonio. Naturalmente, hablé con ellos como lo haría cualquier pastor acerca de construir su vida matrimonial sobre unas sólidas bases espirituales.

Durante el transcurso de la conversación, pregunté si eran personas que solían ir a la iglesia. La dama dijo que iba todos los domingos, pero él me asombró al contestarme: «No, nunca voy a la iglesia. Soy episcopaliano, pero el rector no tiene nada interesante que decir, de modo que no me molesto en ir».

«Pues eso me deja perplejo —le dije—porque siempre pensé que era usted un hombre espiritualmente iluminado. Sé cómo piensa y me ha impresionado mucho su espíritu victorioso.»

«Eso es algo que puedo explicar —me dijo—. Cada mañana, durante una hora, desde las seis y media hasta las siete y media, leo la Biblia y otros libros espirituales. Luego, me reservo un tiempo de tranquilidad durante el que escribo mis problemas y se los presento a Dios, pidiéndole su guía. Y es realmente extraordinaria la guía que he recibido. No se me ocurriría vivir sin Cristo. Él es la única respuesta a la vida.» Y, al decir esto, la expresión de su rostro era de verdadero entusiasmo.

Cierto que el rector era seguramente un tipo de hombre bastante positivo, a pesar de lo cual no pude dejar de sentir lástima por él. Aunque sin duda fuese un hombre exquisito y verdadero, era incapaz de comunicar el evangelio y conseguir que los fieles le siguieran, fieles como Ed M. que deseaban llevar a Dios en su corazón.

En la actualidad, las personas como Ed M. encuentran cada vez más una dinámica fe personal y desean expresarla en la acción social. Pero muchos de ellos se sienten desconcertados por lo que llaman «el elemento izquierdista marginal que se ha abierto paso en algunas iglesias». Me apresuro a añadir que, aun cuando oigo expresar constantemente esta queja, estoy bastante convencido de que no es tan cierta como pueda parecer.

Durante muchos años y como la mayoría de ministros, he estado convenciendo a los hombres de comprometer sus vidas con Cristo y he descubierto que son sensibles a esa propuesta. Siempre trato de relacionar a los hombres con la Iglesia, como participantes activos en su culto y en su misión social y mundana.

Estoy convencido de haber animado a un gran número de hombres a convertirse en miembros vitales de la Iglesia. Pero no resulta nada fácil retener a algunos de ellos; en realidad, muchos se muestran muy inquietos, debido a lo que acaloradamente describen como «el predominio izquierdista en el seno de los cuerpos eclesiásticos y el embaucamiento para que otras personas, por lo demás bondadosas, se conviertan en compañeros de viaje». No puedo aceptar este punto de vista y he convencido a no pocos de esos hombres a pensar de modo diferente y de mantenerse firmes como miembros de la Iglesia. Pero puesto que únicamente puedo llegar a un número limitado de ellos mediante una conversación personal, y no tengo acceso a las publicaciones religiosas, deseo utilizar una breve parte de este libro para animar a mis lectores a apoyar a la Iglesia como instrumento espiritual para traer esa forma de cambio social sustancial llamada el reino de Dios sobre la Tierra. Quizá este capítulo le parezca algo diferente respecto de nuestro énfasis habitual, pero se refiere a una cuestión que, en mi opinión, debería ser discutida y considerada por parte de las personas reflexivas.

Jeff H. fue un hombre con quien pasé momentos difíciles, pues era un pensador terco, de los que hacen preguntas incisivas y que también era muy inteligente. Lo encontré, en un principio, a través de mi programa radiofónico «El arte de vivir», del Consejo Nacional de las Iglesias. Se dirigía al campo de golf un domingo por la mañana y, mientras conducía, escuchaba la radio del coche. En ese momento se empezó a retransmitir mi programa. Más tarde, dijo que escuchó porque me había oído hablar en una convención nacional de empresarios y «le gustó».

En esta charla radiofónica, como suelo hacer en todas, intenté predicar lo que podría considerarse como un mensaje seductor, con palabras definitivamente diseñadas para atraer, convencer y persuadir, con el objetivo de lograr aceptación y compromiso. En la medida en que este hombre jugaba al golf los domingos por la mañana, adquirió el hábito de escuchar con regularidad nuestro programa, cuando se dirigía en el coche al Club Campestre. El mensaje, transmitido de diversas formas, martilleaba siempre sobre una misma idea: su vida puede significar mucho más para usted. No tiene por qué dejarse derrotar por nada. Es posible alcanzar la alegría y la paz, y también la salud, la vitalidad y el entusiasmo. Jesucristo es la respuesta. De hecho, Él es su respuesta. ¿Por qué no comprometer su vida con Él? Luego, encuentre una iglesia; conviértase en una parte vital de su culto y de su trabajo. Comparta, a través de ella, su experiencia espiritual con otra gente. No continúe siendo parte de los problemas del mundo y pase a ser parte de su solución y su vida se llenará de felicidad y satisfacción, lo que también se extenderá a las vidas de otros.

Jeff H. me dice que una mañana se puso a pensar que eso era lo que debería hacer: comprometer su vida con Cristo. No obstante, jamás hacía nada apresuradamente, sin pensárselo bien y hacerse numerosas preguntas. La idea, sin embargo, ya se había alojado en su mente y empezó a funcionar. El domingo siguiente sorprendió a su esposa al decirle: «Creo que hoy te acompañaré a la iglesia y veré qué ofrecen allí».

Al contarme la historia, contuve la respiración al llegar a este punto. ¿Qué clase de predicador encontraría en esa iglesia? Confiaba en que no fuese un intelectual seco o temeroso del púlpito, o un zelote ansioso de lanzar su manifiesto social o uno de esos fundamentalistas que parecen tener todas las respuestas de forma mecánica o, especialmente, uno de esos predicadores mezquinos. Confiaba en que hubiese encontrado a un predicador sinceramente entregado a su tarea, centrado en Cristo, que supiera transmitir un mensaje imbuido de una cierta vitalidad. Lleno, a pesar de todo, de grandes esperanzas, le pregunté: «¿Cómo fue la iglesia?».

«Magnífica. El ministro era todo un tipo. Eso fue evidente desde el momento mismo en que empezó a hablar. Hablaba el mismo lenguaje que yo y seguramente sabía que yo estaba allí, porque me habló directamente. En su sermón hubo muchas cosas de la buena y vieja Biblia y sobre el pecado. No había en él nada de toda esa prédica y basura socialista que, según me comentan, suelen lanzar actualmente los predicadores. Habló de lo que significa ser un cristiano y lo dijo de una forma que yo pude comprender y eso me convenció.

»En realidad, me gustó tanto que retrasé mi horario de ir a jugar al golf sólo para poder ir a la iglesia con regularidad. No soy de los hombres que cambian sus costumbres de la noche a la mañana, pero me incluyeron en un grupo de hombres que estudian la Biblia y analizan cómo relacionarla con nuestras vidas y problemas cotidianos. Más tarde, participé activamente en la iglesia y ahora estoy tratando de crecer espiritualmente, como usted suele decir.»

Entonces, Jeff H. pasó a tratar de su verdadero problema. «Pero, Norman, la verdad es que estoy desconcertado. —Extrajo de un bolsillo varios recortes—. Lea esta noticia. Simplemente, léala.» Se reclinó en su asiento con la mirada encendida, mientras yo miraba los recortes. Reconocí inmediatamente varios de ellos como diversos «pronunciamientos» emitidos en reuniones eclesiásticas confesionales e interconfesionales. Y había varias «declaraciones» que ocupaban toda una página y que estaban firmadas por una serie de ministros. Luego, colocó bruscamente un último recorte sobre mi mesa, un artículo titulado «Los protestantes piden el reconocimiento de la China roja. Reunión de Cleveland unánime a favor de la admisión en la ONU».

«¿De dónde han sacado todo esto? Yo soy protestante y no estoy a favor de nada de eso.»

«Mire, Jeff —le dije—, procure verlo del siguiente modo. Debe darse cuenta de que entre un cierto tipo de ministros predomina un estilo que podríamos clasificar como proclive a expresar anuncios de este tipo, firmar declaraciones y pronunciarse sobre estos temas. Lo llaman "profético", o algún otro término igualmente impresionante. Ese estilo se ha venido desarrollando desde hace una serie de años, hasta convertirse en una actitud estandarizada, ante la que cualquier desviación de la misma se considera como una especie de traición. De hecho, le miran a uno con desdén si no les sigues la corriente. Personalmente, nunca les he seguido la co-rriente, a menos que deseara hacerlo, tanto si me miraban con desdén como si no. Insisto en la integridad de ser yo mismo y de-terminar mis propias pautas de pensamiento.»

«Pero ¿qué tratan de demostrar con todo eso? —preguntó—. ¿Es que no sienten el menor interés por la vida espiritual? No han hecho ni un solo "pronunciamiento" sobre inmoralidad, bebida, divorcio, delincuencia juvenil, homosexualidad y corrup-ción..., ¡ni una sola palabra! Supongo que no les interesa nada más que la política y en ese departamento huelen a socialistas sobrealimentados..., o incluso a comunistas, aunque imagino que ésa sería una palabra demasiado fuerte. ¿Qué me dice de ese Consejo Nacional de las Iglesias? También recelo de ese invento.»

«Jeff, me estás planteando un montón de cuestiones a la vez, pero trataré de contestarlas. En primer lugar, sin embargo, debo advertirte en contra de adoptar cualquier actitud negativa res-pecto de la gente, al margen de lo que sientas hacia ella. Ese no sería, en sí mismo, un enfoque espiritual. Y no te "sulfures" tanto por ello. Sigue con tu vida en Cristo y haz tu propia contribución cristiana a los problemas de nuestro tiempo.

»Y ahora permíteme contestar a tus preguntas sobre el con-trovertido Consejo Nacional de las Iglesias. Llevo varios años aso-ciado con su Comisión de Radiodifusión y Cinematografía. La señora Peale ha sido vicepresidenta del consejo y en la actuali-dad es, y lo ha sido desde hace años, miembro de su consejo general y de su más alto comité sobre política y estrategia. Puedo asegurarte que la señora Peale y yo respetamos tanto la forma de pensar del otro que podemos estar en desacuerdo, como nos su-cede a menudo; mis opiniones son mías y las suyas son clara-mente suyas.

»Desde hace años poseo un cierto conocimiento de este cuer-po eclesiástico interconfesional, de modo que sé de lo que hablo.

»Por lo que yo sé, no hay razón alguna para sospechar de infiltración comunista en el Consejo Nacional de las Iglesias. Es posible que haya algunos, muy pocos, de cuyas inclinaciones comunistas o de compañeros de viaje se pueda sospechar, pero esas personas nunca han ocupado responsabilidades ejecutivas y, en realidad, nunca han parecido tener mucho peso. El secretariado del consejo, bajo la dirección del doctor Roy G. Ross y su cuerpo de delegados, está formado, por lo que yo sé, por cristianos sinceros que intentan conscientemente darle un liderazgo espiritual constructivo a la sociedad contemporánea.»

Jeff me escuchaba con atención. «Está bien —dijo—, aceptaré tu forma de pensar y trataré de comprender a estos líderes cristianos, pero desde mi punto de vista algunos de ellos son bastante blandengues» —insistió con terquedad.

La causa principal de la extendida incomprensión que afecta al consejo se debe, creo yo, a un pequeño nido de personas a las que se podría calificar de bienhechores fijos que, en su celo sociopolítico no están haciendo otra cosa que debilitar la influencia de este gran organismo eclesiástico. No puedo creer que esas personas sean comunistas. Pero de una cosa estoy seguro: han provocado dudas muy serias en todo el movimiento ecuménico, que se han ido formando en las mentes de millones de estadounidenses reflexivos. Ese hecho tiene implicaciones reales y trágicas para el futuro del cristianismo unificado, en una época en que se necesita desesperadamente todo el impacto de la fe.

Estoy convencido de que el Consejo Nacional de las Iglesias, que ha llevado a cabo una gran cantidad de trabajo efectivo, nunca cumplirá su misión hasta su nivel más alto mientras permita a gentes de este tipo presentar tan mal y con actitudes tan arrogantes el pensamiento y las convicciones de la gran mayoría de protestantes a la nación. No quiero decir con ello que se les deba negar la libertad de expresión, pero insisto en que no tienen derecho a hablar en mi nombre o en el de millones de otros protestantes, para quienes muchas de sus opiniones son repugnantes.

Pero ¿qué decir de esos «pronunciamientos» que tanto habían alterado a Jeff? Y no es el único, pues son muchos los que se quejan de lo mismo. Ésta es la historia. Hace algunos años, los zelotes de la acción social concibieron la idea de emitir lo que calificaron como «pronunciamientos». Probablemente, tomaron esa idea de la práctica católico-romana de emitir encíclicas. Pero, aparte de eso, han desarrollado un nuevo concepto de cristianismo, transformándolo básicamente en un manifiesto social y han decidido hacer uso de toda la Iglesia cristiana para presentarla como defensora de su brillante y apremiante filosofía y punto de vista político.

Lo sé con certeza porque, lo crean o no, yo también fui uno de esos muchachos y, de hecho, uno de los líderes, por lo que sé muy bien cómo actúan. Cuando era ministro en Brooklyn y, más tarde, en Central de Nueva York, allá por los años veinte, recuerdo que los jóvenes graduados de la escuela de teología de la Universidad de Boston nos reuníamos y confabulábamos para manipular y hacer inclinarse hacia la izquierda las resoluciones que se tomaran en las sesiones de las conferencias, hasta que finalmente decidimos darlas a conocer como «pronunciamientos» de pensamiento iluminado, dando la impresión de que constituían la opinión unida de toda la iglesia.

Y sabíamos muy bien cómo hacerlo, no crea que no lo sabíamos. El pronunciamiento debe aparecer revestido de lenguaje piadoso, para ser identificado solemnemente con la «voluntad de Dios». Tiene que estar bien intercalado con frases altisonantes que sean sacrosantas, como «los ideales cristianos», «las enseñanzas de Jesús» «la pasión social de los profetas», «las percepciones éticas de los evangelios» y otras expresiones destinadas a ganar adeptos. Nuestro objetivo social básico aparecía enterrado en el núcleo de un laberinto de palabras, con la idea fundamental de presionar a cualquier disidente a tragárselas como aceite de ricino mezclado con zumo de naranja.

Luego, planificábamos nuestra estrategia, y le puedo asegurar que éramos muy listos. Revisábamos la lista de los miembros de la conferencia, y marcábamos a aquellos con los que estábamos seguros de poder contar. (Los que habían estudiado en la

Universidad de Boston, en el Seminario Teológico de la Unión y en la Escuela de Religión del Pacífico, todos los cuales, naturalmente, estaban bien.) Luego, comprobábamos de nuevo a los dudosos: los que todavía se debatían en las nieblas de la ausencia de iluminación, que aún votaban a los republicanos, pero que mostraban ya algunas señales de irse modernizando. A otros los tachábamos, considerándolos como imposibles, acompañados a menudo de referencias poco halagüeñas, como «Táchalo, es un santurrón», o «Es uno de esos aturdidos salvadores de almas», o «Es uno de esos evangelistas de la Biblia». Pocos políticos avezados conocían a sus votantes mejor que nosotros o con mayor éxito.

¿Éramos sinceros? La verdad, no lo sé. En realidad, creo que sólo éramos un puñado de listillos dispuestos a «enseñarles a algunos viejos» que realmente teníamos respuestas. Algo que ahora me hace dudar de nuestra sinceridad fue el desprecio que teníamos hacia aquellos que vacilaban en unirse a nosotros. En el fondo éramos muy autoritarios y en eso no nos diferenciábamos de nuestras ideas izquierdistas características.

Para lograr que se aprobase una resolución, siempre estábamos preparados para dar el siguiente paso. Algunos de nosotros estábamos siempre en el comité sobre «interpretación de las relaciones públicas», con objeto de comprobar que la publicidad fuese la «correcta». Sugeríamos titulares, como «La Iglesia adopta...», o «La Iglesia aprueba...». Lo cierto es que los miembros de la Iglesia sabían muy poco o nada sobre lo que leían y, desde luego, nunca «adoptaban» o «aprobaban» nada de todo aquello. Era nuestra pequeña célula la encargada de hacerlo parecer así; pero la impresión que se daba al público, en general, era la de que toda la Iglesia emprendía una acción unánime.

Es posible que los agitadores y controladores de los pronunciamientos actuales sean más maduros, aunque no estoy tan seguro de que lo sean. Han tenido más experiencia, sin duda, pero para un experto desilusionado, que sabe dónde mirar, se ve la aplicación de la misma y vieja técnica. Por ejemplo, tengo a mano un comunicado de publicidad, emitido desde una reunión del consejo general del Consejo Nacional de las Iglesias, celebrado en Syracuse, Nueva York. Aparece marcado como procedente de la «Sala de prensa, locutorio F» y dice así: «El Consejo Nacional de las Iglesias aprobó hoy formalmente la planificación y el espaciamiento familiar, en un pronunciamiento *histórico* emitido como un *consenso protestante*». Obsérvese el uso que se hace del término «histórico», cuando los pronunciamiento son invariablemente históricos. Por lo que se refiere al acuerdo o desacuerdo (que, incidentalmente, en este caso fue acuerdo), protesto por el uso de la palabra «consenso». Sólo se trata de un consenso de la jerarquía y no supone en modo alguno un mandato impuesto sobre los demás, que se supone debemos aceptar graciosamente los pronunciamientos emitidos por «las mejores mentes de nuestro tiempo».

Uno se pregunta por qué no pudieron utilizar otra fraseología, como por ejemplo: «El Consejo General del Consejo Nacional de las Iglesias adoptó hoy una resolución, aprobada por una votación de 60 a 40 (es decir, si es que hay alguien que tenga la audacia de votar no) en la que respetuosamente pide a los miembros de nuestras Iglesias, que no han tenido la oportunidad de votar sobre el tema, que presten atención a esta cuestión. Esta acción fue tomada por cuatrocientos representantes no elegidos por la gente, sino nombrados por los líderes eclesiásticos y es únicamente la expresión de su opinión. No compromete, pues, a toda la Iglesia y no es una opinión consensuada».

Quizá la más flagrante ofensa en el uso del «consenso» protestante fuera la acción de la llamada conferencia de estudio, que tanto exasperó a Jeff H. Parece ser que este grupo, compuesto por unos quinientos delegados nombrados por la jerarquía de las diferentes confesiones y del propio Consejo Nacional de las Iglesias, se reunió en Cleveland, Ohio, en 1959. Calificado como una conferencia de «estudio» emitió un ruego para estudiar la expectativa de reconocimiento de la China roja y sus manipuladores anunciaron astutamente tal reconocimiento como si representara el pensamiento de todos los protestantes. Esta acción fue repudiada posteriormente por una abrumadora mayoría (de aproximadamente el 85 por ciento), en una votación realizada por medio de encuesta entre los ministros. Por una vez, los «intrigantes del pronunciamiento» llegaron demasiado lejos y fueron realmente repudiados. Quizá la China roja sea finalmente reconocida, aunque personalmente me opongo a ello, pero uno debe preguntarse qué derecho tenía esa astuta e inteligente célula, que operaba en la reunión de Cleveland, a presentar las cosas como si yo y otros millones de protestantes estuviésemos comprometidos con una acción a la que nos oponíamos con fuerza.

Una de las cosas por las que se quejan Jeff y otros es que el personal de los grupos interconfesionales que emiten la mayoría de estos pronunciamientos son, en buena medida, elegidos a dedo por parte de los comités de acción social. Como les he recordado a quienes se quejan de este sistema, es propio de la naturaleza humana que elijan a personas de ideas similares. Aquellos a los que pocos admitirían como miembros de una conferencia, a no ser a regañadientes, suelen ser laicos sin supervisión, desconcertados por la palabrería ostentosa y que vacilan en expresarse debido a la falta de experiencia en hablar en público y en el empleo de la jerga apropiada y son, además, laicos que sienten un profundo respeto por sus ministros y que vacilan en oponerse a ellos. Así pues, siguen la corriente con recelo para no quedar fuera, hasta que uno tras otro terminan por hartarse.

Naturalmente, como intento explicarles a los irritados laicos que se me quejan, el cristianismo tiene profundas implicaciones sociales y debería hacer sentir su influencia en la resolución de los problemas económicos, raciales o sociales de cualquier otro tipo. Eso es algo en lo que creo firmemente. A pesar de ello, estoy de acuerdo en que la actual obsesión por los pronunciamientos y los métodos empleados son a menudo ofensivos y destructivos, en la medida en que molesta y disgusta a muchos miembros de la Iglesia, con un resultado neto decididamente negativo. La Iglesia tiene a su disposición formas mucho mejores de «expresarse» sobre cuestiones sociales. Quizá se necesitaría más tiempo, pero creo que alcanzaría un resultado más sustancial. Una de las formas sería la siguiente: los pronunciamientos propuestos se podrían enviar a las iglesias locales para su análisis y votación por parte de las congregaciones, para luego regresar, a través de los diferentes organismos oficiales hasta que finalmente fuesen emitidos por el Consejo Nacional de las Iglesias, en lo que podría ser considerado con mayor exactitud como la voluntad y la convicción de las Iglesias.

Naturalmente, los comités de acción social difícilmente aceptarían este método, puesto que les apartaría de su «prerrogativa», celosamente guardada en este campo y que, al proceder de la gente sencilla, que nunca ha tenido voz ni voto en los pronunciamientos, podrían recoger demasiado sentido común como para que ellos se sintieran satisfechos.

Pero de una cosa podemos estar seguros: una mejor fórmula para componer los comités, los departamentos, las conferencias de estudio y otras reuniones, evitaría sin duda la práctica de llenarlas con la misma clase de gente e incluir una representación más amplia de una opinión más variada. También debería tratarse de personas que fuesen capaces de exponer sus puntos de vista. El izquierdista medio no sabe cómo articular sus opiniones, del mismo modo que tampoco lo sabe el charlatán de izquierdas, de modo que abandona el intento y sigue la corriente, o bien descarta cínicamente a todo el grupo como «un puñado de piojosos comunistas», algo que, naturalmente, es un error que desafortunadamente se está difundiendo demasiado.

Soy muy consciente de que lo que digo será considerablemente criticado. Pero ¿y qué? Ya he sido criticado por expertos. Tengo que dejar constancia de mi convicción de que la Iglesia se ve sometida a una desproporcionada influencia por parte de supuestos eruditos, que utilizan un vocabulario superescolástico de implicaciones éticas y de acción social. ¿Y cuál ha sido el resultado de su insistencia en el énfasis ético y social, por encima de cualquier otro elemento del cristianismo? Como dijo un hombre: «El protestantismo salió derrotado bajo esos hombres».

Numéricamente, la fe dominante en Estados Unidos, la más seguida durante generaciones, parece hallarse ahora en situación de retroceso permanente en cuanto a su influencia sobre las masas. Muchos piensan que ello se debe, principalmente, a que demasiados líderes se inclinan por convertir el cristianismo exclusivamente en una religión ético-social, sin consideración alguna hacia su carácter sobrenatural y hacia su dinámica capaz de cambiar la vida.

Como consecuencia del descuido del compromiso personal con Cristo por parte de entusiastas con implicaciones superéticas, ha ido desapareciendo la importancia que antes se daba al pecado individual. Los laicos reciben así la impresión de que la Iglesia enseña ahora que es únicamente la sociedad la que puede ser culpable de pecado. Como no podría ser de otro modo, eso da al individuo una vía de escape fácil de su responsabilidad moral, y créame cuando afirmo que los individuos han sabido aprovechar muy bien esa vía de escape.

El mismo día en que los periódicos publicaban titulares anunciando que la Asamblea General Presbiteriana había salido de una sesión en la que se había bebido «moderadamente», para aliviar a los miembros de ser lo que llamaron «cristianos de segunda», fui testigo de una interesante reacción por parte de un sencillo miembro de la Iglesia, que quizá era incluso un «cristiano de primera», ¿quién sabe? «En nuestra casa nunca hemos servido licor y hemos evitado las fiestas en las que se sirve alcohol, convencidos de que hay una vida espiritual de nivel superior a la de nuestra cultura centrada en el consumo de licor. Pero ha sido un poco difícil mantener esas convicciones, ya que nos han distanciado de algunas personas agradables que no comparten nuestros puntos de vista. Pero ahora que mi Iglesia se entrega a beber licor, supongo que lo que debo hacer es detenerme en la más cercana tienda de licores y empezar a darle a la botella, como todos los demás.» No logré dilucidar si se sentía herido, abandonado o estaba siendo cínico o quizá las tres cosas.

«Jim —le dije—, procura conservar tus propias y honradas convicciones relativas a las opiniones de los demás, aun cuando te sientas abandonado por tu Iglesia. Además, las asambleas eclesiásticas no siempre han tenido razón ni han sido guiadas por el Espíritu Santo.»

La gente tiene derecho a experimentar en profundidad la alegría y la fortaleza de la vida cristiana. Aparentemente, el cristianismo como manifiesto ético, antes que como un evangelio completo de convicción, regeneración y salvación, permite a la gente dirigirse hacia sus propios infiernos personales, sin ayuda y sin guía alguna. Además, parece fallar por completo como referencia en una crisis personal y, en consecuencia, le falla a la gente en los momentos más difíciles de su vida.

Por ejemplo, un intelectual brillante y joven, un miembro irregular de una iglesia que tiene un pastor con implicaciones éticas, acudió a un médico para consultarle acerca de un pequeño grano en la oreja. Pocos días más tarde, los análisis de laboratorio indicaron que se trataba de un melanoma, una forma de cáncer. Naturalmente, eso supuso para el joven una profunda crisis en la que necesitaba ayuda, verdadera ayuda. Su pastor demostró ser completamente inefectivo. Desesperado, el joven se volvió hacia un hombre de Dios, que no sólo poseía una fe vital capaz de cambiar la vida, sino también la habilidad para guiar a la gente hacia una experiencia de fe profunda y para guiarla a utilizar esa fe ante una situación extrema. A es hombre de Dios no le faltaba aprecio por el contenido ético de la religión cristiana, pero también conocía bien el poder de Dios, de una forma personal. Pudo comunicarle la gracia de Dios a este intelectual moderno en su profunda crisis. El pastor de la acción social, que sinceramente deseaba ayudar, tuvo que reconocer que su superficialidad espiritual le había dejado impotente ante un problema de tal complejidad. Más tarde, tras una extraordinaria curación del cuerpo y un más extraordinario cambio de mentalidad y de espíritu, el joven dijo: «Cuando me vi afectado por eso, Reinhold Neibuhr y toda su filosofía intelectual no podrían haber tenido menos significado para mí. Cuán agradecido estoy por haber podido encontrar a un ministro para quien Cristo era real y que, en mi situación de necesidad, puso a mi disposición la gracia curativa del Señor». Ese joven es ahora uno de los cristianos más meticulosos y creativos que he conocido.

Así pues, muchos se sienten actualmente perturbados por la tendencia predominante en la religión. Parece que se está produciendo un declive melancólico del protestantismo, según viene a decir un artículo del reverendo doctor Ralph W. Sockman, publicado en una revista nacional: «Durante un período de treinta años —dice— la membresía de cinco confesiones protestantes en Cleveland descendió en más de un 13 por ciento. En quince años (1940-1955) unas 55 iglesias desaparecieron del centro de Detroit y algunas grandes confesiones perdieron a cientos de sus miembros urbanos. Durante los últimos cuarenta años, las 44 iglesias luteranas fuertes que había en un radio de tres kilómetros alrededor del centro de la ciudad, han quedado reducidas a cuatro. En el último siglo, las confesiones protestantes de la ciudad de Nueva York han abandonado sus prácticas o se han fusionado a un ritmo medio de casi una congregación al año en Manhattan y el Bronx».

No obstante, el protestantismo ha tenido un crecimiento extraordinario, especialmente en los nacientes suburbios que se extienden a lo largo de kilómetros alrededor de las grandes ciudades, en lo que ahora se conoce como ex urbios o la región situada más allá de los viejos y de los más nuevos suburbios. Junto con la migración de las grandes tiendas del centro de la ciudad, que se han trasladado a los modernos centros comerciales de los suburbios, muchas viejas iglesias del centro se han trasladado también a los suburbios o a los ex urbios. Es decir, han seguido a su propia parroquia.

Naturalmente, es un deber y una oportunidad de las Iglesias el pastorear a la creciente población residencial y muchas de ellas lo están haciendo admirablemente. Pero uno no puede dejar de preguntarse si toda la emigración de las iglesias hacia los suburbios ha venido motivada por los más nobles objetivos o si, en algunos casos, no lo han hecho con el fin de preservar la posición social de ciertas iglesias. Una vez que las grandes iglesias del centro de la ciudad han declinado a lo largo de los años, hasta convertirse en una especie de frágil gentilismo, apenas se componen ya por los restos de las familias de las capas altas que todavía se aferran sentimentalmente a la vieja iglesia. Pero ¿abrirían libremente las puertas e invitarían a entrar en la casa de Dios a las gentes de las viviendas atiborradas, a los sindicalistas, a los negros y a los «extranjeros», que viven hacinados en lóbregas y viejas mansiones otrora socialmente impecables? «¡Oh, no, esos no son de nuestro tipo!», y «¡Qué pensaría la querida y vieja tía Mabel?» (Por lo visto, se agitaría en su tumba.) «Oh, no, no, esa gente no. Todavía recuerdo esas magníficas casas, cuando vivía en ellas la mejor gente de la ciudad y todos eran miembros de nuestra querida y vieja iglesia.» Pero aumenta el número de esa gente que muere y, cuando eso sucede, queda siempre algún testamento favorecedor, de modo que la querida y vieja iglesia abandona el centro y se instala en las zonas residenciales donde «ahora vive nuestra gente».

Una Iglesia que no tiene en cuenta su función como una casa libre y abierta de Dios, para todas las gentes, sea cual fuere su posición económica, su origen nacional o su color, no es una verdadera Iglesia del Señor Jesucristo. Cualquier Iglesia que rechace llana y deliberadamente a cualesquiera hijos de Dios merecería perder su categoría de exención de impuestos amparada por la ley, puesto que esa ayuda financiera otorgada por el gobierno se halla relacionada con la verdadera función eclesial de servir a la gente en todas las ocasiones…, y nos referimos a toda la gente.

Durante treinta años, he sido pastor de una iglesia situada en el corazón mismo del centro urbano; una iglesia para toda la gente, para toda la comunidad. Es bien sabido que sus puertas están ampliamente abiertas para los fieles, para el culto y para el servicio a todos.

El nivel económico, la posición social, el color de la piel o cualquier otro factor no ha sido planteado nunca y no supone la menor diferencia; todo el mundo es cálidamente bienvenido. Y nos sentimos orgullosos de contar entre nuestros feligreses a cristianos negros, así como de otras razas.

Si es una valoración correcta el declive del protestantismo, tal como sugieren Martin E. Martz en su libro, *La nueva forma de la religión estadounidense*, la revista *Church Management* y Russel Kirk en la revista *Fortune*, entonces estaría indicado llevar a cabo un estudio serio sobre la causa de tal declive.

Una de las evaluaciones más fuertes y convincentemente esperanzadoras del estado actual del protestantismo fue la del reverendo doctor Edward L. R. Elson, publicada bajo el título «¿Estamos en una era postprotestante?». El doctor Elson, uno de nuestros más grandes predicadores, llama la atención persuasivamente hacia el enorme número de personas que hay dentro del protestantismo, su extraordinario crecimiento y desarrollo en la educación religiosa, las donaciones que se hacen a las iglesias, y que superan los tres mil millones de dólares anuales, la existencia de eminentes líderes y de una acelerada ganancia de membresía. «En Estados Unidos, el protestantismo ni está muerto ni moribundo —dice—. Cuenta dentro de sí mismo con el poder de la autocrítica, capaz de producir la autorreforma.» Y me agrada la sugerencia que hace el doctor Elson al decir: «Corrijamos lo que está mal, fortalezcamos lo que sea débil y conservemos con celo lo que está bien».

La principal prueba de que el protestantismo tiene problemas, según yo lo veo, es el reblandecimiento de su influyente impacto sobre nuestra cultura y su menor énfasis en el completo compromiso con Jesucristo por parte de sus fieles. Quizá ello sea debido principalmente a la falta de dinamismo de la predicación del evangelio, a la poca importancia que se da a la Biblia, a la conversión y a la falta general de habilidad para comunicarse con las masas modernas de estadounidenses.

En mi opinión, y lo digo con pena, buena parte de la culpa hay que achacarla a quienes se dejan arrastrar por la obsesión de la superacción social, a esos jóvenes brillantes y piadosamente coléricos (aunque también hay viejos), que, con su afectado estilo académico, andan siempre preguntando: «¿Cuáles son, pues, las implicaciones éticas?». El cristianismo es, desde luego, un código ético, pero es mucho más que eso; es el poder de Dios para la salvación y la ausencia de ese énfasis ha disminuido inconmensurablemente su fuerza y su atractivo. El tipo de predicador que propugna la acción social ética vacía las iglesias, no porque la gente sea «conservadora y capitalista», sino porque el hombre medio desea guía espiritual integrada para su mente y para su alma. Desea escuchar un mensaje conmovedor, capaz de cambiarle la vida y, al no escucharlo, deja de acudir a la iglesia.

Una razón por la que la Iglesia parece estar perdiendo continuamente gente quizá sea por la falta de un desafío fuerte. Es lo que antes tenía un atractivo que podríamos llamar viril: el de afrontar el mundo en el nombre de Dios y conquistarlo para Jesucristo, algo que falta, en general, en las prédicas actuales. La vieja nota que conmovió a las generaciones de fieles del pasado es prácticamente desconocida para esta generación. ¿Cuántos perciben esa emoción en un sermón, cuántos se emocionan al acudir a la iglesia, hasta el punto de salir de ella con los ojos encendidos, el corazón agitado y la sangre corriendo más rápidamente en sus venas? Si hasta esa descripción nos parece rancia. Pero así es como era en los grandes tiempos del cristianismo en Estados

Unidos. Qué bien recuerdo ese tipo de sermón de mis años mozos. Y ésa es una de las razones por las que las multitudes acudían en masa a la iglesia; ésa es la razón por la que la fe religiosa penetraba profundamente en las vidas de nuestras gentes.

Hubo una época en que las grandes y poderosas prédicas fascinaban y atraían a grandes congregaciones y esas prédicas afectaban realmente a las vidas de los hombres. Los predicadores eran una raza curtida de hombres cuyos sermones constituían ocasiones notables, algunos de los cuales se cuentan entre los más famosos discursos pronunciados en Estados Unidos. Conocían todas las artes y habilidades de los grandes oradores. Su celo evangélico, su sinceridad y su poder para persuadir construían y fortalecían la Iglesia, que alcanzó así una de sus más altas cumbres de poder espiritual y de influencia.

Y esos predicadores situaron el cristianismo en primera fila, desafiando a los hombres a tener una gran fe, dándoles una visión del mundo del reino de Cristo, confrontándolos con sus pecados, tanto personales como sociales y atrayéndolos hacia un compromiso con Cristo. Aquello fue una prédica poderosa, situada a la altura del hombre y los hombres robustos la aceptaron.

Qué bien recuerdo las iglesias de mi adolescencia y, en su mayor parte, no precisamente en las grandes ciudades, sino en las capitales de condados del Medio oeste. El hermoso domingo por la mañana, reluciente y claro, la corriente permanente de personas que se reunían, el apagado murmullo que caía sobre la congregación que abarrotaba la iglesia, la sensación de expectativa, de que algo grande estaba a punto de ocurrir. Luego, se cantaban los viejos himnos, se pronunciaba la conmovedora oración y, finalmente, llegaba el gran momento, cuando el predicador iniciaba su sermón, encendiéndose hasta que el espíritu del Señor descendía sobre él y sobre todos los presentes. Terminaba siempre demasiado pronto y todos quedábamos como embelesados. Cristo estaba cerca de nosotros, Dios estaba cerca. Nadie que haya conocido alguna vez una iglesia así podrá olvidarla jamás.

Aquello era la experiencia de toda una vida. Eso era el cristianismo protestante en pleno florecimiento. De ahí salieron muchos de los optimistas tenaces que hicieron este país.

A esos hombres les sucedió una generación a la que en realidad se le enseñó que la predicación no es importante. El servicio del «culto» y la «educación religiosa», ambos tan importantes, claro está, terminaron por arrinconar el sermón hacia la categoría de un ensayo breve, a menudo apagado y sin vitalidad, al que le faltaba poder, color e interés. El resultado fue que desaparecieron poco a poco los viejos «saboreadores» de sermones, se crearon muy pocos nuevos que ocuparan sus lugares y, finalmente, el alejamiento de la Iglesia fue tan notable que, ahora, los «intelectuales» de la jerarquía admiten impotentes que nos encontramos en una profunda «era postprotestante».

Lo cierto es que la gente se muestra indiferente ante un púlpito académico y pedante, pero estarían dispuestos a regresar y a volver a llenar las iglesias si el púlpito fuese espiritualmente vital, poderoso, desafiante e interesante. Pongamos la cruz en el centro, convoquemos al sacrificio personal, mantengamos altos los niveles, planteemos demandas exigentes; en otras palabras, infundamos un verdadero cristianismo en la gente y los hombres serán separados de los muchachos. Esa clase de Iglesia captará y desafiará a los mejores de entre nosotros. Recuperará su antigua fuerza y provocará un poderoso impacto sobre este mundo pagano tan confundido. Un sermón dinámico en la iglesia, un domingo por la mañana, todavía puede ser una de las formas más conmovedoras, estimulantes y persuasivas de discurso que conozca el hombre. Al ser humano moderno todavía se le puede llegar con un discurso emitido con emoción, humor y razón. No hay ninguna otra forma de comunicación entre los seres humanos que ese poder para conmover e inspirar que tiene un poderoso sermón religioso pronunciado por un predicador que se pierde a sí mismo en su sermón, que pone en él todo su corazón, su mente y su alma para entregárselos a sus semejantes.

Un sermón así combina el drama, el *pathos*, el suspense, la autoridad espiritual e incluso todas las artes y habilidades de la persuasión, y puede llegar al hombre moderno con la misma seguridad con la que llegó a sus predecesores. Qué pena, qué profunda pena que a la gente de nuestra época se le niegue la forma más grande del discurso humano, un sermón capaz de conmover la mente y el corazón hasta inducirlos a aceptar el amor de Dios y la redención de Jesucristo. Esta generación tiene muy poca idea de la maravilla y la gloria del culto cristiano cuando en su mismo centro se asiste al extraordinario fenómeno de un sermón verdaderamente grande.

La «salvación de las almas» es prácticamente un arte perdido en muchas iglesias. Es un hecho triste que en no pocas iglesias no se produzca el cambio espiritual de ningún alma en un año o en cinco años. Los laicos me dicen que algunos predicadores consideran incluso la salvación de las almas como algo pasado de moda. No puedo creer que tal actitud exista en el cristianismo evangélico, una forma de fe y una práctica espiritual que siempre han tratado de salvar las almas de los individuos mediante el poder de Dios y la muerte en sacrificio y la resurrección de Jesucristo. Y, tristemente, junto con el declive de la fe espiritual, también se reducen algunas de nuestras libertades.

Algunos miembros del grupo extremo de la implicación ética y de la acción social, no todos, desde luego, pero sí algunos, aunque no sean muchos, parecen adoptar una actitud extrañamente hostil a la libertad individual de pensamiento, palabra y acción. Aparentemente, es inherente a su filosofía el esperar y a menudo incluso el insistir en que todo el mundo se adapte y no son muchos los que logran resistirse con éxito a sus tácticas punitivas. Uno de tales casos es la siguiente narración, publicada en el *Daily News* de Bangor (Maine).

Philip A., un predicador que sirve como pastor en la iglesia metodista de ..., se retiró el viernes de la campaña sobre el derecho al trabajo, después de que fuese informado de que su postura sobre el tema no «estaba en línea» con el «punto de vista metodista».

La noticia de la retirada del pastor se hizo pública tras una reunión entre éste y su superior eclesiástico, el reverendo Edward X., el viernes por la mañana. A principios de la semana, tanto Philip A. como el reverendo Edward X., habían hablado ante una sesión del Comité Legislativo sobre el Trabajo. Philip A. apoyó la propuesta de ley sobre el derecho al trabajo, mientras que el director de su distrito y otros dos ministros metodistas se opusieron a la misma.

Después de que se hiciera pública la decisión de retirada de Philip A., el reverendo Edward X. atribuyó la postura anterior del joven ministro a la falta de experiencia y de comprensión sobre el tema. Dijo que Philip A. no había seguido el consejo de dos comités metodistas previos, uno de ellos sobre cuestiones legislativas, antes de adoptar una determinada postura sobre la cuestión.

Al pedírsele que comentara la situación del viernes, Philip A. se limitó a decir que, «como ministro» había «retirado su apoyo formal» a la propuesta de ley sobre el derecho al trabajo, pero que «como ciudadano», seguía sintiéndose «libre de decir lo que pienso cuando se me pregunte» acerca del derecho al trabajo.

Reconoció que había tomado su decisión de retirar el apoyo activo a la propuesta de ley entre el reverendo Edward X. y yo mismo.

Se citó a otro ministro, del que necesariamente no se dice su nombre, quien al parecer comentó: «Philip A. está acabado». ¡Qué les parece eso! Un hombre está «acabado» para predicar el evangelio sólo porque, como ciudadano, adoptó una postura diferente sobre una cuestión de política pública no relacionada ni con el dogma ni con el credo. El protestantismo, fundado sobre el principio de «piensa y deja pensar», parece estar cayendo bajo la práctica autoritaria de la implicación ética de los devotos, en una actitud de «acepta o márchate», que no es sino una degeneración de lo que en otro tiempo fuera un movimiento espiritual libre. Claro que probablemente descartaron a Philip A. como «excéntrico», una definición habitual para referirse a cualquiera que se resista a ponerse la camisa de fuerza. Fue reconfortante observar en la misma noticia que el obispo metodista local «afirmó que tanto el ministro como los miembros laicos de la Iglesia metodista, tienen el derecho a expresar lo que piensan sobre temas sociales».

No es nada extraño que una fe protestante otrora espiritualmente vital, se encuentre peligrosamente al borde de convertirse en una influencia inocua en la vida estadounidense, y ello a pesar de la enorme superioridad numérica y de las magníficas iglesias que posee en el país. ¿Qué otra cosa podía esperarse cuando se apaga su en otro tiempo firme fe en Jesucristo como Señor y salvador y como el hijo divino de Dios, cuando se ha depreciado su fe en la Biblia como la palabra revelada de Dios y la Iglesia se ha convertido en buena medida en un instrumento político-social que, en la práctica, incluso niega el derecho a pensar y expresarse libremente? Qué asombroso que la Iglesia, el cuerpo de Cristo, se pueda intercambiar por un sistema social, político y ético que minimiza la libertad tan duramente ganada por hombres resueltos de Dios. La gente pide el pan espiritual de la vida, pero muchos creen que únicamente han recibido la piedra de la acción social y, de ese modo, millones de personas se han vuelto indiferentes, sintiéndose a veces asqueadas, de modo que ya no piden más.

Lo que se necesita hoy es un liderazgo espiritual sustancial, compuesto por hombres que sepan cómo integrar las implicaciones éticas del evangelio (y éstas son muy importantes) con el vital mensaje individual capaz de cambiar la vida (que es supremamente importante). De hecho, los líderes y pastores que no sean capaces de lograr esta integración son inadecuados, están desfasados y apenas son competentes para dirigir espiritualmente en una era moderna que aparentemente no comprenden y que les ha superado. En estos tiempos, resulta muy fácil verse superado por el tiempo y los acontecimientos. Qué patético es seguir peleándose cuando la pelota ya ha caído al campo.

Pero ya amanece un nuevo día en el cristianismo protestante, en el surgimiento espontáneo de miles de grupos profundamente espirituales compuestos por laicos y ministros. Han surgido como nuevos brotes verdes allí donde cayeron los viejos árboles muertos, lo que demuestra una vez más que el cristianismo es inmortal y no puede ser eliminado, ni por sus amigos ni por sus enemigos. La gente, simplemente, siente pertenencia espiritual y busca guía e inspiración y, al no encontrarla en muchas iglesias, se vuelve hacia el grupo pequeño y más íntimo. Allí, a través de una espiritualidad sentida en profundidad, son muchos los que encuentran a Dios y comprometen sus vidas con Cristo. Así pues, a partir de la esterilidad y la decadencia del cristianismo de nuestro tiempo, surge una nueva vida y poder espiritual. Agradezcámoslo, por tanto, a Dios y armémonos de valor, pues no todo está perdido, ni mucho menos. Cristo sigue vivo, los pastores sinceros siguen enseñando y los laicos sinceros siguen creyendo y practicando el evangelio que cambia la vida.

Sólo una palabra más: es posible que, a partir de lo que he escrito, el lector tenga la impresión de que la mayoría de pastores y predicadores son como algunos a los que me he referido en este capítulo. Antes al contrario, la abrumadora mayoría son hombres totalmente entregados, que sienten el sincero deseo de ayudar a la gente, a toda la gente, en el nombre de Cristo. Se ocupan de su trabajo cotidiano de atender a los enfermos, de instruir a los jóvenes, de consolar a las familias apenadas, de guiar a los equivocados y de asesorar a los que tienen problemas. Además de todo eso, tratan de ajustarse a un presupuesto, de crear y emprender programas y preparar sermones diseñados para iluminar e inspirar a su pueblo.

No disponen de tiempo ni tienen inclinación para emprender cruzadas en el campo político. Eso es algo que les es totalmente ajeno. Simplemente, siguen su marcha en todo momento, amando humildemente a la gente en nombre de Cristo y construyendo y manteniendo sus iglesias. Pero son hombres que permanecen alerta, que están bien educados y que son reflexivos; hombres que se preocupan mucho por encontrar una identificación creativa del cristianismo con los problemas sociales de nuestro tiempo. Tampoco tienen miedo de adoptar una postura cuando eso es lo indicado. Y lo hacen con una actitud de amor y de humildad. Todo su ministerio es de un servicio amable y humilde a Dios y al hombre. Personalmente, no sólo los respeto, sino que los amo. Desde mi punto de vista, los fieles pastores del cristianismo actual constituyen uno de los grupos más exquisitos de hombres que jamás haya hecho Dios. Es verdaderamente trágico que a unos pocos, muy pocos supuestos benefactores articulados se les haya permitido crear una imagen desgraciada y nada representativa de la Iglesia en la mentalidad pública.

Los pastores que creen que el poder de Dios a través de Jesucristo es capaz de cambiar la vida, son los que tienen la respuesta para nuestro tiempo. Saben que, cuando mediante un acto de gracia redentora a través de la fe en Cristo, un hombre se convierte en lo que el Nuevo Testamento llama «una nueva criatura», su compromiso no es del todo válido a menos que desarrolle también convicciones sociales cristianas.

En su pensamiento no hay evangelio social, no hay evangelio individual; únicamente hay un evangelio indivisible. Con este énfasis puesto en las enseñanzas individuales y sociales de Jesucristo, como una unidad, el cristianismo puede convertirse en lo que sin duda tenía la intención de ser: una religión espiritual en profundidad, para volver a ser, una vez más, una fuerza vital en la vida de nuestro tiempo. Y los optimistas tenaces ayudarán a que así sea.

ÍNDICE

GREEK
TRAGEDIES

VOLUME 2

Edited by David Grene & Richmond Lattimore

THIRD EDITION *Edited by Mark Griffith & Glenn W. Most*

GREEK TRAGEDIES

VOLUME 2

The University of Chicago Press CHICAGO & LONDON

MARK GRIFFITH is professor of classics and
of theater, dance, and performance studies at
the University of California, Berkeley.

GLENN W. MOST is professor of ancient
Greek at the Scuola Normale Superiore at Pisa
and a visiting member of the Committee on
Social Thought at the University of Chicago.

DAVID GRENE (1913–2002) taught classics for
many years at the University of Chicago.

RICHMOND LATTIMORE (1906–1984),
professor of Greek at Bryn Mawr College,
was a poet and translator best known for his
translations of the Greek classics, especially his
versions of the Iliad and the Odyssey.

The University of Chicago Press, Chicago 60637
The University of Chicago Press, Ltd., London
© 2013 by the University of Chicago

The Libation Bearers © 1953, 2013 by the
University of Chicago
Sophocles, Electra © 1957, 2013 by the University
of Chicago
Iphigenia among the Taurians © 2013 by Anne
Carson
Euripides, Electra © 1959, 2013 by the University
of Chicago
The Trojan Women © 1947 by the Dial Press;
© 1958, 2013 by the University of Chicago

All rights reserved. Published 2013.
Printed in the United States of America

22 21 20 19 18 17 16 15 14 13   1 2 3 4 5

ISBN-13: 978-0-226-03545-1 (cloth)
ISBN-13: 978-0-226-03559-8 (paper)
ISBN-13: 978-0-226-03562-8 (e-book)

Library of Congress Cataloging-in-Publication
Data

Greek tragedies / edited by David Grene and
Richmond Lattimore. — Third edition / edited
by Mark Griffith and Glenn W. Most.
    pages. cm.
        ISBN 978-0-226-03514-7 (cloth : alk. paper)
— ISBN 978-0-226-03528-4 (pbk. : alk. paper)
— ISBN 978-0-226-03531-4 (e-book) — ISBN
978-0-226-03545-1 (cloth : alk. paper) — ISBN
978-0-226-03559-8 (pbk. : alk. paper) — ISBN 978-
0-226-03562-8 (e-book) — ISBN 978-0-226-
03576-5 (cloth : alk. paper) — ISBN 978-0-
226-03593-2 (pbk. : alk. paper) — ISBN 978-0-
226-03609-0 (e-book) 1. Greek drama (Tragedy)
I. Grene, David. II. Lattimore, Richmond,
1906–1984. III. Wyckoff, Elizabeth, 1915– IV.
Most, Glenn W. V. Griffith, Mark (Classicist)
VI. Sophocles. Antigone. English. 2013. VII.
Sophocles. Oedipus Rex. English. 2013. VIII.
Aeschylus. Agamemnon. English. 2013. IX.
Aeschylus. Prometheus bound. English. 2013. X.
Euripides. Hippolytus. English. 2013.
    PA3626.A2G57 2013
    882'.0108—dc23

                                2012044399

⊚ This paper meets the requirements of ANSI/
NISO Z39.48–1992 (Permanence of Paper).